Alpine Guide

ヤマケイ アルペンガイド

北アルプス

# 槍・穂高連峰

穂高連峰・槍ヶ岳・常念岳・燕岳・鷲羽岳

双六岳・笠ヶ岳・焼岳

Alpine Guide
ヤマケイ アルペンガイド

北アルプス

# 槍・穂高連峰

Contents

## 常念山脈



## 双六岳・笠ヶ岳



## コラム



## インフォメーション

# 本書の利用法

本書は、槍・穂高連峰の一般的な登山コースを対象とした登山ガイドブックです。収録したコースの解説は、槍・穂高連峰に精通した著者による綿密な実踏取材に基づいています。本書のコースガイドページは、左記のように構成しています。

コースガイド

### ❶山名・行程

コースは目的地となる山名・自然地名を標題とし、行程と1日ごとの合計コースタイムを併記しています。日程（泊数）はコース中の山小屋を宿泊地とした標準的なプランです。

### ❷コース概念図

行程と主な経由地、目的地を表したコース概念図です。丸囲みの数字とアルファベットは、登山地図帳の地図面とグリッド（升目）を示しています。

### ❸コースガイド本文

コースの特徴をはじめ、出発地から到着地まで、コースの経路を説明しています。主な経由地は、強調文字で表しています。本文中の山名・地名とその読みは、国土地理院発行の地形図に準拠しています。ただし一部の山名・地名は、登山での名称・呼称を用いています。

### ❹コース断面図・日程グラフ

縦軸を標高、横軸を地図上の水平距離としたコース断面図です。断面図の傾斜角度は、実際の登山道の勾配とは異なります。日程グラフは、ガイド本文で紹介している標準日程と、コースによって下段に宿泊地の異なる応用日程を示し、日程ごとの休憩を含まないコースタイムの合計を併記しています。

### ❺コースタイム

30〜50歳の登山者が山小屋利用1泊2日程度の装備を携行して歩く場合を想定した標準的な所要時間です。休憩や食事に要する時間は含みません。なおコースタイムは、もとより個人差があり、登山道の状況や天候などに左右されます。本書に記載のコースタイムはあくまで目安とし、各自の経験や体力に応じた余裕のある計画と行動を心がけてください。

サブコース

## ⑥コースグレード

槍・穂高連峰の無雪期におけるコースの難易度を初級・中級・上級に区分し、さらに技術度、体力度をそれぞれ5段階で表示しています。また、一般コースの範疇を超えるものは、「バリエーションルート」として紹介しています。

**初級** 標高2000m前後の登山コースおよび宿泊の伴う登山の経験がある人に向くコースです。

**中級** 注意を要する岩場や急登の続くコース、2泊以上の宿泊を伴う登山の経験がある人に向きます。

**上級** 急峻な岩場や迷いやすい地形に対処でき、読図や的確な天候判断が求められるコースで、槍・穂高連峰か同等の山域の中級以上のコースを充分に経験した人向きです。

**熟達者** 標識やペンキ印、クサリなどのコース整備がされていない、きわめて困難なコースです。

### 技術度

1＝よく整備された散策路・遊歩道
2＝とくに難所がなく道標が整っている
3＝ガレ場や雪渓、小規模な岩場がある
4＝注意を要する岩場、迷いやすい箇所がある
5＝きわめて注意を要する険路

これらを基準に、天候急変時などに退避路となるエスケープルートや、コース中の山小屋・避難小屋の有無などを加味して判定しています。

### 体力度

1＝休憩を含まない1日のコースタイムが3時間未満
2＝同3〜6時間程度　3＝同6〜8時間程度
4＝同8〜10時間程度　5＝同10時間以上

これらを基準に、コースの起伏や標高差、日程などを加味して判定しています。なおコースグレードは、登山時期と天候、および荒天後の登山道の状況によって大きく変わる場合があり、あくまで目安となるものです。

### 登山地図帳

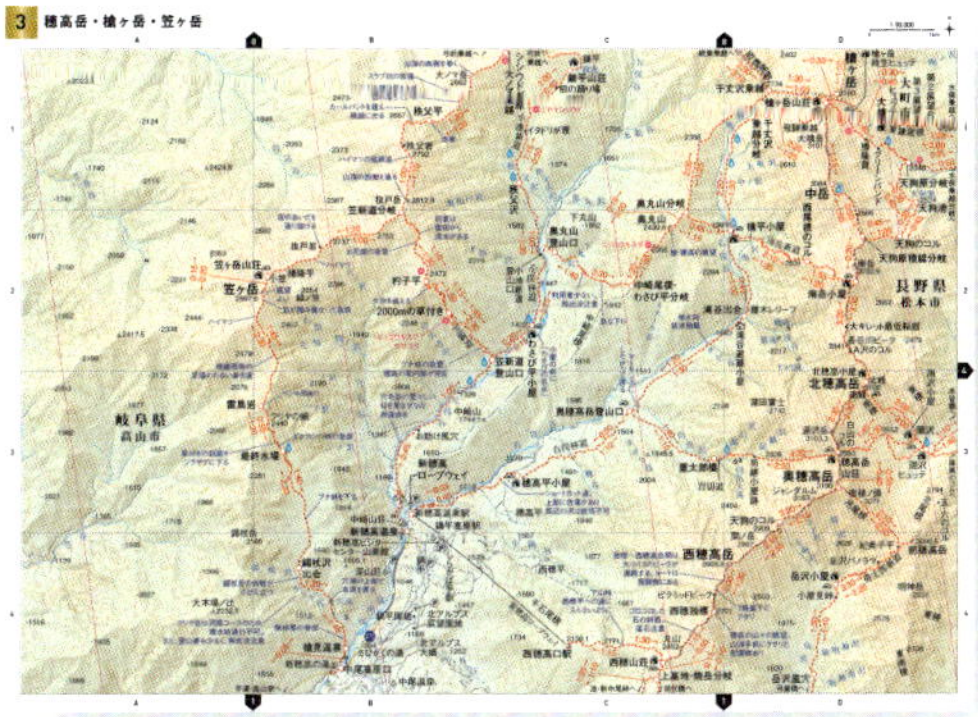

## ⑦コースマップ

登山地図帳に収録しています。コースマップの仕様や記号については、登山地図帳に記載しています。

# 槍・穂高連峰に登る

日本列島の中央部に位置する南北約105km、東西約25kmに渡る北アルプスは、日本を代表する山岳エリアとして知られる。本書で紹介する山域は北アルプスの南部に位置し、3000mの稜線が続く槍《やり》・穂高《ほたか》連峰が中心的な存在となっている。

日本の山岳で、標高3000mを超える高山は21座。その大半が北、南アルプスの中部山岳エリアにあり、とくに南部の槍・穂高連峰には奥穂高岳《おくほたかだけ》（3190m）をはじめ8座と、もっとも多く集中する。また国内最大級の切れ立った岩稜帯が連なり、とくに北穂高岳《きたほたかだけ》の飛騨《ひだ》側は滝谷《たきだに》とよばれる岩壁で、クライミングの対象になっている。

本書では、北アルプス南部を大きく4つエリアに分けてガイドする。穂高連峰や上《かみ》高地《こうち》を中心とする山域、槍ヶ岳《やりがたけ》を中心に派生する尾根や沢筋の山域、槍・穂高の東側の常念《じょうねん》山脈、槍・穂高の西に位置する飛騨側の双六岳《すごろくだけ》と笠ヶ岳《かさがたけ》のエリアである。

## ■成り立ち

今から176万年前の火山活動で噴出した火山灰がカルデラにたまり、熱により溶結してできた溶結凝灰《ようけつぎょうかい》岩という岩盤が槍・穂高の基となっている。プレートテクトニクスにより、アムールプレート（ユーラシアプレート）の下に海洋プレートが沈みこむことで、140万年ほど前に北アルプス一帯が隆起した。最終氷期最盛期の2万年前（涸沢《からさわ》氷期）につくられたのが涸沢や天狗《てんぐ》原《ばら》などのカール（圏谷《けんこく》）で、氷河によって表面の軟らかい岩石が削られ、急峻な山稜となった。槍ヶ岳の穂先が鋭く尖っているのは、凝灰角礫《ぎょうかいかくれき》岩という硬い岩石でできているため。氷河の削りこみや風化に耐え、ニードル（氷蝕尖峰《ひょうしょくせんぽう》）として残ったものだ。

穂高の一部には140万年前に地下4kmの深度にできた世界でもっとも新しい花崗《かこう》

近年はテント場も混雑している（燕岳）

槍ヶ岳東面にはカール地形が並ぶ

ライチョウ
（北穂高岳）

稜線を彩る紅葉（東大天井岳付近から）

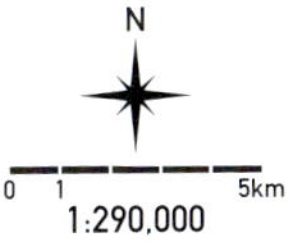

松本駅前憩の広場の播隆上人像

閃緑岩《せんりょく》が露出している。地表の花崗岩は、地中深くのマグマがゆっくり固まってできたもので、それが浮力を受け現れたもの。上高地のウェストンのレリーフや滝谷出合の藤《ふじ》木九三《きくぞう》のレリーフが埋めこまれた岩盤が、その滝谷花崗閃緑岩である。

美ヶ原高原から望む9月の槍・穂高連峰

## ■景観・自然

3000m峰が連なる槍・穂高連峰主稜線の東側斜面には、氷河期の名残であるカールやU字谷が発達している。蝶ヶ岳《ちょうがたけ》稜線は顕著な多重稜線となっており、双六岳頂稜部には周氷河地形の構造土が見られる。ともにお花畑が多いエリアだ。

森林限界はおよそ標高2600m前後で、それ以上はハイマツ帯となる。森林限界を超える高山には特別天然記念物のライチョウやホシガラスが、森林帯にはカモシカやツキノワグマなどの大型哺乳類をはじめオコジョやテン、ニホンザルなどが生息する。

## ■登山シーズン

この北アルプス南部は、冬の降雪量が多い北部と異なり、積雪量はそれほど多くない。夏の残雪も少ないので、梅雨明けとともにほとんどのルートが登山可能となる。

またこのエリアの多くの山小屋が、GWから11月上旬（一部は6月下旬から10月中旬）まで営業している。一般的にアイゼン、ピッケルといった雪山装備が不要となる期間は、7月下旬から10月初旬にかけて。それ以前の時期では沢筋に残雪もあり、急峻な穂高では毎年スリップ事故が発生している。また槍・穂高の稜線では、9月に入れ

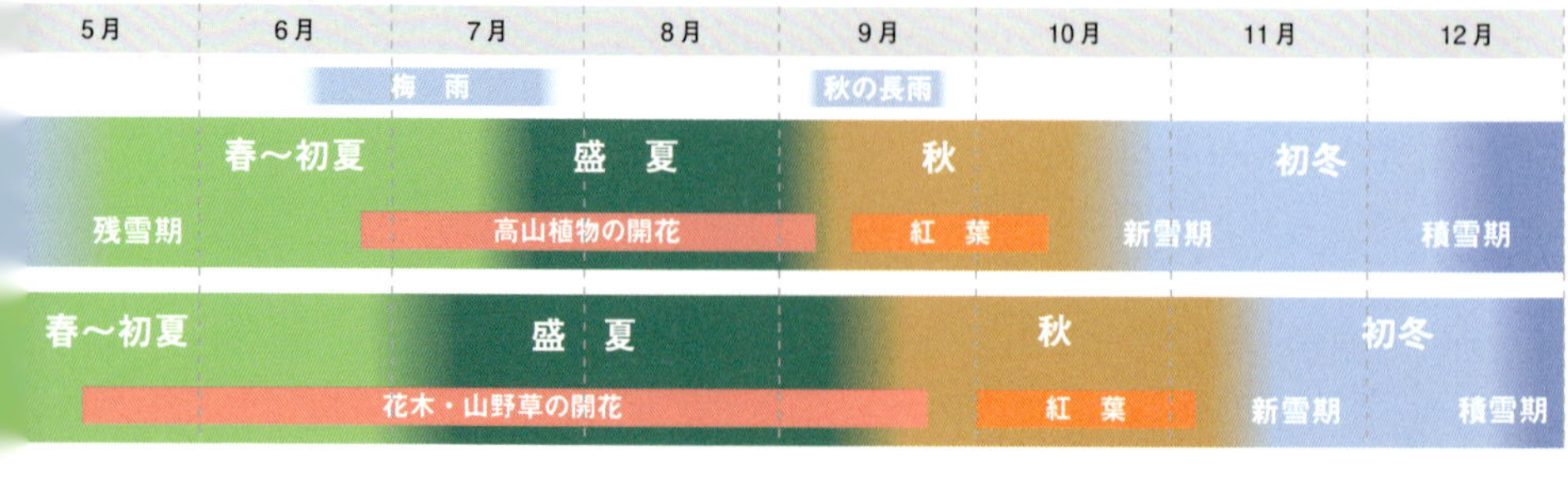

ば、朝方は氷点下まで下がり、9月中旬でも降雪に見舞われることがある。

森林限界付近の紅葉は9月中旬からはじまり、カールを彩るナナカマドやダケカンバが色づくのは9月下旬から10月上旬。さらに10月中旬まではブナやカエデなどが山腹を染め、10月下旬には登山口付近が見ごろを迎える。上高地のカラマツが黄金色に染まると、稜線付近は白銀の季節となる。

## 主な歴史

天明年間に南裔上人《なんえいしょうにん》が開いた笠ヶ岳を、越中生まれの念仏行者・播隆《ばんりゅう》上人が文政6（1823）年再興する。その後文政11（1828）年中田又重郎《なかたまたじゅうろう》と槍ヶ岳の穂先に登頂。仏像を安置し槍ヶ岳を開山した。槍ヶ岳山荘では、毎年9月第1土曜日に播隆上人をしのぶ播隆際が行われている。

日本の近代登山の黎明期に活躍したのは、地元の猟師・上條嘉門次《かみじょうかもんじ》。明神池《みょうじんいけ》畔に嘉門次小屋を建て、ウェストンなどの山案内人として知られる。また大正10（1921）年小林喜作《こばやしきさく》が喜作新道を切りひらき、多くの山小屋もこのころに建てられる。

大正14（1925）年8月13日に滝谷が初登攀された。藤木九三、富田砕花《とみたさいか》、案内人松井憲三《まついけんぞう》がA沢から大キレットへ、早稲田大学山岳部の四谷竜胤《よつやりょうすけ》、小島六郎《こじまろくろう》らはD沢から涸沢のコルへと、同じ日に滝谷を踏破している。

日本アルプスの名づけ親として知られているのは、明治政府の招聘により来日した英国人技師のW・ガウランド。明治10（1877）年、槍ヶ岳に邦人以外ではじめて登頂している。また、明治21年に来日して日本アルプスの存在を広く世界に紹介した英国人宣教師W・ウェストンは、小島《こじま》烏水《うすい》らと親交をもち日本山岳会を提唱するなど、日本の近代登山史上において重要な役割を果たし、「日本の近代登山の父」と称されている。上高地にはウェストンのレリーフがあり、毎年6月第1日曜日にウェストンをしのぶウェストン祭が開かれている。

上高地のウェストン碑

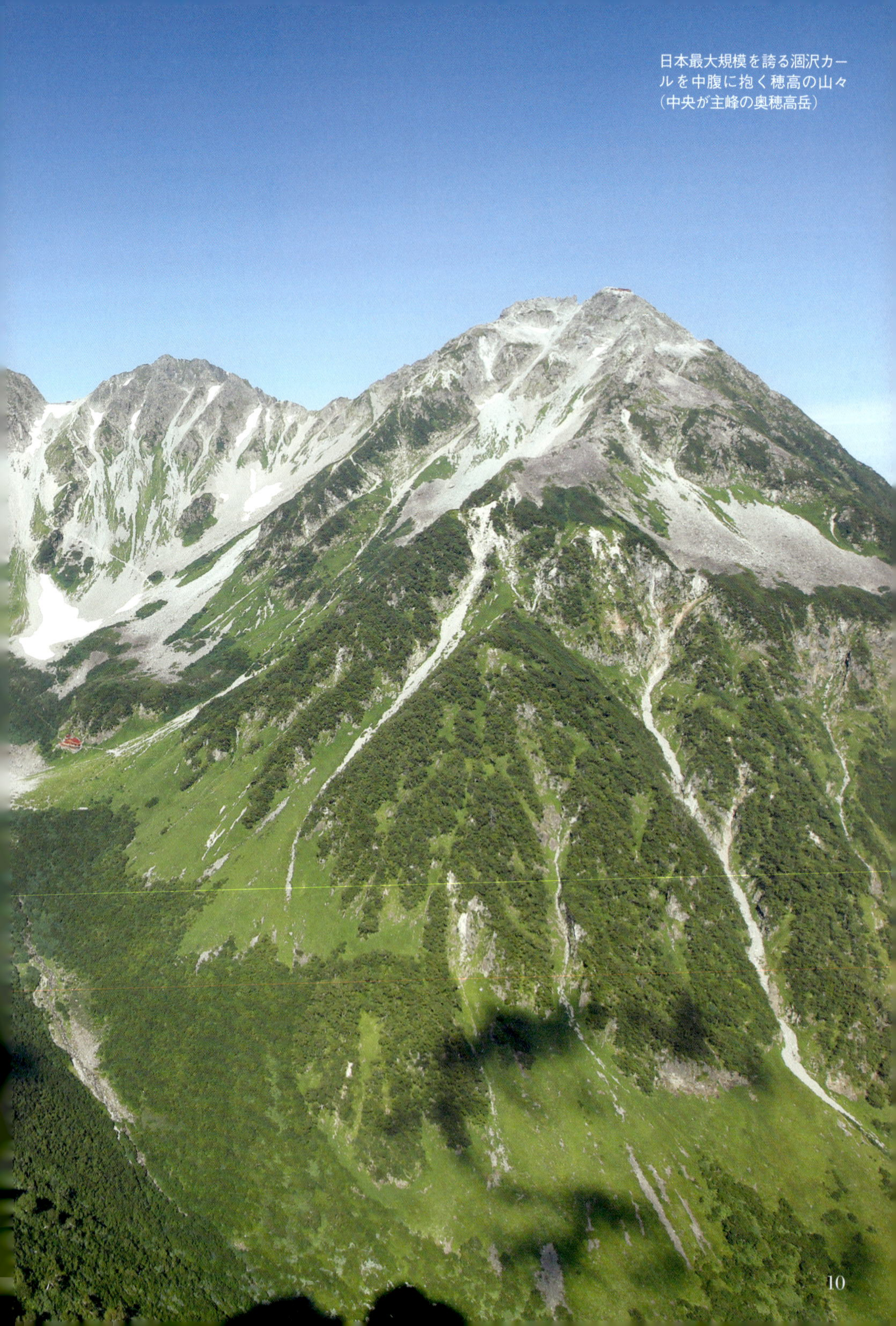

日本最大規模を誇る涸沢カールを中腹に抱く穂高の山々（中央が主峰の奥穂高岳）

# 穂高連峰

上高地の背後に
そびえ立つ
標高3000mの
高峰群

前穂北尾根6峰より奥穂高岳（左）と涸沢岳（右）

前夜泊2泊3日

# 奥穂高岳

## 涸沢カールを満喫し、穂高連峰の主峰へ

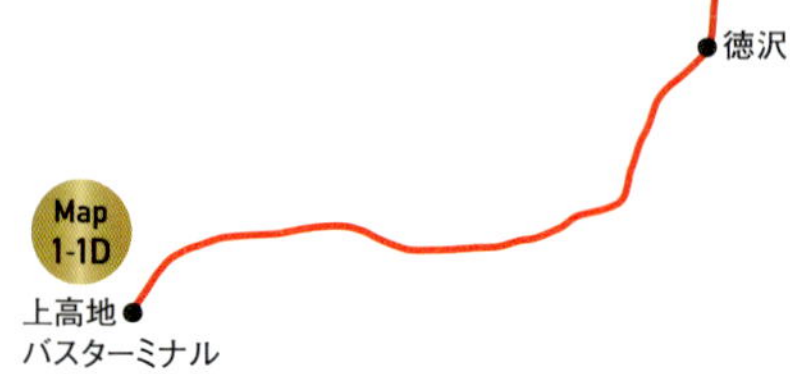


| コースグレード | 中級 |
|---|---|
| 技術度 | ★★★★☆ 4 |
| 体力度 | ★★★☆☆ 3 |

| | | |
|---|---|---|
| 1日目 | 上高地バスターミナル→ 徳沢→ 横尾→ 涸沢 | 計6時間5分 |
| 2日目 | 涸沢→ 穂高岳山荘→ 奥穂高岳→ 穂高岳山荘→ 涸沢 | 計5時間45分 |
| 3日目 | 涸沢→ 横尾→徳沢→ 上高地バスターミナル | 計5時間5分 |

奥《おく》穂高岳《ほたかだけ》は３１９０ｍ、富士山《ふじさん》、南《みなみ》アルプスの北岳《きただけ》に次ぐ本邦第３位（間《あい》ノ岳《のだけ》と同位）の高峰。「岩と雪の殿堂」とよばれる穂高連峰の主峰で、北アルプスの盟主でもある。

一方、このコースのベースとなる涸沢《からさわ》は、周囲を穂高連峰に囲まれた日本最大規模を誇るカール（圏谷）の底にある。崖錐の斜面やモレーン（堆石堤）などの氷河地形や夏遅くまである残雪、斜面に広がるお花畑などアルペンムードにあふれている。

奥穂高岳へのルートはいくつかあるが、大半は３０００ｍの岩稜線をたどる縦走コース。岩稜歩きの経験が浅く、はじめて奥穂高岳をめざすなら、涸沢経由がおすすめだ。

## 1日目 上高地バスターミナルから横尾経由で涸沢へ

**上高地《かみこうち》バスターミナル**の上高地登山相談所で登山届を出し、出発。上高地インフォメーションセンター前の広場から奥に進み、

横尾大橋を渡って横尾谷へ（背後は屏風ノ頭）

道幅の広い横尾街道を行く

ハクサンイチゲが咲く涸沢パノラマコース。右は涸沢岳

カラマツ林の広い道を歩いて河童《かっぱ》橋へ。梓《あずさ》川に面した**河童橋**のたもとからは、めざす奥穂高岳が正面に望まれ、右手に吊《つり》尾根を経て前穂高岳《まえほたかだけ》、明神岳《みょうじんだけ》と連なり、左手には西穂高岳《にしほたかだけ》への険しい岩稜線が続いている。

　梓川の左岸（下流から見て右側の岸）沿いに横尾《よこお》までは、通称横尾街道とよばれる、車が通れる幅の広い道をたどる。大きなアップダウンもなく歩きやすい道で、ほぼ1時間ごとに山小屋がある。上高地の水源となる清水《しみず》川を渡り、ビジターセンターの前を通り、小梨平《こなしだいら》のキャンプ場に入る。林間には色とりどりのテントが立ち、キャンパーでにぎわう。

左手を流れる小沢に沿って林のなかを進んでいく。周辺はシナノキやサワグルミ、トウヒといった木々が立ち並び、ところどころにイチイの木も見られる豊かな森だ。

　森林浴を楽しみながら進むと突然視界が開け、下白沢《しもしらさわ》の白い砂礫が押し出されている広場に出る。明神岳の峻険な姿が仰ぐようにそびえ立つ展望地で、ふたたび森に入り池の畔を通って、明神館の建つ**明神**へ。穂高神社奥宮のある明神池へは、ここから左手に入り、明神橋で梓川を渡った10分ほどの距離だ。帰路に立ち寄るとよいだろう。

　明神のすぐ先で白沢出合《であい》に出ると、橋のたもとからかつての上高地へのメインルートだった徳本《とくごう》峠への道（P54コース6を参照）が分岐する。ゆるやかに登って下り返すと、梓川の河原を見下ろすビューポイントに出る。梓川の流れが自然にゆだねられ曲がりくねり、河原にはケショウヤナギが点在し、奥には常念岳《じょうねんだけ》が見える。

　やがて道は梓川の流れから離れ、右手の

本谷橋で横尾谷の右岸に渡る

横尾谷から見上げる屏風岩

山腹に沿って樹林のなかを進んでいく。緑のきれいな清流の横を通り、左手に湧水でできた古《ふる》池が現れる。ふたたび梓川の河原に出ると、前穂高岳北《きた》尾根の全貌が現れ、ハルニレの大木が点在する草原状の気持ちのいいキャンプ地が広がる**徳沢**《とくさわ》に出る。徳沢周辺はニリンソウの群生しており、5月下旬から6月上旬にかけて、林床が白い絨毯を引きつめたような光景となる。

徳澤園の横から小川を渡って平坦に延びる道を進み、ふたたび樹林に入る。すぐに河原に延びる車専用の道と分かれ、指導標にしたがって右に曲がる。少し先で左手に新村《しんむら》橋の吊橋を見送り、横尾をめざす。

途中2カ所やや急な登り下りがあるが、かつて大水の際に川岸がえぐられたため山側に道がつけ替えられた箇所である。ふたたび梓川沿いの道になり、谷の奥に中山《なかやま》が現れる。手前にこんもりした横尾尾根の末端が見えたら、その根元が横尾だ。左手には屏風《びょうぶ》岩の岩壁を望み、鉄製の立派な吊橋の横尾大橋が見えると**横尾**に到着する。

横尾からは槍《やり》ヶ《が》岳《たけ》、穂高連峰、蝶《ちょう》ヶ《が》岳《たけ》への登山道が延び、各方面への登山の拠点である。横尾は「奥上高地」といわれるように、地形的に上高地の平の一角だ。上高地からこの付近まで5千年ほど前には、「古上高地湖」とよばれる堰き止め湖が形成されていたという。この奥はがらりと雰囲気が変わって、氷河地形も現れてくる。

横尾大橋を渡り横尾谷に入ると道幅が狭くなり、本格的な登山道となる。いったん横尾谷の広い河原に出て、前穂高岳東壁を仰ぎ見る。この先進行方向左に見える屏風岩は氷河が削り上げたU字谷の側壁で、クライミングの対象として人気がある。ここからシラビソやコメツガの針葉樹林に入り、ササの生い茂る平坦な道を進む。河原に出て、右に黒い大岩が横たわっている横尾岩小屋跡を通過する。この大岩は南岳《みなみだけ》稜線付近にある岩と同じで、氷河によってここまで運ばれた迷子石だ。

アオガレ。2016年の屏風岩からの崩壊地だ

涸沢への登り。夏山のはじめは残雪もある

河原から右手の斜面へ階段状の道を一段上がり、本谷橋まで続く平坦な樹林帯を行く。左手が大きく開け、屏風岩の大岩壁が迫力を増してくる。谷の奥には北穂高岳《きたほたかだけ》が高くそびえる姿も見える。

ふたたび樹林に入り、ブナ林をすぎて、川の流れが足もとに見えはじめれば、コンパクトな吊橋の**本谷橋**《ほんたに》に着く。ここは横尾、涸沢間のほぼ中間地点にあたる。橋を渡った河原は格好の休憩ポイントになっており、多くの登山者が周辺でくつろいでいる。

本谷橋からは急な登りがはじまる。石段を登って、ダケカンバ林のなかをジグザグに進んでいく。左側の岩間から流れ出る風穴の冷気に助けられながら、屏風岩の裾を左へ回りこむように高度を上げていく。急な勾配がゆるみ、ダケカンバやナナカマドの茂る涸沢の谷に入っていく。前方に前穂高岳の岩峰が姿を現し、屏風岩側からの落石に注意しながら幅100mほどの開けたガレ場を横切る。いったんダケカンバの林に入り、抜け出ると屏風岩側からS字状にガレが押し出た通称「Sガレ」に出る。モレーンの上に涸沢ヒュッテも見えてくるが、ここからが意外に長く感じられる。

ナナカマドやイタヤカエデの灌木林を進み、沢沿いに石畳の道を進む。夏のはじめは残雪が豊富で水量も豊かだ。ナナカマドの花を見ながら石段を登り、モレーン下の分岐に出る。まっすぐ石段を登ってモレーンを左手から回りこむと涸沢ヒュッテ。右に行くとキャンプ指定地を経て涸沢小屋だ。

奥穂高岳山頂からの槍ヶ岳方面の眺望

分岐を左に進み、石段を登っていくと、左手に屏風岩へのパノラマ新道を分け、モレーンの上に建つ涸沢ヒュッテに到着する。

カール底にある**涸沢**は日本有数のテント場で、多いときには1000張を越える色とりどりのテントの花が開く。正面に北穂沢が扇形に広がり、その上に北穂高岳がそびえ、左に涸沢槍の尖鋭峰と涸沢岳が連なり、穂高岳山荘の建つ白出《しらだし》のコルをはさんで主峰・奥穂高岳の大きな山塊が続く。吊尾根の左には前穂高岳が北尾根の岩峰をしたがえそそり立ち、その末端に屏風ノ頭がぽつりと佇む穂高の円形劇場が展開する。

## 2日目 涸沢から奥穂高岳を往復

日の出とともに穂高連峰が赤く染まるモルゲンロート（朝焼け）を堪能して、涸沢を出発しよう。奥穂高岳へのザイテングラート取付へは、お花畑を経由する涸沢パノラマコースと涸沢小屋を回るコースがある。登りと下りでルートを変えるといいだろう。ザイテングラートとはドイツ語の支稜を意味する（Seitengrat）に由来する。氷河の削りこみにも耐えた硬い岩盤でできており、岩稜には急な道が刻まれている。

涸沢ヒュッテからテント場に向かって延びる石畳の道をたどっていく。左手にある建物が長野県涸沢山岳総合相談所で、夏山シーズンや秋の最盛期には県警の山岳遭難救助隊や常駐隊が駐留している。

お花畑をめぐる涸沢パノラマコースへの道は、この建物の脇からペンキ印にしたがって石畳の道へ進む。石段を登り、カールを左から回りこむように登っていく。足もとにはチングルマやアオノツガザクラなどが咲き、夏山気分が満喫できる。

やがてナナカマドの灌木が目につくようになり、急な登りがゆるむと一面のお花畑が広がる斜面に出る。夏のはじめはハクサンイチゲやシナノキンバイが、盛夏のころにはハクサンフウロやベニバナイチゴ、ク

岩場の連続するザイテングラート。落石に注意

涸沢のテント場

涸沢上部のお花畑。背後は前穂北尾根

ルマユリなど時期をずらして開花していく。何年先もこの自然が楽しめるように、お花畑には立ち入らないように。

お花畑の横を右手に斜上し、ガレ場を横切って涸沢小屋からの道と合流する。ザイテングラート取付へ向かい、広大な斜面を横切っていく。上部には獅子《しし》岩とよばれる岩が崖錐斜面に突き出ている。正面の突き立った岩の平坦な基部が**ザイテングラート取付**で、この先の急登に備えて休憩をとろう。足もとに涸沢カールが広がり、奥にそびえるひときわ大きな前穂高岳の展望も抜群だ。ここから稜線上の穂高岳山荘までおよそ標高差320m・1時間半弱の登り。急登が続くので、心してかかろう。

いったん尾根左手のお花畑になっている小豆《あずき》沢に回りこみ、ザイテングラートの岩尾根に取り付く。石屑の道なので上部からの落石に注意し、足もとにも気を配りながら登っていく。石のゴロゴロする岩稜の登りが続き、急な場所では三点支持をとりながら進む。比較的ゆるやかな馬《うま》の背《せ》状の尾根をたどり、正面に見える岩の基部をクサリづたいにトラバース（斜面を横方向に移動すること）し、短いハシゴを使って悪路を越える。「ホタカ小ヤ20分」のペンキ表示をすぎると稜線の右側を登るようになり、傾斜も落ち着いてくる。やがて尾根の左側の石屑の道を歩くようになり、白出のコルに建つ**穂高岳山荘**に着く。

石畳のテラスでひと息入れ、山頂に向かう。山荘の広いテラスの端からクサリやハシゴがある岩場に取り付く。ここがこのコース最大の難所で、気を引き締めていこう。夏山シーズン中は登り下りで順番待ちとな

穂高岳山荘上のハシゴ。クサリもある

穂高神社嶺宮の祠がある奥穂高岳山頂

るので、安定した場所ですれ違いできるようにに声をかけ合って。岩は硬く安定しており、三点支持さえしっかりとれば問題ない。

稜線上に出て、細かい石屑のザクザクした道を登る。振り返れば槍ヶ岳が遠くに見え、3000mを越える穂高の稜線上であることを実感する。約7mの一枚岩を越えると間違《まちが》い尾根に出て、迫力あるジャンダルムの岩峰が現れる。ここからは斜度もゆるくなり、踏み跡をたどると**奥穂高岳**山頂だ。

山頂には2つの大きなケルンが並び、ひとつには穂高神社嶺宮の祠が祀られ、一方には方位盤が埋めこまれている。馬の背状の稜線の先にジャンダルムが大きく、右側に笠ヶ岳《かさがたけ》、右手前に涸沢岳、北穂高岳、その奥に槍ヶ岳と3000m峰が連なる。さらに常念岳や蝶ヶ岳の稜線、遠くに浅間山《あさまやま》、富士山、南アルプスなど360度の大展望だ。

展望を満喫したら涸沢に戻る。時間が許せば、**穂高岳山荘**から往復約40分の**涸沢岳**にも登頂したい。山頂からは、北穂高岳や登ってきた奥穂高岳が大きく見える。

ザイテングラートの下りは浮石やスリップに気をつけて下ろう。重大事故を防止するには、ヘルメットの着用も有効だ（P22コラム参照）。帰りは涸沢小屋のテラスで前穂高岳の展望を楽しんで、テント場受付所前を通って**涸沢**に戻る。

## 3日目 涸沢から上高地へ下山

初日のコースを**上高地**へ戻る。

### プランニング&アドバイス

標準日程の1日目に涸沢まで登るためには、上高地周辺に前夜泊か夜行の利用となる。朝首都圏などを出発すると、1日目は横尾までとなり、2日目は奥穂高岳を登頂し穂高岳山荘泊で、3日目に下山となる。涸沢からの下りは、経験者なら天気がよければパノラマ新道（P20参照）で徳沢に下山してもよい。ただし横尾経由と違い道はよくないので、時間も余分にかかる。また、奥穂高岳からの縦走ルートはどれも難易度が高く、穂高初挑戦の登山者にはすすめられない。穂高連峰縦走は、まず本項で紹介する往復コースで穂高の魅力を肌で感じてから、次回ステップアップして挑戦してほしい。

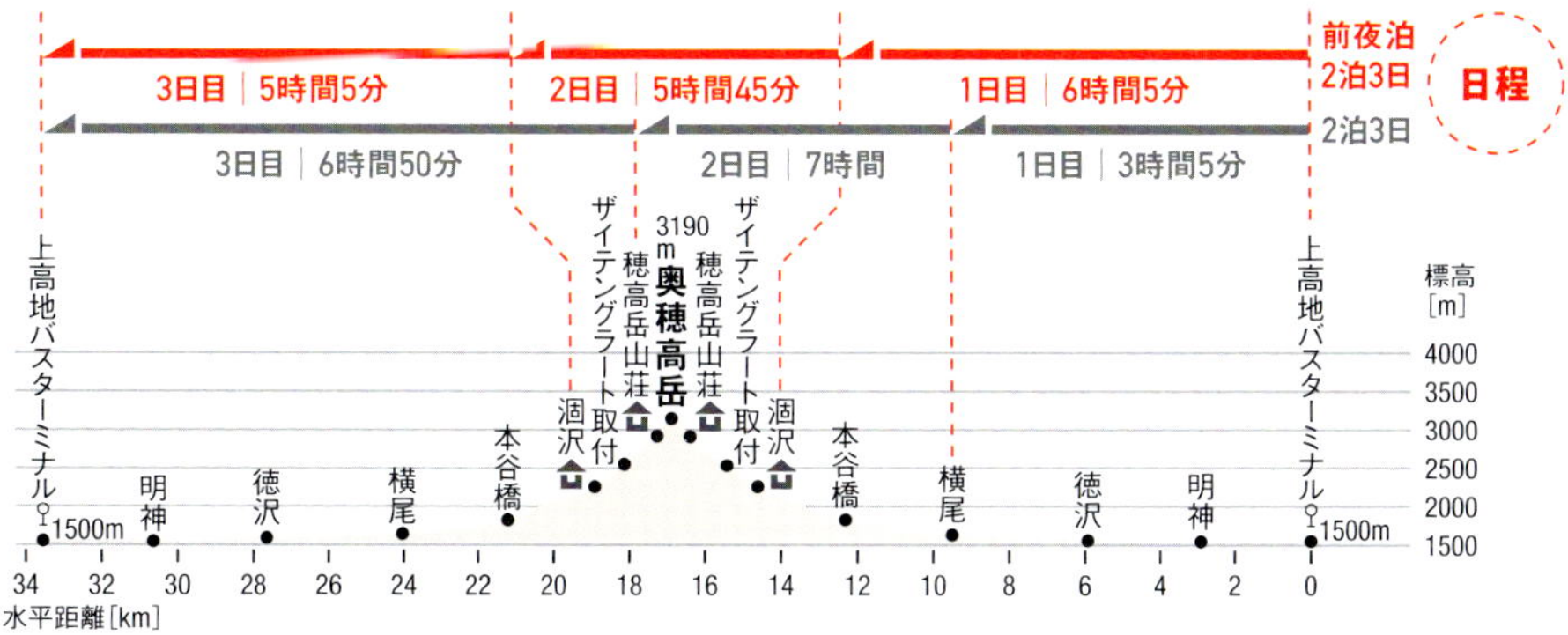

サブコース

# パノラマ新道

涸沢↓屏風ノ耳往復↓徳沢↓上高地　6時間30分

Map 3-3D 涸沢

Map 1-1D 上高地バスターミナル

| コースグレード | 上級 |
| --- | --- |
| 技術度 | ★★★★☆ 4 |
| 体力度 | ★★★☆☆ 3 |

　涸沢《からさわ》から屏風《びょうぶ》のコルを経て徳沢《とくさわ》に下るパノラマ新道は、穂高《ほたか》連峰の好展望地として知られる。地図上では上高地《かみこうち》への近道にも見えるが、アップダウンが大きく、道幅も狭く険しいコース。所要時間も横尾《よこお》経由よりかなりかかる。北《きた》尾根までの間にルンゼ（岩溝）が3本あり、夏のはじめは急な雪渓が残って通行できない。登りで利用する際は前もって**涸沢**の山小屋に問合せを。天候が悪いときは横尾経由で下山しよう。

　涸沢ヒュッテ直下で横尾への道を分け石段の道を進み、ミヤマハンノキなどの灌木帯に入る。振り返ると涸沢ヒュッテの背後に涸沢カール、穂高連峰の姿が望める。ダケカンバ林に入ると岩場を何箇所も通る狭く険しい道となり、前穂高岳《まえほたかだけ》北尾根に出るまで悪路が続く。張られたロープはあくまでバランスを崩した際の補助と考え、頼りすぎないこと。夏のはじめまで残雪が残るルンゼは、雪が消えたあとも上部からの落石の危険性もあり、休まず通過する。

　屏風ノ頭《びょうぶのあたま》の左奥に槍ヶ岳《やりがたけ》の穂先が見えだし、ダケカンバの林から抜けると北尾根に出る。稜線右手にも踏み跡があるが、前穂《まえほ》高岳《たかだけ》山頂へのバリエーションルートなので、迷いこまないように。左の尾根道を進むと、左に穂高連峰の風景が広がる。なだらかに下って北尾根最低鞍部をすぎ、屏風ノ耳《びょうぶのみみ》との分岐である**屏風のコル**に出たら、屏風ノ耳を往復する。急な尾根を登り、大岩がゴロゴロする見通しのいい斜面を通過し、ハイマツのあいだを抜けると小さな池の畔に

トラバースが連続するパノラマ新道の悪路

屏風ノ耳からの前穂と奥穂、涸沢岳と北穂（左から）

出る。少し先から右の大岩を越えると、賽《さい》の河原《かわら》とよばれる高台の展望地もある。

さきほどの池からさらに進み、やせ尾根を登ると狭いピークの**屏風ノ耳**に着く。前穂高岳から奥穂高岳、北穂高岳《きたほたかだけ》、続く右奥に槍ヶ岳とすばらしいパノラマが展開する。展望を満喫したら、**屏風のコル**に引き返す。（さらに尾根道を進むと屏風ノ頭にいたるが、足場がはっきりしない不安定な道で、ハイマツも深く、展望もたいした差はない）。

屏風のコルからは、穂高でも有数のお花畑の斜面をジグザグに下っていく。急な傾斜がゆるんでダケカンバ林に入り、上部がルンゼ状のガレ沢を横切ったら、慶応《けいおう》尾根に沿って下る。樹林に入るとじきに慶応尾根の鼻にあたる、小広い場所に出る。

木製のハシゴを下り、急な樹林帯を下っていく。石がゴロゴロする道を進み、やがて急な傾斜がゆるむと樹林が途切れる。足もとに梓川《あずさ》を見ながら細い沢を渡り、その先で広い**奥又白谷**《おくまたじろだに》**河原**に出る。白い石がゴロゴロした谷を横切り、ペンキ印を進む。ふたたび現れる河原は奥又白池への中畠《なかはた》新道の分岐で、上部から松高《まつこう》ルンゼが落ちているのが見える。ペンキ印をたどり、オタカラコウなどが咲く沢筋を下っていく。

やがて針葉樹林の平坦路となり、井上靖の小説『氷壁』のモデルとなった「ナイロンザイル事件」の慰霊碑などもある場所に出る。さらに砂防堰堤脇を通り、奥又白谷の河原を左手に見ながら林道を進み、梓川右岸（下流から見て左側の岸）沿いの治山林道（工事車両専用道）と合流する。ここに登山口の看板があり、右にとると新村《しんむら》橋に出る。橋を渡って右に曲がれば**徳沢**だ。

徳沢から**上高地**へはP12コース1を参照。

パノラマ新道の途中から見た涸沢ヒュッテと涸沢岳

**プランニング&アドバイス**

逆コースは下りより大幅に時間がかかるので（7時間強）、上高地を遅くとも7時までに出発したい。また夏の午後は雷雨の可能性もあり、できれば徳沢前泊で朝いちばんに歩きだしたい。屏風ノ耳からの展望は午前中のほうが光線状態もいいので、下山時の利用も涸沢泊で出発したい。屏風ノ耳からの穂高連峰の展望が目的なら、涸沢をベースに往復するといい。

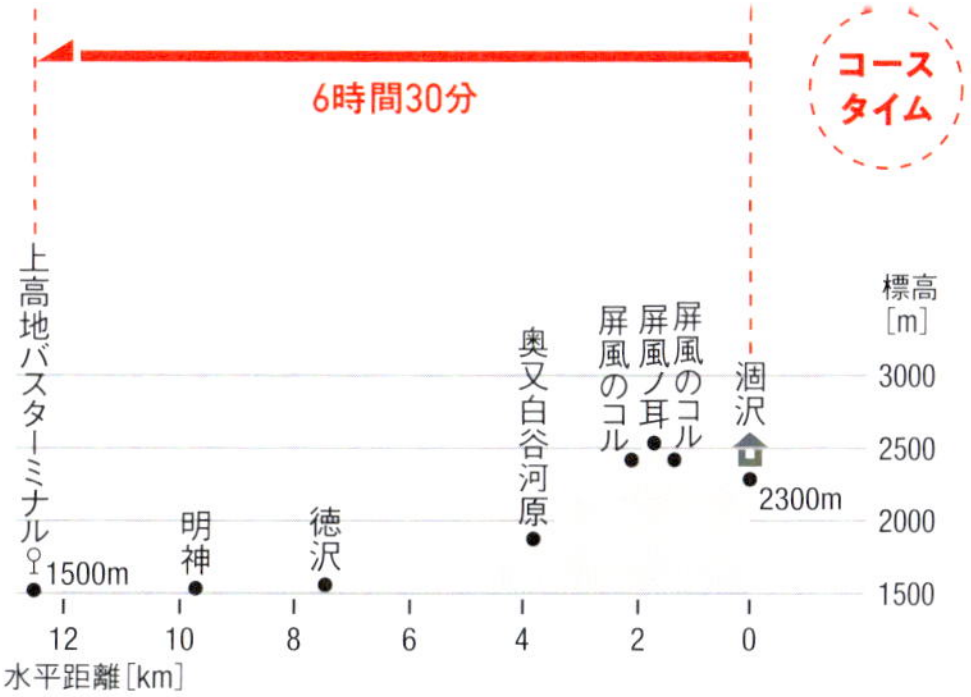

コラム1

# 安全登山のために

近年、登山者人口は高止まりの傾向にあるといわれている。この本で扱っている槍《やり》・穂高《ほたか》連峰のエリアは、国内でも有数の山岳地帯であり、岩稜コースも多く、困難なルートが多数ある。そのため他のエリアと比べて遭難件数も多く、残念ながら毎年必ず重大事故が発生している。ここでは安全に登山するために、最近の状況を含めて取り上げる。

## ■登山届義務化条例

近年山岳遭難に対する社会的見方も変化し、この本で取り上げているエリアの中心となる長野県（2016年7月施行）や岐阜県（2014年12月施行）では県の条例によって、登山届の提出が義務化されるようになった（エリア指定されている）。岐阜県では違反者に罰則金も課されるので、注意が必要だ。

知ってのとおり、各登山口には登山届提出箱が設置されている。登山者であれば必ず目にしているはずだが、残念なことに未だに提出率が100％にいたっていない。2014年9月の御嶽山《おんたけさん》噴火で多数の犠牲者が出たことはまだ記憶に新しいが、この遭難事案を契機に条例の制定にいたった。

この両県の条例対象エリアだが、本書でガイドしているコースはすべてが入っている。このため登山実行の際には、登山届を必ず提出する必要がある。またポストへの提出だけではなく、留守家族などにも登山計画書を渡そう。登山届を出したといっても、下山日時をすぎたら関係機関が捜索を開始するわけではない。家族や本人、同行者などから捜索届や救助要請が出されて、はじめて救助活動が動き出す。とくに単独行の場合は、周囲に登山に出かけること、いつ帰るかをしっかりつたえることが大事で、万が一の際の初動に影響がある。

上高地の登山相談所で登山届を出して出発する

登山届の提出方法は登山口の提出箱以外に、郵送やFAX、オンラインでも受け付けている（P173「登山計画書の提出」、P174「問合せ先一覧」も参照のこと）。

## ■ヘルメットの着用奨励山域

長野県山岳遭難対策協会では、県内5つの山域で山岳ヘルメット着用推奨山域を指定している。槍・穂高の主稜線はほぼ指定範囲となっている。

転倒や転落、滑落などの際、頭部を負傷しているかどうかが生死の分かれ目になることも多く、ヘルメットを着用することで重大事故にならずにすんだ事例もある。もちろん落石事故防止にもなり、実際に槍・穂高連峰界隈では、登山者の多くが装着するようになってきた。こちらは義務事項ではないが、昨今の登山者の安全意識の高まりを感じる。

だがヘルメットを持参していても、肝心な岩場で装着していない人や、正しく装着していない人もまだいるので、しっかり身

ヘルメットの着用は転落や滑落以外、落石からも頭部を守ってくれる

につけ、事故を未然に防ぎたい。

**■事故発生時の連絡**

遭難事故発生の際、以前は近くの山小屋などに他の登山者経由で救助要請するのが一般的であった。しかし、携帯電話の普及に伴って、本人や同行者から県警などに直接連絡することも多い。確かに現在では、山岳エリアであっても携帯電話の電波状況はかなり改善されている。とはいえ、谷筋では通信はままならないことも頭に入れておきたい。仮に通話はできなくても、メールやSNSだとつながることもある。

また携帯からの110番通報だと、県警本部の通信司令センターにつながる。しかしここは山岳遭難のみを扱っているわけではなく、他県につながることもある。もちろん救助要請はできるが、場所などもすぐには理解してもらえず、何度も連絡し合わなければならなくなる（バッテリーの消耗が激しい）。やはりあらかじめ所轄警察署の連絡先を調べておき、担当者と話をしたほうが、その後の救助もスムーズに運ぶ。

なお、救助要請の際に必要な事項は次のとおり。①**いつ**（発生日時）②**何処で**（発生場所）③**誰が**（要救助者の住所・氏名・年齢・職業・電話番号などと緊急連絡先）④**何を**（事故の発生状況）⑤**なぜ**（事故の発生原因）⑥**どのように**（怪我の程度や自力歩行などが可能かどうか）。よく5W1Hといわれるものである。

**■もしもの備え**

山岳遭難の原因で多いのは、道迷いによるといわれる。最近ではGPS機器やGPS機能つきのスマートフォンも普及している。地図アプリによってかなり正確に現在位置を把握できるので、道迷いの際に重宝する。しかしこれらも普段からしっかり使いこなせるように、日ごろからのトレーニングは必要だ。

また近年多い単独行登山者の場合、捜索届が出されても場所が特定できず、行方不明となってしまう事案が毎年のように発生している。その対策に現在もっとも有効と思われるのが、条件によるが数km先からも場所を特定できる発信器（ビーコン）の携帯である。わずか20gで数ヶ月電波を出し続けるといわれている。

そして最後の頼みの綱になるのは、やはり山岳保険だ。槍・穂高の玄関口・上高地《かみこうち》では、登山届提出時に掛け捨ての保険に加入できる。だが年に何度も登山する人は、1年契約の保険に入るほうが都合はよい。

「山岳遭難は自分とは関係ない、自分は大丈夫」と思うことは、自身が遭難者になる第一歩だといえよう。危機管理を徹底して、1件でも遭難事故がなくなることを願ってやまない。

救助活動中の岐阜県警のヘリ「らいちょう2号」

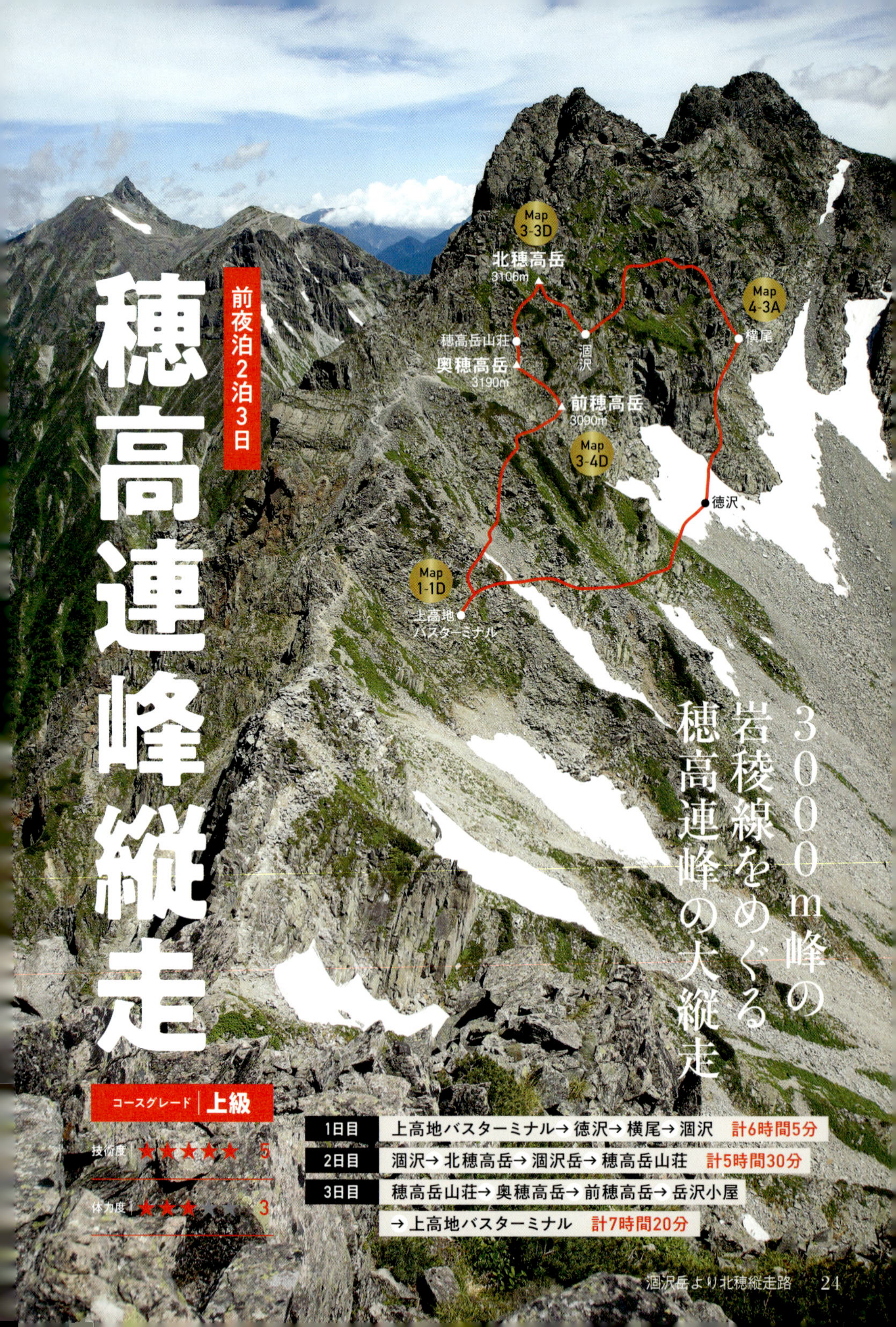


前夜泊2泊3日

# 穂高連峰縦走

3000m峰の岩稜線をめぐる穂高連峰の大縦走

コースグレード | 上級

技術度 ★★★★★ 5

体力度 ★★★☆☆ 3

| | | |
|---|---|---|
| 1日目 | 上高地バスターミナル→徳沢→横尾→涸沢 | 計6時間5分 |
| 2日目 | 涸沢→北穂高岳→涸沢岳→穂高岳山荘 | 計5時間30分 |
| 3日目 | 穂高岳山荘→奥穂高岳→前穂高岳→岳沢小屋→上高地バスターミナル | 計7時間20分 |

涸沢岳より北穂縦走路

北《きた》穂高岳《ほたかだけ》は北穂高小屋がある北峰と縦走路から外れた場所の南峰からなる双児峰で、飛騨《ひだ》側は滝谷《たきだに》とよばれる国内有数の岩場が切れ落ちている。一方、前穂高《まえほたか》岳《だけ》は北西に吊《つり》尾根、北東に北《きた》尾根、南は明《みょう》神岳《じんだけ》へ稜線が延び、槍《やり》・穂高連峰唯一の一等三角点を有する展望地である。

本コースは北穂高岳から涸沢岳《からさわだけ》、奥穂高岳、前穂高岳と穂高連峰の3000m峰4座を一気にめぐり上高地に下山する大縦走路だ。国内でも極めて厳しい岩稜の縦走路のひとつで、とくに険しいのが北穂高岳から涸沢岳にかけての稜線だ。ここは国内でも数本の指に入る困難なルートだけに、このコースに挑むには、最低一度や二度は奥穂高岳や北穂高岳の山頂に立った経験がほしい。それも岩場の通過を不安なくこなしていることが最低限の条件だ。登山はステップバイステップで経験を積んでいきたい。

とくに困難な箇所はハシゴやクサリなどで整備されているものの、他のコースなら当然クサリやハシゴが設置されているような難所でも、ここではかかっていないケースが大半。上級者だけに許された縦走コースであると肝に銘じて行動してほしい。足もとからすっぱり切れ落ちた高度感ある岩場地帯の通過や落石の危険性などスリリングなルートだが、達成時の充実感も大きい。

## 1日目 上高地バスターミナルから横尾経由で涸沢へ

**上高地**《かみこうち》を出発し、**横尾**《よこお》まで梓《あずさ》川沿いの道をたどって**涸沢**へ（P12コース1参照）。

## 2日目 北穂高岳から涸沢岳へ縦走し穂高岳山荘へ

涸沢から朝日を浴びた穂高連峰を眺めたら、北穂高岳をめざして出発しよう。今日は目の前に広がる稜線をぐるりと回って、穂高岳山荘までの稜線歩きだ。

北穂側から滝谷ドームを見る

お花畑もある南稜（背後は前穂北尾根）

テント場へ延びる石畳の道を進み、涸沢小屋に向かう。涸沢小屋右手の北穂沢に入り、左にお花畑を眺めながら石段の急な道を登る。振り返ると前穂高岳が北尾根の岩峰をしたがえ、迫力ある姿で見える。大岩の矢印にしたがって左手の道に入り、トリカブトやミヤマシシウドなどのお花畑の斜面をジグザグに刻み、急な勾配を登っていく。

スラブ（なめらかな一枚岩）状の岩場が3カ所現れ、三点支持でバランスをとって越えていく。やがて岩塊斜面をペンキ印にしたがい直登し、左に見える南稜《なんりょう》取付に向かって進んでいく。石屑が乗った一枚岩を通過し、夏のはじめは雪が残るガレ場を横切る。細かい石屑の道を右に登り南稜取付のクサリ場に入るが、下りの人がいればここで順番待ちになる。

17mのクサリがかけられた岩場は足場も切られており、それを足がかりにして登っていく。この南稜の取付点付近はスペースがなく、すれ違いが難しい。声をかけ合って、安全な場所ですれ違いたい。最後に8mの長いハシゴを乗り越えると岩場が終わり、**南稜取付**に出る。これまで見えなかった奥穂高岳や涸沢岳が姿を現し、その下部には崖錐斜面が広がっている。

南稜登山道は穂高連峰の主稜線に突き上がる急峻な岩稜で、ジグザグに登り高度を上げていく。人の顔の形をした岩がスカイラインの上に見え、その岩と同高度になったら右手に回りこみ、なだらかな一枚岩を越えていく。工業用アンカー（支点）を足がかりに大きな段差を越え、ガイドロープ沿いに右へトラバースしていく。この下は足もとが切れ落ちており油断大敵だ。ハクサンイチゲの小さなお花畑を通過し、石段の道を登るとクサリがかかる岩場が現れる。

10mのクサリを乗り越えると、右手へ足場の狭いトラバースとなり、7mのクサリ

登山者で混雑する北穂・南稜取付のクサリ場

高度感のある奥壁バンドを通過する

を頼りに通過する。傾斜がゆるまり、右上して岩塊斜面に出たら、踏み跡やペンキ印を追って登る。右奥に北穂高岳北峰が見え、直下に北穂高小屋も確認できる。この周辺は南稜テラスとよばれ、北穂高岳のキャンプ指定地になっている。

一枚岩の段差を越えると指導標が立つ北穂分岐で、穂高主稜線の登山道と合流する。ここから北穂高岳北峰を往復しよう。

南峰直下を回りこみ、滑りやすい一枚岩を少し下り、松濤《まつなみ》岩の基部を進む。この付近は夏のはじめまで雪が残るが、小屋のスタッフにより階段状に雪が切られている。石段を登り、『風雪のビバーク』で知られる松濤明に由来する松濤のコルに出たら、ひと登りで**北穂高岳**北峰山頂に到着する。

山頂からの眺めは、まさに360度のすばらしい大展望。とくに槍ヶ岳の風景は天下一品で、多くの写真愛好家に親しまれている。クライマーあこがれの滝谷は、北穂高岳・飛騨側の急峻に切れ落ちた岩場のことで、山頂からもその一部を覗くことができる。また山頂の下に北穂高小屋があり、テラスからの展望も一級品だ。山頂でのひとときをすごしたら、山頂をあとにしよう。

北穂分岐まで戻り、ひと登りで岩がゴロゴロする北穂高岳南峰の一角に出る。ペンキ印にしたがい、稜線のやや右手から凹角状の岩場を下る。この先前穂高岳まで続く稜線は、このような登り下りが何度となく繰り返される。ルートは白ペンキで丸印が記され、ペンキ印が見えなくなった

北穂高岳から望む穂高連峰

ら迷いこんだものと思い、印のある場所まで戻ろう。

正面に滝谷ドームの岩峰を望みながら、稜線のやや滝谷側についた道を進む。やがて岩場を越え反対の涸沢側に入り、矢印のついたのっぺりした岩を回りこんでいく。滝谷ドームの頭を涸沢側に巻くポイントで、ひと息つける安定した場所である。

ふたたび滝谷側に入ると、8mのクサリがかかる岩場の下りになる。登り返して涸沢側の稜線を下っていく。左手には残雪の斜面と北尾根をしたがえた前穂高岳が凛として佇み、奥には富士山《ふじさん》も見えている。鉄杭を足場に滑りやすい一枚岩を下り、さらに滝谷側に入って岩溝を下っていく。

ここから奥壁《おくへき》バンドとよばれる難所となる。足もとはすっぱり切れ落ち、標高差300mの滝谷の大岩壁群が広がる。岩にしがみつくほどではないが高度感があり、下りベースになる岩場のトラバースが150mほど続く。ふたたび稜線を乗り越えると奥壁バンドの悪路が終わり、涸沢側に入る。

石屑を踏みしめジグザグに下っていくと最初のコルに出る。小さなコブを越えると、穂高岳山荘までの中間地点で、休憩ポイントである**涸沢のコル**（最低鞍部）に出る。

さらに亀岩とよばれる岩峰を越えていく。ここはもろい岩が積み重なっていたが、大崩れしたあとに整備され歩きやすくなった。続いて右手の岩壁にクサリのかかるスラブ状の岩場を下ると、ニセ最低コルに出る。

ここからいよいよ日本一長くクサリ場が続くといわれる、涸沢槍から涸沢岳への登りに入る。飛騨側に回りこんでクサリに沿って登り、段差がある岩を乗り越え、4mのハシゴに取り付く。ハシゴから出る際は露出感があり、クサリや鉄杭を使いバランスに気をつけ、涸沢側をジグザグに刻み岩の斜面を登る。この上部にザレた箇所があり、落石を受ける可能性があるので、上部にも気を払っていこう。続く4mの鉄ハシゴを越え、涸沢側の足幅の狭いバンド（岩

涸沢岳直下の岩場を行く

涸沢のコル先の亀岩を通過する

壁を横断するように続く岩棚）を左右に刻みながら登り、滝谷側に入って、涸沢槍のクサリを越え稜線に出る。この付近は登山道から少しでもはずれると浮石が多く事故を誘発するため、忠実にたどろう。

さらに石屑を下ってD沢のコルをすぎて登り返し、右手の岩を巻く。下り着いた場所がオダマキのコルで、ここから涸沢岳への登りとなる。周辺にはその名の由来となったミヤマオダマキが咲いている。涸沢側の斜面にかかるクサリをたどりジグザグに登り、最後は足場になる鉄杭やクサリを頼りに岩場を乗り越え涸沢岳の稜線に出る。

ここからは飛騨側のおだやかな稜線で、岩屑の斜面が広がる。稜線右手に冬期ルート（涸沢岳西《にし》尾根）の踏み跡があるが、間違って入りこまないこと。左手の石屑の道をたどると指導標の立つ3110mの**涸沢岳**に着く。歩いてきた稜線が足もとに見え、その奥には北穂高岳も見える。明日登る奥穂高岳が反対側に見え、ひときわ大きくそびえ立ち存在感をアピールしている。展望を満喫したら、足もとに見える**穂高岳山荘**に向かう。

## 3日目 奥穂高岳から前穂高岳へ縦走し重太郎新道を下る

山荘のテラスから日の出を拝んで、出発しよう。テラスの南側からすぐにハシゴやクサリのある岩場に取り付き、**奥穂高岳**へ（P12コース1を参照）。

奥穂高岳でジャンダルム方面に向かう西穂高岳への縦走路と分かれ、南東に延びる吊尾根に向かう。石屑の道をペンキ印にしたがって下ると、足もとに岳沢《だけさわ》から上高地にかけての広大な谷が広がる。やがて南稜ノ頭に出て、左に回りこむ。南稜にはクライミングの踏み跡があるので、そのまま進まないこと。この吊尾根は岳沢側に道が刻まれており、涸沢側は切れ落ちているので入りこまないようにしたい。さらに下り、

涸沢岳直下のクサリ場

前穂高岳からの槍ヶ岳（右端）へと続く縦走路

最低鞍部と涸沢岳

岩溝にかかる7mのクサリをたどって下降していく。しばらく進むとスラブ状の岩場を連続するクサリで大きく下っていく。

　岩間にイワギキョウやイワツメグサを見ながら、ゆるやかに下る。稜線の小広い場所は休憩ポイントで、行く手の前穂高岳の岩峰がどっしりした姿で待ち構えている。

　なおも下り、左手に涸沢側が見下ろせるコルをすぎる。ペンキで岩に表記がある**最低コル**は、稜線の岳沢側を巻いていく。稜線上についた踏み跡は冬期登山のもので、入りこまないように。

なだらかな道を進み、前穂高岳の西斜面を回りこんで、前方に見える紀美子平《きみこだいら》に向かう。足もとに気をつけ岩場を越え、滑りやすい一枚岩を横切って**紀美子平**へ。前穂高岳へ往復する大勢の登山者が休憩し、足もとには岳沢から上高地が広がる。

　小休止したら軽身で前穂高岳を往復しよう。山頂へは岩場の急登が続く。落石に注意してペンキ印をたどり、岩屑におおわれた広い**前穂高岳**山頂へ。槍・穂高周辺では唯一の一等三角点で、抜群の展望を誇る。

　山頂での展望を満喫したら**紀美子平**に戻る。紀美子平から岳沢へ下るこの道は、穂高岳山荘を創建した今田重太郎《いまだじゅうたろう》氏がひらいた道で、重太郎新道とよばれる。下りはじめは急な一枚岩で、連続する長いクサリを頼りに下っていく。急峻な岩場の連続する緊張する下降が続き、鞍部に出たらハシゴを登り返す。ハイマツにおおわれた尾根を進むと、ペンキで表記された雷鳥《らいちょう》広場へ出る。さらに浮石に気をつけながら尾根上を

カモシカの立場下にある長いハシゴ

岳沢風穴。名前のとおり冷風が吹き出す

一気に下って、**岳沢パノラマ**に出る。

岳沢パノラマをすぎると斜傾した一枚岩にかかるクサリ場を下り、樹林帯に入っていく。樹林帯に入ってもなお急な下りが続き、2段バシゴを下って、オタカラコウやオンタデのお花畑を横切ると、岩が露出したカモシカの立場《たちば》に出る。

この先もまだまだ急坂が連続する。森林限界を割りこんだといえ、油断せずにいこう。登り下りが別ルートになる箇所は右側が下りだ。長い12mのハシゴで露岩帯を下降し、さらに連続する凹角の切れ立った岩場を下る。ダケカンバ林のなかをつづら折りに下ると、岳沢のお花畑の斜面に出る。岳沢の河原を下り、テント場の横を通過して、岳沢を渡ると**岳沢小屋**に到着する。

小屋のテラスで休憩をとり、上高地へ向かう。石段を下り、岳沢を渡り返して沢沿いに進む。これまでとは打って変わってなだらかな下りで、小屋見《こやみ》峠をすぎ、沢沿いから離れ樹林帯を進む。通し番号が振られた案内板があり、岳沢小屋が「No・0」で上高地の登山口が「No・10」なので、目安にして下ろう。よく整備された石段を下り、「No・6」で岩のあいだから冷たい空気が流れ出る天然クーラーの**岳沢風穴**に出る。

なおも樹林のなかをジグザグに下って、傾斜がゆるむとササの生い茂るうっそうとした樹林帯となり、上高地の岳沢登山口に着く。梓川右岸の遊歩道を歩き、**河童橋**《かっぱ》を渡れば**上高地バスターミナル**は近い。

**プランニング&アドバイス**

北穂高岳までは一般ルートだが、その先は厳しい岩稜の縦走路。縦走途中でのエスケープルートは、穂高岳山荘から涸沢に下るルートのみ。あとは北穂高岳で縦走を断念し引き返すかしかない。穂高岳山荘から白出沢のルート（P32）は、下山だけ考えると早いものの途中に山小屋もなく、悪天候時のことも踏まえるとエスケープルートとしては充分とはいえない。奥穂高岳からさらに西穂高岳をめざす、より困難な縦走路もあるが（P40）、こちらは本コースよりさらにグレードが高い。その途中の天狗のコルから岳沢に下る場合は、残雪など天狗沢の状況を事前に岳沢小屋に確認しておきたい。

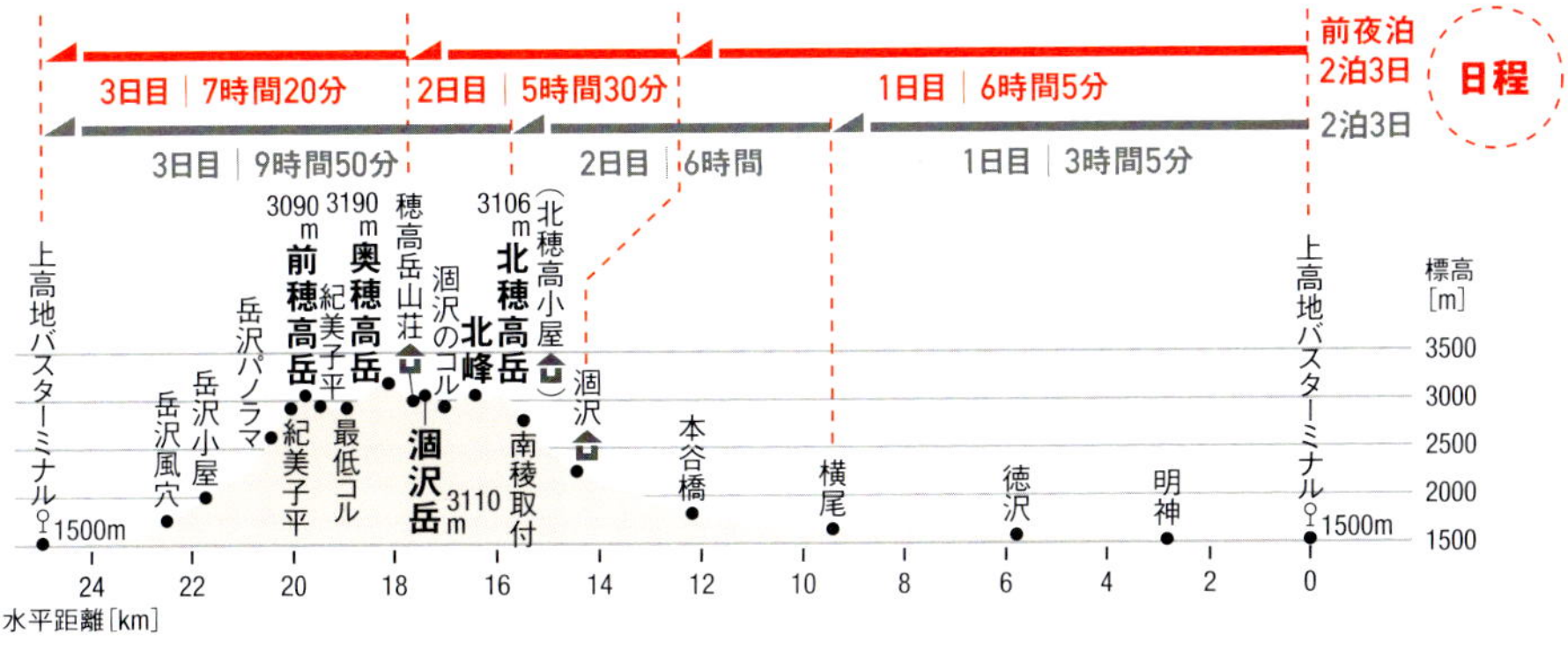

サブコース

# 白出沢

**穂高岳山荘↓重太郎橋↓奥穂高岳登山口↓穂高平小屋↓新穂高温泉**

**5時間25分**

Map 3-3D 穂高岳山荘

Map 3-3B 新穂高ロープウェイバス停

| コースグレード | 中級 |
|---|---|
| 技術度 | ★★★☆☆ 3 |
| 体力度 | ★★★☆☆ 3 |

奥穂高岳《おくほたかだけ》の北、穂高岳山荘が建つ場所が白出《しらだし》のコルである。白出沢はその白出のコルから飛騨《ひだ》側に延びる沢筋で、奥穂高岳稜線からの下山道のなかでもっとも早いルートだが、急峻なガレ場が連続し膝に負担も大きく、充分気をつけて歩きたい。また白出沢には途中に山小屋はなく、蒲田《がまた》川右俣《みぎまた》林道に出てしばらく下った穂高平《はたかだいら》小屋が唯一の山小屋となる。それだけにこの利用者も少なく、何かあった際にも対応できる適応力が必要であり、初級者向けとはいえない。他のルートで経験を積んでから利用しよう。上部は夏のはじめまで残雪で通行できないこともあり、また大雨などの増水時には重太郎《じゅうたろう》橋が渡れないこともある。天候などに注意が必要なので、穂高岳山荘でルート状況の確認をしてから下ろう。

**穂高岳山荘**の涸沢岳《からさわだけ》側から飛騨側に進み、白出沢の登山道に入る。歩きはじめは階段状に石段が組まれ、ガレ場の斜面をジグザグに下る。基本的にペンキ印にしたがって進むが、大雨の際や上部岩盤の崩落などで石も動くので、印のついた石がまったく違う場所に移動してしまうこともある。ルートファインティング（正しいコースを見つける技術）をしっかりこなし、安定した足場を選んでいこう。狭い谷筋のルートで稜線上からの落石の可能性もあり、音には敏感に反応したい。浮石や落石に気をつけて進むと一気に高度が下がり、振り返ると穂高岳山荘が頭上高くに見える。

重太郎橋。増水時は無理をしないこと

白出沢右岸の山腹につけられた岩切道

白出沢上部の急なガレ場を下る。穂高岳山荘も見える

夏の遅くまで残雪のあるセバ谷出合付近を右手に巻いて下っていく。急傾斜がゆるみ、右手に**荷継《につぎ》小屋跡**を見ながら、ナナカマドやクロマメノキの灌木帯を進む。右手から入りこむ荷継沢のガレた沢をすぎるとダケカンバの林に入る。

　樹林帯のなかをジグザグに下り、クサリ場をすぎれば近くに水場がある鉱石《こうせき》沢に出る。鉱石沢の右岸づたいに下っていくと、左から白出大滝が現れる。白出沢沿いに進むと対岸の天狗《てんぐ》沢と合流し、この先しばらくは岩壁を切りひらいた岩切《がんぎり》道を下る。谷側に充分注意しながら通過するが、桟道が組まれクサリもかかっていて心強い。

　長い木製のハシゴを下って河原に出ると、白出沢にかかる**重太郎橋**に出る。増水時は渡れないことや橋が流されることもあるので、要注意だ。重太郎の名は前穂高岳《まえほたかだけ》の重太郎新道同様、穂高小屋（現在の穂高岳山荘）の初代今田重太郎氏の名に由来する。

　対岸に渡ると傾斜もほとんどなくなり、石畳の歩きやすい道となる。左手に先ほど通過した、岩切道の案内板が設置されている。シラビソやコメツガの針葉樹林のなかのゆるやかな道を進み、蒲田川右俣林道との合流点である**奥穂高岳登山口**に出る。林道をたどり、堰堤のある広い柳《やなぎ》谷を大きく回りこんで、**穂高平小屋**に出ればひと安心。

　指導標にしたがって林道をショートカットする山道に入り、樹林のなかの道を進めばふたたび林道に出る。小鍋《こなべ》谷を渡って林道ゲートを通過し、**新穂高《しんほたか》ロープウェイ**のバス乗り場に着く。

**プランニング&アドバイス**

逆ルートで登路として利用すれば、最短で奥穂高岳の山頂に立つことができる。だが標高差が大きく体力（★4つ）が必要で、はじめての穂高登山では涸沢からのコース（P12コース1）をすすめる。経験者ならば、新穂高温泉をベースにした西穂高岳からの縦走後（P40コース4）や、槍・穂高縦走後（P84コース9）の下山路に利用することもできる。

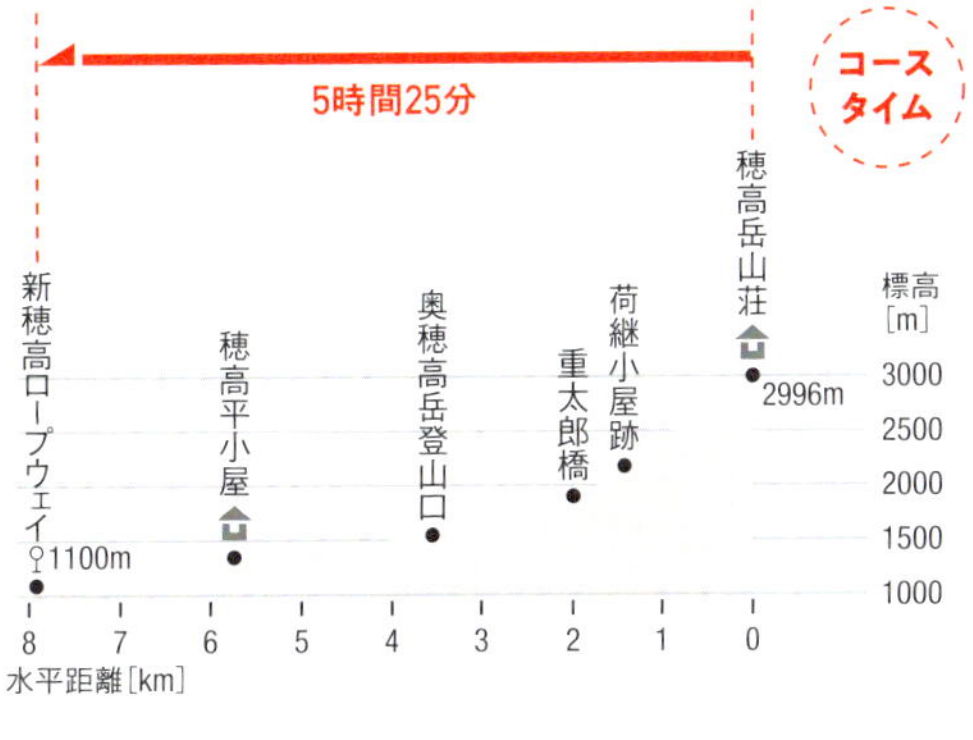

西穂山荘上部からの西穂独標〜西穂高岳方面の眺め

1泊2日

# 西穂高岳

ロープウェイを利用して、穂高の主稜線へ

コースグレード｜中級

技術度 ★★★★☆ 4

体力度 ★★★☆☆ 3

| | |
|---|---|
| 1日目 | 新穂高温泉→西穂高口駅→西穂山荘　計1時間30分 |
| 2日目 | 西穂山荘→西穂独標→西穂高岳→西穂山荘→西穂高口駅→新穂高温泉　計6時間50分 |

西《にし》穂高岳《ほたかだけ》は3000m峰が立ち並ぶ穂高連峰のなかでは標高こそ低いが、他に負けず劣らず岩峰が連なる稜線をもち、岩の殿堂・穂高連峰の一翼を担う。独標《どっぴょう》手前までは広くたおやかな稜線だが、独標付近から上部は一変して険しい岩稜であり、2つのまったく異なる顔をもっている。

このコースは、新穂高《しんほたか》ロープウェイを使って2156mの西穂高口まで一気に上がれるアプローチのよさが魅力だ。独標までは一部岩場があるがクサリも設置され、日帰りで訪れる登山者も多い。しかしその先の西穂高岳へは岩稜帯のアップダウンが続く険しい稜線歩きで、この間は気が抜けず、長時間の緊張を強いられる厳しいルートだ。森林限界を超えているので、天候なども考慮して挑もう。ロープウェイ利用で歩きだしの標高が稼げる反面、安易な気持ちで登山するビギナーも多い。わずかな気のゆるみが取り返しのつかない事故に結びつくことを肝に銘じ、安全に登山しよう。

## 1日目 新穂高温泉から西穂山荘へ

**新穂高ロープウェイバス停**の前に、新穂高ロープウェイ乗り場がある。ロープウェイを乗り継ぎ**西穂高口駅**へ。西穂高口駅周辺は千石《せんごく》園地とよばれる観光客用の散策コースがあり、一角には槍ヶ岳《やりがたけ》開山や笠ヶ岳《かさがたけ》再興で知られる播隆上人《ばんりゅうしょうにん》の石像がある。

千石園地を通り抜け、左手のログハウス風の西穂高口登山届出所で登山届を出し出発する。ここから本格的な千石尾根の登山道がはじまる。樹林帯を下っていくと左手に小鍋《こなべ》谷が深く切れ落ちた顕著な尾根道となる。この千石尾根からは、コメツガやオオシラビソの針葉樹林越しに西穂高岳稜線、南岳《みなみだけ》や槍ヶ岳までの展望が楽しめる。ときおり木々の枝端から稜線の上に建つ西穂山荘を見上げるが、まだまだ遠く感じる。小さなアップダウンを繰り返し、左手に新穂高温泉から西穂平《にしほだいら》を経由する道が合流する。ほとんど使われていない道なので、下山時

笠ヶ岳を背にする西穂山荘への急登

西穂山荘のテント場（約30張）

に間違って入りこまないように。さらにゆるやかに下って鞍部に下り立つ。

　ここから西穂山荘まで急な登りで、オオシラビソの深く茂る急傾斜をジグザグに刻んで登っていく。石がゴツゴツした坂を右に回りこむように登り、斜度がゆるむとササの斜面を横切るようになり、前方に瀟洒な西穂山荘が見えてくる。西には笠ヶ岳のどっしりした姿が望め、木道を回り小屋前の広場に到着する。**西穂山荘**前からは、上《かみ》高地《こうち》をはさんで霞沢岳《かすみさわだけ》がゆったりした山容で横たわる。テント場周辺は高茎草原のお花畑で、オタカラコウやマルバタケブキ、ハクサンフウロなどが咲いている。

## 2日目 西穂高岳に登頂し 往路を新穂高温泉へ下山

　西穂山荘から大岩のあいだを縫うように登り森林限界を超えると、突然視界が広がり、穂高連峰の展望が目に飛びこむ。ハイマツの斜面の奥に荒々しい西穂高岳の岩峰群が続く。ハイマツの茂るゆるやかな尾根道を進み、石が積まれた小高い場所が丸山《まるやま》だ。

　ここから広い尾根を登っていく。やや急な登りとなり、右手にはお花畑の斜面が見えるが、植生の回復のため柵が設置され、立ち入ることができない。さらにゴロゴロした石の斜面を、落石に気をつけて登る。尾根がだんだん狭まり、ハイマツをひらいた道から岩場となる飛騨《ひだ》側に入っていく。「12」と書かれた小岩峰からバランスを確保しながら5mほどいったん下り、西穂独標直下の鞍部に出る。ここから独標へのペンキ印にしたがい岩場に取り付く。タイミングによっては下りの登山者とすれ違うので、安全な場所で行おう。約7mのクサリをたどって右に回りこむと、山頂直下に1967（昭和42）年8月1日、11名の犠牲者を出した松本深志《まつもとふかし》高校の落雷事故の慰霊碑がそっと佇んでいる。慰霊碑をすぎれば**西穂独標**山頂だ。

急峻な岩場となる独標への登り

難所が続く西穂山頂への稜線歩き

目の前にはさらに険しい岩稜線が現れ、なかでも三角錐の際だって高く見えるピークがピラミッドピーク。本峰の西穂高岳山頂は、その右奥にちょこんと見える。展望を楽しんだら西穂山頂に向かおう。西穂高岳までは大小合わせ13ものピークが連続する岩場の稜線歩きで、岩峰には目安になる番号が振られている（独標は「11峰」と標記）。西穂独標までで岩場に不安を感じるなら、迷わず引き返すのが賢明だ。

西穂独標から岩場を大きく下り、足もとが切れてやせた岩稜が続く道をペンキ印にしたがって進む。石屑の道で基本的に主稜線の飛騨側に道がつく。足もとにハイマツが茂る急な登りで、指導標の立つピラミッドピーク（「8峰」）に出る。正面に西穂高岳がそびえ立ち、ナイフエッジ（ナイフの刃のように切り立った尾根や岩稜線）の稜線が続いている。いったんハイマツの急斜面を下り、やせた岩稜上を進む。「7峰」は上部が切れ立ち、クサリもかかる難所だ。

西穂高岳山頂から南西方向を望む

大きな段差を越え、約18mのクサリを頼りに左から岩峰を回りこむ。さらなる大きなピークはチャンピオンピークの名がつく「4峰」で、飛騨側の岩場を巻く。飛騨側についた石屑の道を進み、いよいよ西穂山頂直下の岩場に差しかかる。凹角の岩溝をつめ、三点支持をとりながら左手の一枚岩の岩盤に取り付き、ハイマツの下を右へ斜上する。右の岩溝はザラザラした細かい浮石が多く、通らないこと。岩場を抜けて、ハイマツの稜線を行くと**西穂高岳**山頂だ。

　山頂からは奥穂高岳《おくほだかだけ》、吊《つり》尾根から前穂高《まえほたか》岳《だけ》、明神岳《みょうじんだけ》と続く穂高稜線が一望できる。左奥には槍ヶ岳を遠望し、飛騨の名峰笠ヶ岳の雄大な山容が続き、振り返れば活火山の焼岳《やけだけ》と360度のパノラマが広がる。

　下山も**西穂独標**まで一度歩いた道といえ、岩稜帯が続くので気が抜けない。**西穂山荘**からはロープウェイの最終時間を計算に入れながら**西穂高口駅**に戻る。

西穂山頂。背後は奥穂～槍の稜線

**プランニング&アドバイス**

西穂高岳へ登る一般ルートは、西穂山荘までは上高地からの登山道がある。このコースは夏のはじめにはお花畑があり、登山者も少なく静かな山歩きが楽しめる。また西穂山荘から焼岳に抜ける尾根道があり（P51参照）、その場合は焼岳小屋に1泊するか西穂山荘で連泊となる。これは熟練者向きのコースになるが、さらに奥穂高岳に向かう縦走コースがある（P40コース4参照）。山頂からの下山時は、西穂丸山までの下りは油断するとスリップしやすいので要注意。また交通機関であるロープウェイは便利だが、強風時は運休になることも忘れないように。

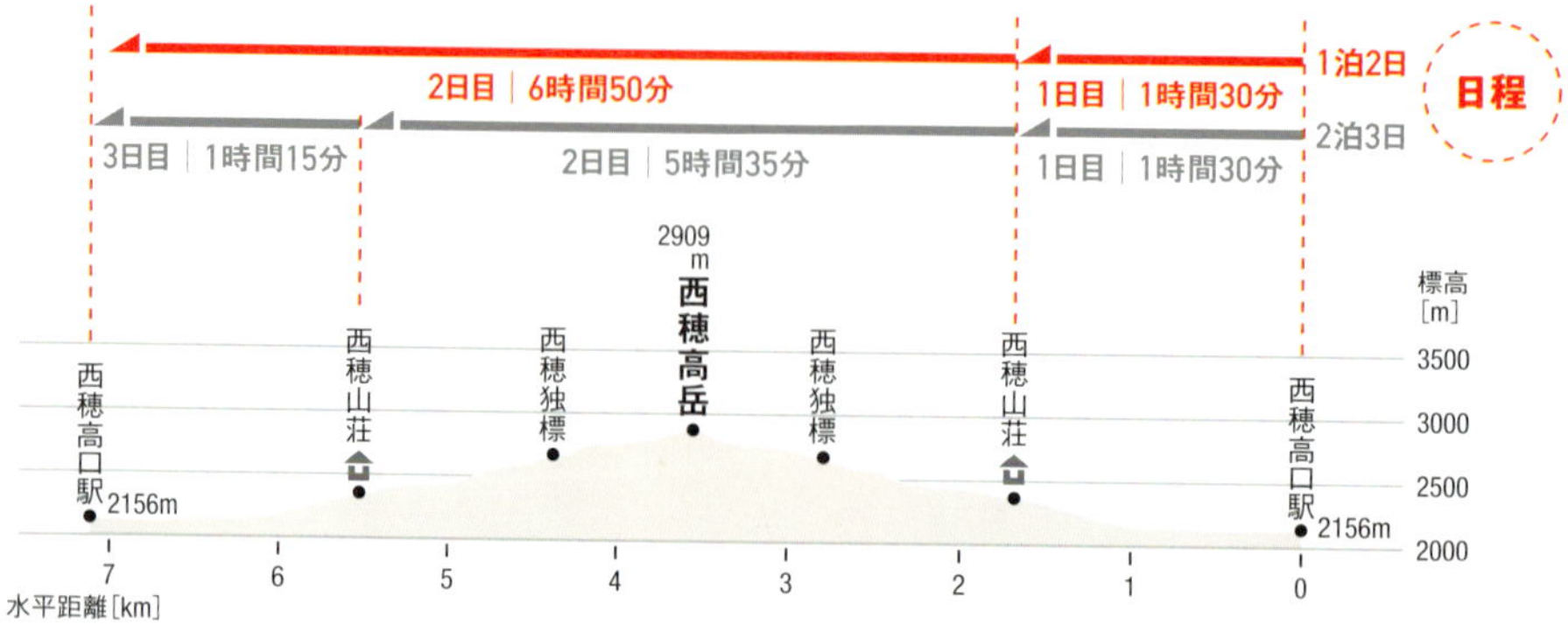

コラム2

# 撮影ポイントガイド①［穂高連峰編］

穂高連峰の撮影ポイントは数多くあり、また日の出や夕景、滝雲など、すばらしい光景にめぐり会えたときの感動は大きい。ここでは、筆者のおすすめのポイントや季節をいくつか取り上げよう。撮影ポイントは絶景ポイントなので、写真に興味がない人もぜひ訪れてほしい。

**北穂高岳**

いわずと知れた、槍ヶ岳の展望地。北穂高小屋があるので、ここを拠点にすれば朝夕のシャッターチャンスに撮影しやすい（写真は北穂から滝雲のかかる槍ヶ岳）

**前穂高岳**

一等三角点がある前穂高岳からの眺望は、まさに感動的。西穂高岳から槍ヶ岳まで一望できるビューポイントだ（写真は前穂からの奥穂～槍ヶ岳へと続く主稜線）

**涸沢**

紅葉で有名な涸沢だが、紅葉のピークは年により多小差がある。モレーンは例年10月上旬が最高潮の彩り（写真は紅葉の涸沢と涸沢岳）

間違い尾根分岐からのジャンダルム（中）とロバの耳（左）

2泊3日

# 西穂高岳 奥穂高岳

## 国内屈指の岩稜縦走、穂高連峰最難関ルート

コースグレード｜上級

技術度｜★★★★★ 5

体力度｜★★★★★ 5

| | |
|---|---|
| 1日目 | 新穂高温泉→西穂高口駅→西穂山荘　計1時間30分 |
| 2日目 | 西穂山荘→西穂高岳→天狗のコル→奥穂高岳→穂高岳山荘　計10時間 |
| 3日目 | 穂高岳山荘→涸沢→横尾→上高地バスターミナル　計6時間50分 |

西《にし》穂高岳《ほたかだけ》と奥穂高岳《おくほたかだけ》を結ぶ稜線は周囲の山から望むと、鋸の歯のような険しい稜線が続く。困難な岩場が多い穂高の岩稜線のなかでも、もっとも長大で厳しいルートだ。このコースは必要最低限の整備のみで、他のエリアならクサリやハシゴがあって当然な場所でも、自然のままの状態だ。浮石などもいたるところにあり、クサリの長さが寸足らずの箇所も多い。基本的にクライミング並みの技術が必要なコースと考えたい。この国内最難関といえる縦走に挑むには、大《だい》キレット越えや北穂《きたほ》～涸沢《からさわ》岳《だけ》間の縦走を体験し、しかも不安なくこなせる登山力量が不可欠。そのうえで、さらなるステップとしてめざす大縦走路だ。

　岩場歩きの技術と長時間行動する体力、浮石や落石などに対する切れ間ない集中力の維持、困難性を想像し危険を回避する判断力など総合力が必要で、熟練者にのみ許されたコースだ。そのぶん天気にも恵まれ踏破できれば達成感は大きく、何物にも代えがたい岩稜縦走の醍醐味を体感できる。

指導標がある天狗ノ頭

間ノ岳から西穂高岳を振り返る

1日目

## 西穂高口駅から稜線へ

新穂高《しんほたか》ロープウェイバス停から新穂高ロープウェイを乗り継ぎ**西穂高口駅**へ。登山届を提出して千石《せんごく》尾根を登り、宿泊地の**西穂山荘**に向かう（P34コース3を参照）。

2日目

## 西穂山荘から西穂高岳、天狗ノ頭を縦走し奥穂高岳へ

2日目のルートはコースタイムで10時間のロングコースだが、岩稜ではコースタイムは状況によってかなり異なる。時間の余裕は精神的な余裕にもつながるので、できる限り早く、遅くとも夜明けとともに出発して**西穂独標**《どっぴょう》を越えて**西穂高岳**に向かおう（P34コース3を参照）。

この先の奥穂高岳へは、さらに険しい岩稜線が続く。体調不良や雷雨など悪天候が予想されるなら、迷わず西穂山荘に戻る判断を下そう。向かう先に大きく奥穂高岳の山塊がそびえ、これから進む岩稜線の圧倒的な迫力に気持ちを新たにスタートする。

西穂高岳からハイマツの稜線を下り、上《かみ》高地《こうち》側を回りこんでコルに下り立つ。ザレた砂礫の道を登り返し、P1とよばれる小ピークを越える。上高地側の急峻な凹角の岩場をクサリづたいに下降し、さらに連続するクサリ場は、足もとが切れ落ちたバンドをトラバースする。稜線に登り返してP2からP3の小岩峰を巻き、ハイマツの稜線を進む。露出感あるクサリのかかる岩場を下り、岩屑が積み重なった赤岩岳《あかいわだけ》へ登り返す。

不安定な岩場を50mほど大きく下り、足もとに咲くシコタンソウを見ながら鞍部から間ノ岳《あいのだけ》へ登り返す。ハイマツの緑に目を休めながら岩屑を乗り越えて、小ピーク直下を横切って飛騨《ひだ》側に入る。グサグサした石屑を踏みしめ、滑りやすいスラブ状の岩場を越えると、赤茶けた岩が積み重なった間ノ岳に出る。振り返ると三角錐の優美な

ジャンダルムの基部を回りこむ

天狗のコルから岳沢へのエスケープルートを見る

西穂高岳が高く見え、山頂に立つ登山者の姿も確認できる。

間ノ岳直下は砂礫で滑らないように注意し、高度感あふれる稜線を下降する。クサリのかかる凹角のスラブ状の岩場を下るが、クサリの長さが足りず、途中から岩づたいに小鞍部に下り立つ。岩屑の折り重なった小ピークを越え、浮石が多い悪場を通って間天《あいてん》のコルに下り立つ。向かう先には逆層状スラブの岩肌が見え、天狗《てんぐ》ノ《の》頭《あたま》への緊張感あふれる登路が続く。

逆層スラブは岩が乾いていると靴のフリクションがきき、想像したより歩きやすい。浮石に気をつけ、クサリ沿いに登る。天狗ノ頭（天狗岳）は岩屑が折り重なったピークで、落ち着いて休憩ができる。展望のきく山頂で天候判断をし、状況によってはこの先の天狗のコルから岳沢《だけさわ》へ下ろう。長い休憩は体や精神的な緊張感もゆるんでしまうので、適度な休憩で切り上げ先に進もう。

天狗のコルまでの下りは、ルート上でも

西穂－奥穂の稜線（紀美子平から）

っとも足場のわるい箇所のひとつ、慎重に行動したい。ブロック状に割れた岩層の下りで、出だしはとくに露出感あふれ緊張する。ナイフエッジの稜線から飛騨側に入り、稜線を巻いて下っていく。正面には畳岩《たたみいわ》尾根ノ頭の大きな岩峰がそびえ立つ。ザクザクした石屑の道を進み、クサリのかかる岩場は岩壁から上体を離し、足場を確認しながら慎重に下ろう。下り立った場所が**天狗のコル**。岳沢へ下る唯一のエスケープルートが延び、岳沢側には避難小屋の跡がある。

　ここからコブ尾根ノ頭まで、このルートでもいちばんの大登りとなる。足もとに咲くイワツメグサに励まされながら、飛騨側の斜面についた急な道をジグザグに登る。切り立った岩場を越え、凹角にかかるクサリ場や岩屑の道を登って、畳岩尾根ノ頭を越えていく。畳岩尾根ノ頭は目印もとくになく、岳沢側から突き上がる畳岩尾根を見ていないと気づかず通過してしまう。上高地側のガレ場の斜面を登り、三点支持で岩稜線を登っていくと、目の前にジャンダルムの大きな岩峰が立ちはだかり、コブ尾根ノ頭に出る。付近は絶好の休憩ポイント。この先緊張感のあるクサリ場が連続するので、気を締め直し進んでいこう。

　ジャンダルムへはコブ尾根側から、荷をデポ（荷物を一時置いておくこと）して往復20分程度。近年飛騨尾根側に回るように一部ルートが変更になっている。また南面からの直登ルートがあるが岩登りの経験者向きのルートで、もちろん下りでは使えない。

　**ジャンダルム**は、時間がなければカットして先へ進もう。ジャンダルム分岐からクサリ場をひと登りして、右手の縦走路に進む。ジャンダルム基部を巻く岩場のトラバースは足もとを見極め、バックパックを岩角に引っかけないように注意ながら通過する。岩屑の道を下って鞍部からクサリのか

間天のコル（下）と逆層スラブ

ナイフエッジ状の馬の背を通過する

かる一枚岩を越えていき、反対側へ下る。

続くロバの耳《みみ》の岩峰は稜線を通らず飛騨側の直下を巻いていくが、クサリ場が連続する難路である。高度感のある岩壁をトラバースぎみに斜上し、そそり立つロバの耳直下の凹角を越え、さらに逆層のスラブを斜め左へ下って鞍部に下り立つ。

ここでようやくクサリ場からは解放され、目の前にそびえる岩峰を登り返していく。飛騨側の岩溝を縫うようにして登っていき、浮石の多いガレ場を越え稜線に戻る。振り返ると、越えてきたロバの耳やジャンダルムの迫力ある岩峰がそそり立っている。行く手には最後の難所となる切り立った馬《うま》の背《せ》が見えるが、しばらくは岩屑のなだらかな稜線を歩いていく。

縦にクラック（狭い岩の裂け目）が入った岩壁の左手から、馬の背に取り付く。両側はナイフエッジに切れ落ち、空中に体が露出して高度感たっぷりの岩稜歩きだ。切り立った岩稜を登りきり小ピークに立てば、あとは岩屑の岩稜を奥穂高岳に向かう。

険しい岩稜を縦走してたどり着いた**奥穂高岳**山頂では、疲労感と同時に達成感と充足感が満ちあふれることだろう。ここからは一般登山道で、**穂高岳山荘**に向かう。

## 3日目 穂高岳山荘から涸沢を経て上高地へ

**穂高岳山荘**前のテラスで日の出を拝んだら、**涸沢**《からさわ》を経由して**上高地**へ下る（P12コース1を参照）

**プランニング&アドバイス**

エスケープルートは、天狗のコルから岳沢に下りるルートのみ。ただし夏の早い時期は、上部急傾斜の雪渓通過にアイゼンなどが必要。また岳沢小屋は基本的に予約制。逆ルートでは縦走の起点となる穂高岳山荘のほうが西穂山荘より標高が高く、下りが多くなるためコースタイムは短くなるが、難易度は逆に上がる。3日目は前穂高岳経由で上高地に下山、涸沢岳を越えて北穂高岳へ（ともにP24コース2参照）、さらに大キレットを越えて槍ヶ岳をつなぐ縦走路もある（P84コース9参照）。新穂高温泉へは白出沢を下山する（P32参照）。

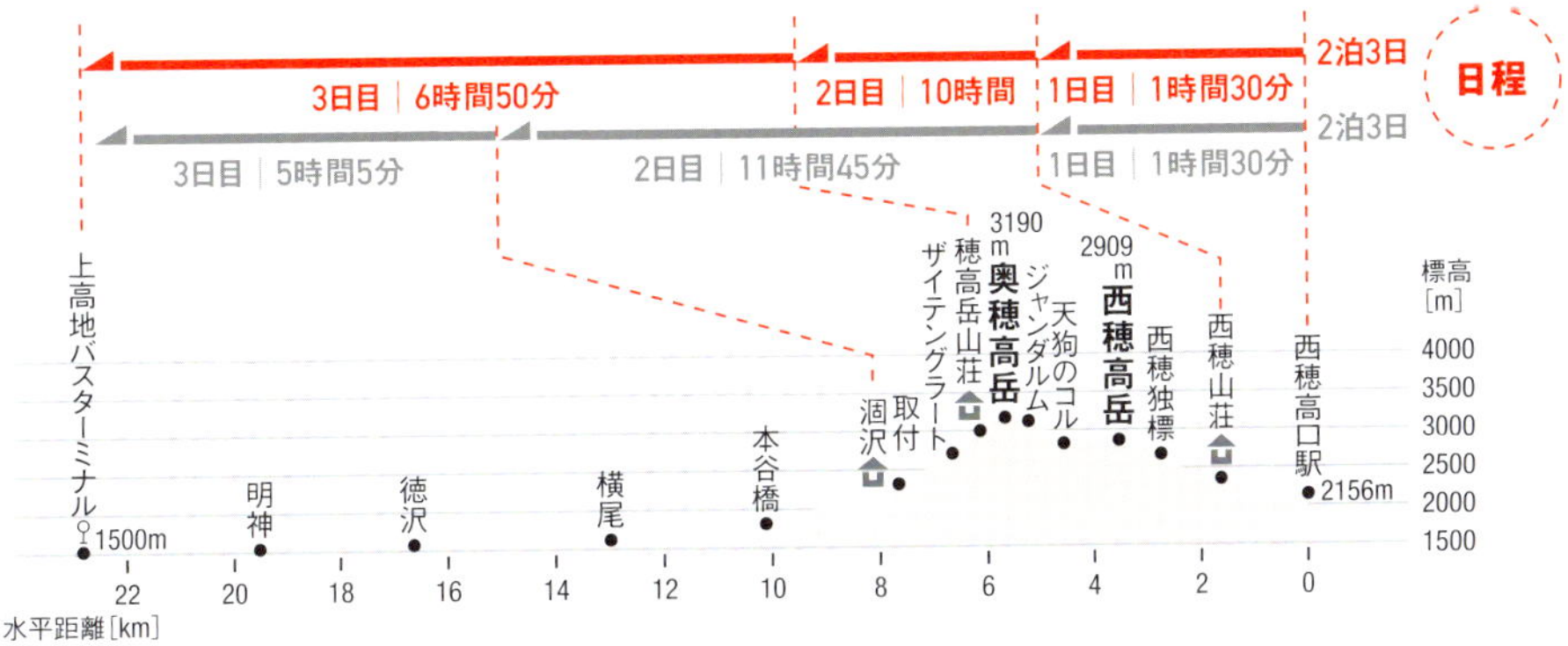

上高地河童橋からの焼岳。無風で噴気も高く上がる

前夜泊日帰り

# 焼岳

## 上高地のシンボル、活火山の焼岳へ

日帰り　上高地バスターミナル→焼岳小屋→焼岳→りんどう平→中の湯温泉旅館→中の湯バス停　計7時間

コースグレード　中級

技術度 ★★★☆☆ 3

体力度 ★★★☆☆ 3

バスで上高地《かみこうち》トンネルを抜け上高地に入ると、はじめに目を奪われるのが荒々しい山肌をもつ焼岳《やけだけ》だ。上高地からは日によって、山頂部から水蒸気を上げた姿が見ることができる。北アルプスの代表的な活火山であり、気象庁の噴火警戒レベルが運用されている。噴火警戒レベル1の「活火山であることに留意」であれば登山可能だが、レベル2では火口1km以内は立入禁止の登山規制がかかる。気象庁のHPなどで入山前に最新状況をチェックしておこう。

上高地の大正《たいしょう》池は1915（大正4）年6月の噴火により、梓《あずさ》川が堰き止められてできた。また約3万年前からの焼岳の火山活動では、それまで岐阜県を経て富山平野に流れていた梓川が南に向きを変え、信濃《しなの》川となって日本海に注ぐようになったという。現在は平坦な上高地の形成に強く影響した山だ。焼岳が最後に噴火したのは1962年6月。それ以降は小康状態を保っており、1990年にそれまであった登山規制が一部解除になり現在にいたる。

しかし2014年9月の御嶽山《おんたけさん》噴火の例を挙げるまでもなく、またいつ火山活動が活発化するとも限らない。それだけに、登山の際には注意が必要だ。万が一に備え、ヘルメットも登山装備に入れておきたい。また山頂付近は危険地域で、火口湖や南峰、ならびに噴気孔付近は立入禁止である。

日帰り

## 上高地から焼岳小屋を経て山頂へ

**上高地バスターミナル**から梓川沿いの道を下流に向かう。梓川にかかる**田代《たしろ》橋**、穂《ほ》高《たか》橋を渡り、T字路を左手に曲がって、未舗装の林道に入っていく。上高地浄化センターの前を通り、右手の尾根を回りこむと、**焼岳登山口**に出る。

看板のある登山口脇には小沢が流れ、ツガやイチイ、シナノキなどが茂る森に入って湯《ゆ》ノ沢を渡る。石がゴロゴロする涸れた

上高地の一角にある焼岳登山口

山頂付近からの水蒸気。活火山の証だ

沢を横切って、ほとんど平坦な樹林帯を歩いていく。しばらく進むと「上々堀《うえかみほり》沢砂防堰堤山群」と書かれた看板が現れ、右手からの涸れた沢を横切ると徐々に傾斜が増し、左手に荒れた**峠《とうげ》沢**が見えるようになる。沢に沿うようにして森のなかを登り、足もとから峠沢が切れ落ちたやせた道に出ると、登山口からはじめて焼岳が姿を見せる。

木の根っこが露出して、土抜けした急な段差をハシゴで越えながら、凹角にえぐれた道を登っていく。ヒカリゴケがある大岩の脇を通り、さらに樹林帯を登っていく。急な勾配を乗り越えるとあたりが開け、振り返ると霞沢岳《かすみさわだけ》や上高地が見下ろせる。正面の岩壁を左手へ回りこみ、鉄製ハシゴや桟道で岩場を越えていく。向かう先にハシゴが高く延び、アルミ製ハシゴ3段で合計約10mの岩壁を越える。このハシゴは毎年5月下旬に設置、10月末には撤去されるため、期間外はこのルートは通行できない。

「小屋まで20分」と書かれた標識が現れ、クサリ、ワイヤーをたどって岩場を乗り越える。草付きの斜面に出ると、山肌に沢がいく筋も深く刻まれた焼岳が、上堀沢越しにいっそう荒々しくせまる。

膝丈ほどのササの斜面をジグザグに登りつめ、噴火時に立ち枯れたであろう木々が残る小ピークのあいだを通ると、**焼岳小屋**に到着する。焼岳小屋は昔ながらの趣にあふれる（2019年建て替え予定）。

小屋の先で新中尾《しんなかお》峠や西穂《にしほ》山荘への道（P51参照）と分かれ、左の高台をひと登りで展望台に出る。中尾峠をはさみ焼岳と対峙する位置にあり、山頂ドームが迫力ある姿を見せる。周辺はところどころ蒸気が立ち昇り、焼岳が活火山なのだと実感する。

ザラザラした滑りやすい道を少し下り、鞍部の**中尾峠**に立つ。この中尾峠や新中尾峠からは飛騨《ひだ》の中尾温泉に下る道がある。

山頂への登りは、火山特有のザラザラした砂礫の道で歩きにくい。歩幅を小さくし、靴底を斜面に対してフラットに置くと滑り

登山者が集う焼岳山頂。背後は穂高連峰

高度感のある3段のアルミ製ハシゴ。冬期は撤去される

展望台からの迫力ある焼岳の眺め

にくい。「危険地域」の看板をすぎ、山肌のあちこちから蒸気が上がるのを横目に噴気孔の直下を横切り、小尾根を登っていく。

岩に書かれたペンキ印にしたがって左手に回りこみ、つづら折りに急な斜面を登っていく。活火山とあってさすがに周囲は草木も生えない荒涼とした雰囲気である。やがて水蒸気の立ち昇る溶岩ドームと北峰との鞍部に出る。ここから右へ焼岳北峰山頂を往復する。硫黄の付着する噴気孔が登山道の脇にあり、水蒸気を勢いよく上げているので、すばやく通過したほうが無難だ。

噴気孔を右に巻いて、山頂直下の急峻な岩場を越える。たどりついた**焼岳**山頂からは笠ヶ岳《かさがたけ》や穂高連峰はもちろん、振り返れば乗鞍岳《のりくらだけ》の山並み、足もとには火口湖の正《しょう》賀《が》池や火口壁、登山道崩壊の危険から立入禁止の南峰が見える。

山頂をあとに鞍部に戻り、右へ進む。山頂直下は急な下りで、スリップに注意。北峰の基部を回りこみ、南峰とのコルに向かう。右手の北峰直下にも大きな噴気孔があり、周囲に轟音が響き渡っている。コルから左手のオンタデなどが生える斜面に入り、つづら折りに大きく下る。他のルート同様ここも細かい石が登山道をおおい、滑りや

新中の湯登山口の注意喚起の看板

下堀沢脇を下っていく

南峰（左）と火口湖の正賀池。ともに立入禁止

すい。やがてクロマメノキやナナカマドの灌木が茂るようになり、荒々しい下堀沢を左手に見ながら、沢に沿って下っていく。

急斜面を一気に下り、下堀沢から離れるとダケカンバやササが生い茂るベンチがある**りんどう平**に出る。焼岳はここが見納めで、登山道は樹林帯のなかへと入る。しばらくはカラマツやコメツガの針葉樹のゆるやかな下りだ。1972mの高台を越えると急な下りとなり、周囲は上高地周辺では珍しくブナ林へ様変わりする。春先や10月中旬の紅葉の季節はとくに美しい森だ。

やがて車道が足もとに見え、駐車場のある新中《なか》の湯《ゆ》登山口に出る。さらに車道をショートカットする道が**中の湯温泉旅館**まで延びており、国道158号沿いを下って釜トンネル入口の**中の湯バス停**に着く。

### プランニング&アドバイス

焼岳へ登る登山道は本コースのほか、岐阜県側の中尾温泉からの道がある。飛騨新道（鎌倉街道）として天保年間に開通し、飛騨と信州を結ぶ道として利用された歴史のある峠道である。また焼岳からの下りで使うと登山後の温泉が楽しめる。近年利用者が多いのは、中の湯温泉旅館からの中の湯新道。下山後に中の湯の温泉にも浸かれ、コースも短いので百名山のピークハンターに人気が高い。山中でゆっくりした時間をすごしたいなら、ランプの宿として親しまれる焼岳小屋に泊まるのもよい。また中の湯バス停からの中の湯ルートは、近年荒廃により廃道となっている。

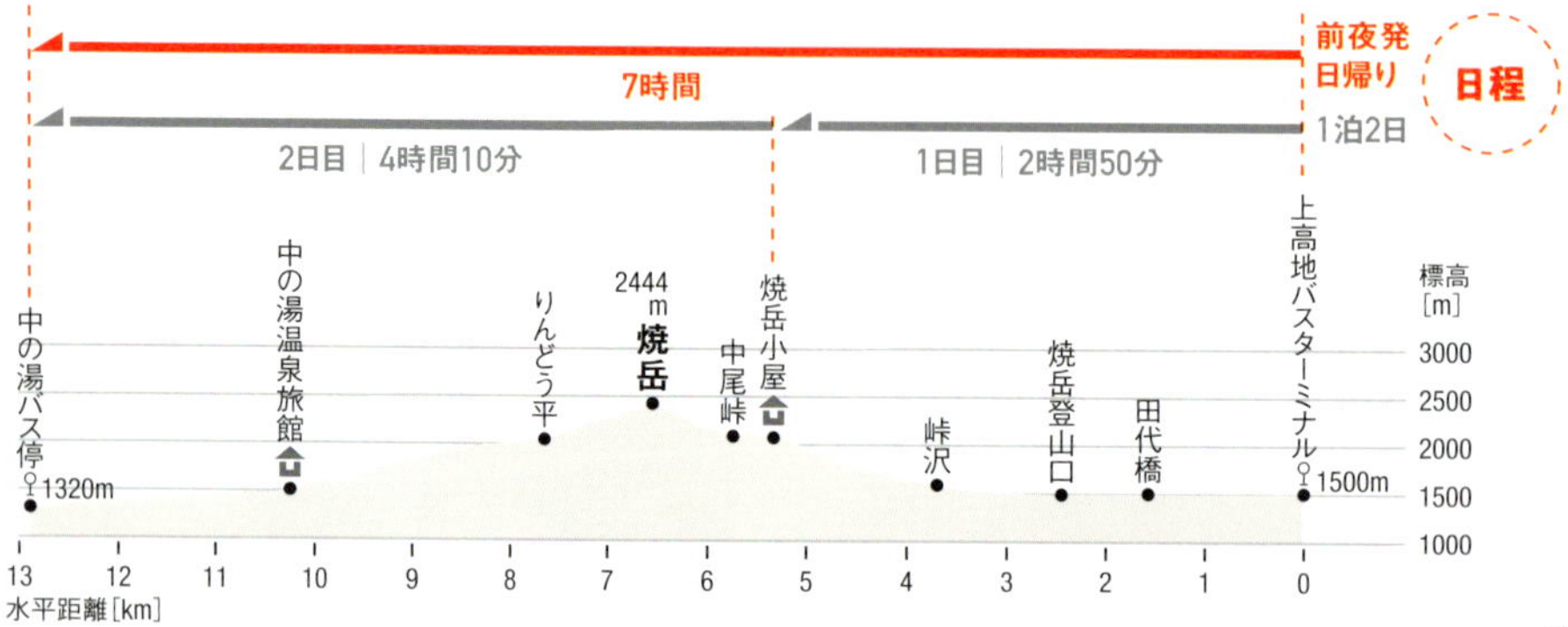

サブコース

# 西穂山荘から焼岳

西穂山荘↓焼岳小屋↓焼岳↓上高地　7時間15分

登山者でにぎわう上高地《かみこうち》周辺であるが、西穂《にしほ》山荘から焼岳《やけだけ》へのコースは登山者が少なく、通好みの道だ。西穂高岳《にしほたかだけ》と焼岳をまとめて登るには、このルートを歩くのがよい。槍《やり》・穂高連峰主稜線からの尾根続きのルートである。

**西穂山荘**から南に延びる樹林帯の道に入り、少し下ると指導標が立つ平坦な**上高地・焼岳分岐**に出る。上高地へ下る道と分かれ、尾根上を進む道に入っていく。

しばらくぬかるんだ道で、丸太を渡って通過する。左手にはきぬがさの池がひっそり佇み、時おりササを分け入るようにしてゆるやかなアップダウンを繰り返す。やがて開けたササ斜面の展望のよいポイントに出る。足もとに上高地を見下ろし、振り返ると穂高連峰の雄大な風景が広がる。ふたたび針葉樹林に入り、左下に**池**を見ながら進むが、このあたりが新中尾峠《しんなかお》までのほぼ中間点である。

「火口域から2㎞圏内」の道標をすぎ、右手に笠ヶ岳《かさがたけ》の展望が開けると割谷山《わりたにやま》を飛《ひ》騨《だ》側に巻いていく。急な斜面のトラバースで足場がわるく、慎重に通過しよう。

ふたたび尾根道に戻り、ゆるやかなアップダウンを繰り返し、荒々しい焼岳に向かって進む。やがて尾根から飛騨側に回りこみ、段差のある急な斜面を下る。正面に焼岳が現れ、焼岳小屋も見えてくれば、じきに新中尾峠に出て、**焼岳小屋**に着く。

ここから**焼岳**を往復し、さらに**上高地バスターミナル**に下ろう（P46コース5を参照）。

Map 3-4C　西穂山荘

Map 1-1D　上高地バスターミナル

| コースグレード | 中級 |
| --- | --- |
| 技術度 | ★★★☆☆ 3 |
| 体力度 | ★★★☆☆ 3 |

**プランニング&アドバイス**

逆コースは標高差が大きいぶん、コースタイムは8時間50分かかる。その場合は焼岳小屋に泊まり、翌日西穂山荘をめざすのがよいだろう。また焼岳からの下りは、コースタイム6時間50分で中の湯に下るルート（P46コース5参照）とコースタイム7時間20分（ともに西穂山荘から）で飛騨側の中尾高原に下るルート（P46コース5の「プランニング&アドバイス」参照）があり、どちらも下山後は温泉が楽しめる。

コース中間点にひっそり佇む池

コラム3

# 上高地散策

Map 5-4A 大正池バス停

Map 5-2B 上高地バスターミナル

信州側の槍《やり》・穂高《ほたか》連峰の玄関口である上《かみ》高地《こうち》は、特別名勝特別天然記念物に指定されており、年間120万人もの人が訪れる。登山が目的の人は入下山の際にそのまま素通りしてしまうことが多いが、ときにはのんびり歩いてみたい場所である。

### ■残雪の穂高と新緑の春

4月の開山祭を皮切りに日一日と長くなる太陽の陽を浴び、季節が駆け足で変化していく。5月下旬にはニリンソウやエゾムラサキが林床を彩り、コミヤマカタバミやサンカヨウの花も咲きだす。6月上旬は小梨平の名があるようにコナシ（ズミ）の白い花が咲き誇り、6月下旬から7月上旬にかけてはレンゲツツジが花開く。上高地の「山笑う」季節である。

### ■青空に映える彩りの秋

9月中旬に色づきはじめた稜線の紅葉が標高1500mの上高地まで下りてくるのは、例年10月中旬ごろ。そのころには穂高の頂はひと足早く雪化粧するようになり、素敵な三段紅葉が見られるかもしれない。11月のカラマツの黄葉を最後に上高地の森も彩りの季節を終え、モノトーンの冬の世界に移っていく。

6月の上高地はコナシに彩られる

### ■純白の穂高と霧氷の冬

冬の上高地はスノーシューなどのスノーハイキングが人気。霧氷や白銀の穂高連峰が魅力だが、他の季節に比べ静かな上高地の自然を楽しめるのも理由のひとつ。11月中旬~4月中旬は冬期閉鎖のため、バスは運休となる。釜《かま》トンネルのゲートから徒歩となり、上高地本来の姿を満喫できる。

### ■モデルコース

上高地に入り、はじめに目にするのが活火山の焼岳《やけだけ》、さらに正面に大正池《たいしょういけ》が目に飛びこんでくる。**大正池**でバスを降り、上高地散策に出発しよう。明神池《みょうじんいけ》を回って上高地バスターミナルに戻る約11kmの道のりは、よく整備された、ほぼ平坦な散策道となっている。

1915年の焼岳の噴火でできた大正池も、かつてたくさんあった立ち枯れ木はほとんどなくなってしまったが、水面に穂高を映し出す雄大な風景は今も変わらない。続いて現れるのが田代池《たしろいけ》。四季を通じて美しい湿原の景観が展開し、とくに晩秋から冬にかけては水蒸気が立ちこめ、周辺の木々に霧氷がつき幻想的な風景に変わる。

自然研究路は梓川《あずさがわ》コースと林間コースに分かれるが、どちらも楽しめる道だ。梓川コースは、河原から焼岳の姿が印象的。**田代橋**を渡らず梓川左岸を行くと、中ノ瀬《なかのせ》園地に出る。ここは梓川がカーブする箇所で、対岸のケショウヤナギは氷河期の名残といわれ、本州ではここ上高地周辺（梓川流域と高瀬川《たかせがわ》流域）でしか見られない特産種だ。その先の**上高地バスターミナル**付近のカラマツ林は二次植林だが、今や樹齢も百年を越える大木となっており、上高地の歴史の一面でもある。

**河童橋**《かっぱばし》を渡って右岸を進もう。梓川に沿った木道で木漏れ日が心地よい。岳川《だけがわ》を渡ると右手に岳沢《だけさわ》湿原が開け、奥には六百山《ろっぴゃくさん》が高くそびえる展望テラスになっている。梓川の渓流に癒されながら歩くと、やがて上高地黎明期の猟師・上條嘉門次《かみじょうかもんじ》ゆかりの嘉門次小屋に出る。その奥にある**明神池**は、穂高神社奥宮で拝観料（300円）を納めて中へ。一之池では10月8日にはお船祭りが執り行われる。二之池《にのいけ》畔からは明神岳《みょうじんだけ》が仰ぎ見え、島のように大岩が点在する池は幽玄さを感じる。

梓川をふたたび明神橋で渡り、**明神**から左岸を**上高地バスターミナル**に戻る。春先には林床をニリンソウやエゾムラサキが咲き誇り、秋には紅葉が堪能できる遊歩道だ。さらに徳沢《とくさわ》、横尾《よこお》まで足を延ばしてみたい。

林床をおおうニリンソウ（徳沢・5月）

晩秋の大正池と穂高連峰。上高地を代表する景観のひとつ

霧氷の田代池（1月）。空気の張りつめた冬もよい

周辺の自然が学べる上高地ビジターセンター

## 穂高連峰の隠れた展望台、上高地をへだてる霞沢岳へ

1泊2日

# 霞沢岳

コースグレード｜中級

技術度｜★★★☆☆ 3

体力度｜★★★★★ 5

**1日目** 上高地バスターミナル→明神→徳本峠 計3時間30分

**2日目** 徳本峠→ジャンクションピーク→霞沢岳→徳本峠→明神→上高地バスターミナル 計9時間25分

霞沢岳(右)の山容。
左は六百山（西穂・丸山付近から）

霞《かすみ》沢岳《たけざわ》は上高地《かみこうち》をへだてて穂高《ほたか》連峰と対峙する位置にあり、穂高の絶好の展望台として知る人ぞ知る存在だ。日本二百名山の一座で、近年では登山者も増えている。とはいえ、槍《やり》・穂高とくらべ登山者は少なく、そのぶん穂高連峰の展望を静かに楽しめる数少ないポイントといえよう。

上高地から見上げてみればわかるように、徳本《とくごう》峠から霞沢岳へはかなり長い尾根が続くロングコースだ。徳本峠が古くから歩かれていたにもかかわらず、霞沢岳への登山道が徳本峠小屋のスタッフの尽力により整備されたのは１９８０年ごろ。それ以前は上高地から八右衛門《やえもん》沢をつめるか、沢渡《さわんど》から冬期ルートをたどるといった、道なき道を行く通好みの困難な山であった。

登山適期は、残雪の消える6月中旬ごろから新雪が降る10月初旬まで。槍ヶ岳《やりがたけ》や穂高のような３０００ｍ超えの山とは違い、残雪もさほど多くないので、登山期間は比較的長い。Ｋ１ピークから本峰までの稜線は、周囲が切れ落ちているので慎重に。

ジャンクションピークへの急登

徳本峠下にある霞沢岳への分岐

## 1日目
# 上高地バスターミナルから明神を経て徳本峠へ

**上高地バスターミナル**から梓川《あずさ》を遡り**明《みょう》神《じん》**へ向かう（P12コース[1]参照）。

明神の先で白《しら》沢にかかる橋を渡り、徳本峠への登山口である白沢出合に出る。横尾への道幅の広い遊歩道と分かれ、右の白沢沿いの道に入る。多くの登山者やハイカーのにぎわいが途絶え、静かな山歩きがはじまる。沢音を聞きながら車が通れる平坦な林道を1㎞ほど進み、小さな堰堤がある枝沢を木橋で渡ると、本格的な登山道となる。

白沢本流から支流の黒《くろ》沢沿いの谷に入り、そのまま右岸の道を進む。徐々に斜度が増し、沢のせせらぎを聞きながらコメツガやシラビソなどの針葉樹林帯を登っていく。沢筋をたどっていくが、右手の黒沢は時期によって涸れていることもあり、河原は石がゴロゴロし荒れている印象だ。振り返ると明神岳《みょうじんだけ》主峰から最南峰までの稜線が見え、

霞沢岳K1ピークからの穂高連峰の眺め

かせいだ高度を実感する。左手から流入する小沢は水場として利用でき、脇にはベンチがある第一ベンチに出る。さらに登ると第二ベンチ（最終水場）だが、水量が少なく満足に補給できないこともあるので、早めに水筒を満たしておきたい。

徳本峠からの前穂と明神岳、奥穂の展望（右から）

　最終水場をすぎるとササの生い茂った斜面をつづら折りに登るようになる。右手から霞沢岳への道が分岐しており、上高地から直接霞沢岳をめざす際には、ここから尾根に入る。左手のなだらかな道を進み、斜面を横切って**徳本峠**に出る。明神岳が手前に大きくそびえ立ち、その奥に奥穂高岳《おくほたかだけ》から西穂高岳《にしほたかだけ》に連なる穂高連峰の険しい稜線が木々越しに見わたせる。峠に建つ徳本峠小屋は、昔ながらの趣を残す旧館と近年増築された新館とが組み合わさった山小屋。ランプの宿だったころの雰囲気を大切にしており、静かな夜がすごせる。

**2日目**
## 徳本峠から霞沢岳を往復し、上高地へ下る

　徳本峠小屋から霞沢岳方面に少し進むと展望台があり、明神岳をはじめとした穂高連峰の眺めがすばらしい。朝日を浴びセル

徳本峠～霞沢岳の中間地点となる池

南方が開けたジャンクションピーク

霞沢岳山頂から望む焼岳の雄姿

ゲンロートに色づいた峰々を楽しんだら出発しよう。今日は長い一日になるので、早めに出発したい。また徳本峠から霞沢岳までのコース上には水場はないので、徳本峠小屋で水を分けてもらうことを忘れずに。

峠のすぐ先の展望台から階段状の道となり、コメツガ林が続く尾根上を進む。右手から上高地からの道と合流すると、やがてジグザグの急登がはじまる。呼吸を整えながらジグザグに刻み、急傾斜を登るとスタジオジャンクションとよばれる坂の途中から樹林越しに穂高の山並みが望める。その先で傾斜がゆるみ平坦な道になると、針葉樹の森におおわれた**ジャンクションピーク**に出る。穂高方面の展望は望めないが、唯一東側が開けており、こんもりした小嵩沢《こたけざわ》山《やま》などの標高の低い山が見える。

　左手に崩壊地を見ながら南に進み、すぐ西北西に向きを変えて霞沢岳へ続く尾根を下る。ジャンクションピークから南に派生する尾根があり、迷いやすいので登山道をはずさないよう注意していこう。コメツガ林の尾根道を下っていくと、やがて右手に小さな池が佇む窪地に出る。ここで徳本峠から霞沢岳までの約半分の距離だ。

　さらに小さなアップダウンを繰り返し、

ハイマツに囲まれた霞沢岳山頂

K2を越え山頂へ。左手は切れ落ちている

ゆるやかに尾根道を進む。左手が開け霞沢を見下ろしながら進むと、やや急な登りとなる。やがて森林帯が開け、お花畑の斜面に出る。ニッコウキスゲやハクサンフウロなどが咲き誇り、ここまで続いていた樹林帯とは雰囲気が一変し、ひと心地つける。お花畑の斜面を回りこみ、ダケカンバ林に入ると尾根の右手斜面を進んでいく。

木の枝や幹を手がかりに急な山道を登ると、やがて森林限界を超え、ササの斜面になる。掘りこまれたかのような窪地を登り、ようやく霞沢岳に3つあるピークのひとつ**K1ピーク**に出る。足もとから派生する尾根の先に六百山《ろっぴゃくざん》が見え、さらに奥に穂高連峰が広がる。上高地から眺めるのとはまたひと味違った穂高連峰の展望が楽しめる。

K1からはハイマツと岩の尾根をたどる。一度大きく下り、登り返すとK2ピークで、さらに続く尾根を進む。穂高連峰を望みながらの気持ちのいい稜線歩きだ。山頂直下のちょっとした岩場を左から回りこむと**霞沢岳**山頂だ。足もとに上高地が広がり、奥に前穂高岳《まえほたかだけ》から奥穂高岳、西穂高岳へと穂高連峰の絶景が続く。その左手には焼岳《やけだけ》が雄々しい姿を見せ、左奥に乗鞍岳《のりくらだけ》が続く。

山頂からの展望を満喫したら往路を戻ろう。今日の行程はここでまだ半分。**K1**を下りきるまではスリップなどに注意し、さらに**徳本峠**までは往路同様長い尾根歩きが続く。徳本峠に到着する時間や体調によっては上高地まで下らず、徳本峠小屋にもう1泊することも考えたい。最終バスに間に合うようなら、**明神**を経て**上高地**へ戻ろう。

### プランニング&アドバイス

霞沢岳への登山道は徳本峠からの往復しかないのでバリエーションが組めないが、徳本峠までは島々谷を登りつめるルート（P60参照）や、蝶ヶ岳から大滝山を経ての縦走コース（P122参照）がある。それらのコースと組み合わせれば、3泊4日以上の行程を組むことも可能。また健脚なら上高地前泊で日帰りもできるが、コースタイム13時間を歩き通す体力が必要となる。K1ピーク付近から森林限界を超える稜線歩きで、悪天時には長時間風雨にさらされることになる。また夏山では雷の心配もあり、適確に天候判断をしよう。

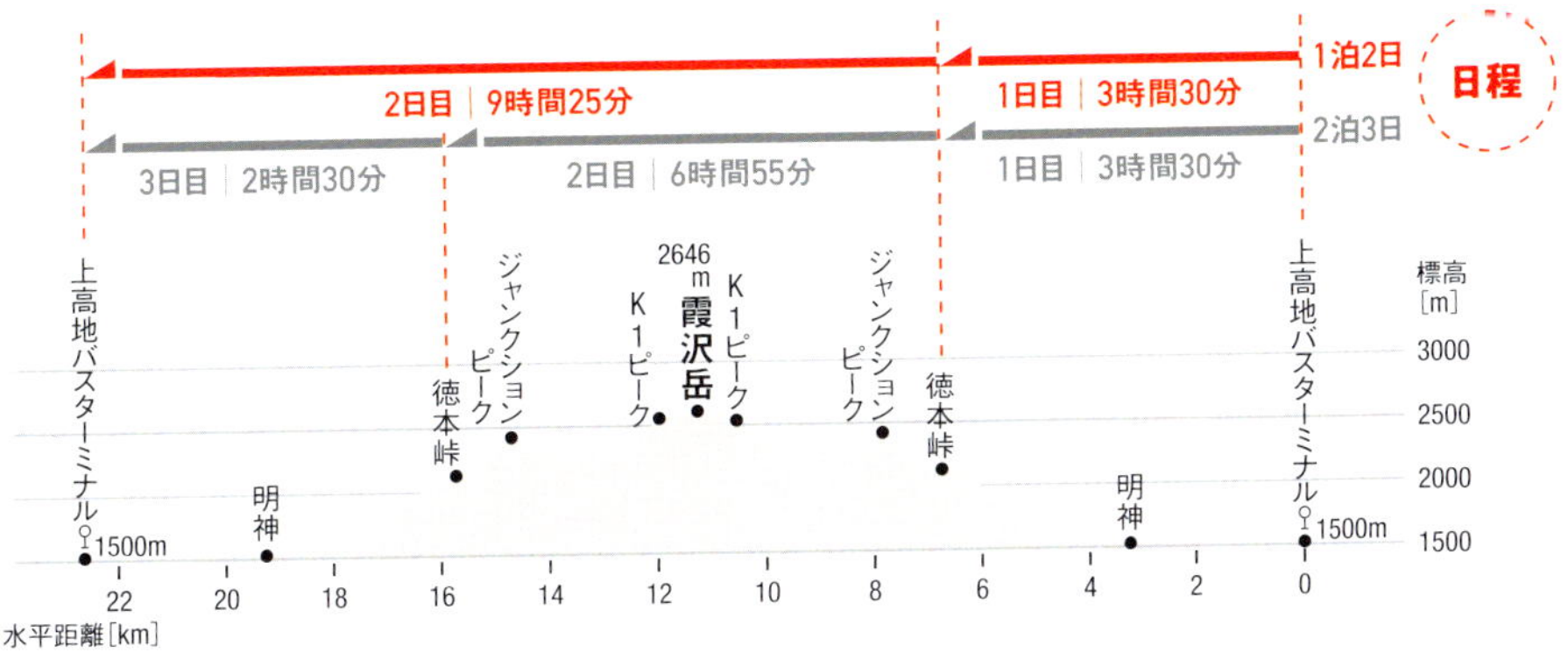

サブコース

# 徳本峠越え

安曇支所前バス停↓二俣↓岩魚留小屋↓徳本峠↓明神↓上高地

10時間30分

島々《しましま》から徳本峠《とくごう》を越えて上高地《かみこうち》へいたる道は、1933（昭和8）年に上高地にバス道が開通するまで、上高地へのメインルートとして利用されていた。信州《しんしゅう》と飛騨《ひだ》を結ぶ街道として江戸時代にはすでに利用され、日本アルプスを世界に紹介したことで知られるウォルター・ウェストンも歩いた歴史のある峠道だ。毎年6月第一日曜に上高地で行われるウェストン祭の前日、徳本峠を越える記念登山が催される。また島々谷を何度となく渡るコースだけに、大雨後の増水時は歩行が困難になるので要注意。

新島々《しんしましま》駅からバスで5分ほどの**安曇《あずみ》支所前バス停**で降り、島々谷川右岸に入る。集落をすぎると二俣まで約7kmの未舗装の林道歩き。途中斜面が崩れ徒歩でしか通行できない箇所もあり、上部からの崩落に気をつけて進む。二俣トンネル手前で林道と離れ、左手の南沢沿いの道に入っていく。**二俣**は島々谷の北沢と南沢との出合で、トイレが設置されている。

この二俣から徳本峠へは9・7kmの長い山道がはじまる。少し行くと左手に「秀綱奥方の遺跡」の看板と石碑があり、戦国時代に飛騨松倉《まつくら》城主・三木秀綱《みきひでつな》の奥方が逃れてきたが、ここで地元の杣人に討たれたという悲話が残されている。

周辺はカツラやモミジなど落葉広葉樹も多く、新緑や紅葉の季節はとくに美しい。本流にかかる行《い》き橋を渡り、左岸をしばらく進む。戻《もど》り橋でふたたび右岸に渡り返す

Map 2-4D 安曇支所前バス停

Map 1-1D 上高地バスターミナル

| コースグレード | 中級 |
| --- | --- |
| 技術度 | ★★ 2 |
| 体力度 | ★★★★★ 5 |

中間ベンチで休憩していく

中間ベンチ～岩魚留小屋間の桟道

紅葉の島々谷の沢筋を行く

が、橋は広いが滑りやすいので注意。二俣と岩魚留《いわなどめ》小屋とのほぼ中間地点となる**中間ベンチ**は、ちょうどいい休憩ポイントだ。

瀬戸《せと》下橋を渡り、本流の中央に佇み流れが左右に分断することからついた離《はな》れ岩の横を通り、その上部で瀬戸上橋を渡り返す。

この付近は谷が狭まった激流地帯で、続いて切れ立った岩壁に沿ってかかる桟道を進む。やがて流れがゆるやかになり、ペンキ印を目安に河原の道を歩き、沢が右岸に押し寄せてくると一段高台の道となる。

支流のワサビ沢を渡り、本流にかかる岩魚留橋を渡ると、脇にカツラの大木が立つ**岩魚留小屋**(休業中)に出る。ここが二俣〜徳本峠間の中間点だ。岩魚留ノ滝を見ながら急傾斜を登り、右から流入する岩魚留沢、中ノ沢、障子川瀬《しょうじかわせ》沢と支流を渡っていく。

南沢を何度も渡り返し、丸太橋を渡り左岸に出る。流量の少なくなった南沢本谷から離れると傾斜が増し、右手の峠沢をつづら折りに登る。峠沢を渡り、ササを切り開いた斜面になり、最後の水場の**力水**《ちから》に出る。

峠沢から離れ、ダケカンバ林をジグザグに急斜面を登ると突然視界が広がり、**徳本峠**に出る。霞沢岳《かすみさわだけ》方面に進んだ展望台からの穂高《ほたか》連峰を楽しんだら**上高地バスターミナル**に下る(P54コース6参照)。

**プランニング&アドバイス**

島々谷はカツラやサワグルミなどの落葉広葉樹も多く、6月の新緑や10月の紅葉の時期は森がもっとも美しく、おすすめの季節。本コースは利用者が少ないだけに単独は避け、複数人で登山したい。また、登り下りどちらの場合も、できれば徳本峠小屋で1泊をすると、朝の穂高連峰の展望が楽しめる。岩魚留小屋は2019年3月現在休業中となっている。

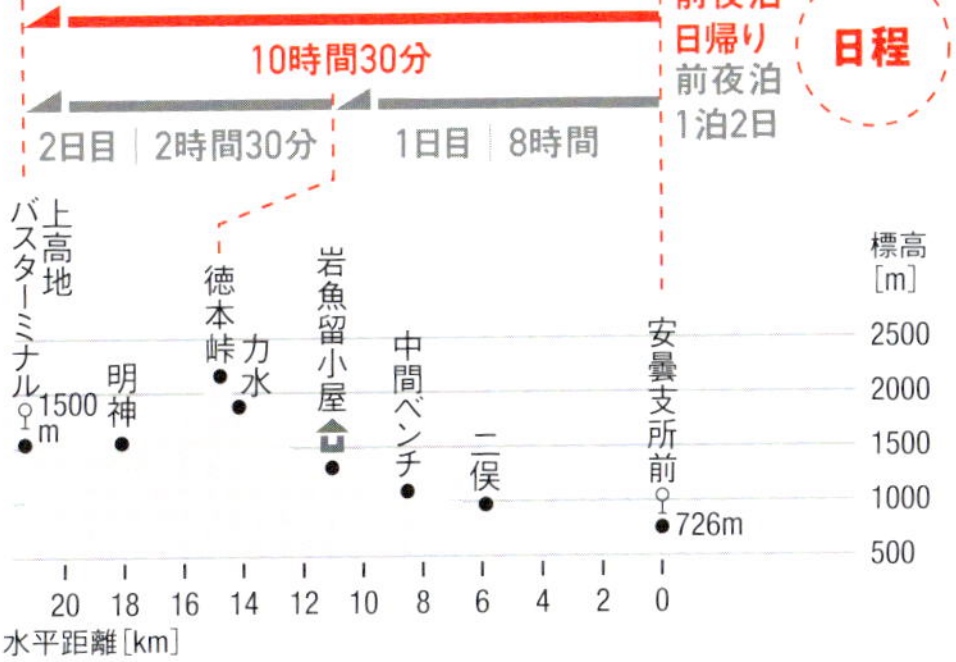

槍ケ岳

北アルプスのシンボル・槍ヶ岳。槍の肩から穂先の頂上まではハシゴとクサリが連続する岩場の登り

# 穂先に向け
# 東西南北に尾根を連ねる
# 北アルプス
# 南部登山の要衝

蝶ヶ岳から槍沢と槍ヶ岳を望む

2泊3日

# 槍ヶ岳
## 槍沢コース

北アルプスのシンボル、天空にそびえるあこがれの頂へ

| コースグレード | 中級 |
| --- | --- |
| 技術度 | ★★★☆☆ 3 |
| 体力度 | ★★★☆☆ 3 |

| | | |
| --- | --- | --- |
| 1日目 | 上高地バスターミナル→横尾→一ノ俣→槍沢ロッヂ | 計4時間45分 |
| 2日目 | 槍沢ロッヂ→天狗原分岐→槍ヶ岳山荘→槍ヶ岳往復 | 計5時間30分 |
| 3日目 | 槍ヶ岳山荘→天狗原分岐→槍沢ロッヂ→横尾→上高地バスターミナル | 計7時間20分 |

天空に突き上がるかのような独特な山容で、周辺の主だった峰々からその雄姿が眺められ、北アルプスのシンボルとして多くの登山者に親しまれている。槍《やり》ヶ《が》岳《たけ》は標高3180m、本邦第5位の高峰であり、まだ山をはじめてまもない人にとってあこがれの頂だ。

また、北アルプスの縦走登山者にとっては要衝となっている。北・東・西には鎌《かま》尾根の名のつく尾根が延び、南側は穂高《ほたか》連峰へ通じる3000mの主稜線が続く。さらに槍《やり》沢、飛騨《ひだ》沢の沢筋ルートと合わせると、6本ものルートが集結する。したがって、初級者から岩登りのベテランまで幅広い層が楽しめる人気の山だ。山頂へのコースでもっとも一般的なのが、ここで紹介する槍沢をつめるルート。氷河地形のU字谷と残雪のカール、色とりどりに咲き誇る高山植物とアルペンムードにあふれている。

この槍ヶ岳は、1828（文政11）年に念仏僧播隆上人《ばんりゅうしょうにん》が開山したことが知られ、新田次郎の小説『槍ヶ岳開山』に詳しい。

ババ平のテント場。トイレ、給水施設がある

ウェストンも泊まった赤沢岩小屋。
気づかなければ通りすぎてしまう

## 1日目 上高地から槍沢ロッヂへ

**上高地《かみこうち》バスターミナル**から梓川《あずさ》沿いの遊歩道を、**横尾《よこお》**へと上流に向かい進んでいく。めざす槍ヶ岳はこの川の源流部にある。（横尾まではP12コース1参照）。

梓川の流れに沿って横尾山荘の前を奥に進み、平坦な広い道が続く樹林帯に入る。やがて道幅が狭くなり、本格的な山道となるが、まだ平坦な道が続く。うっそうとした針葉樹林のなか、水はけのわるい道を進む。やがて河原沿いとなり、ワサビ沢を渡って槍見《やりみ》河原に出ると、槍沢の流れの奥、赤沢山《あかざわやま》からの尾根上に槍の穂先がはじめて姿を見せる。**一ノ俣《いちのまた》**にかかる橋を渡り、指導標の立つ小広い休憩ポイントに出る。かつてはここから一ノ俣を遡上し、常念《じょうねん》小屋にいたる道があった（現在は廃道）。

さらに樹林帯を進み、二ノ俣《にのまた》の橋を渡る。沢音が大きく聞こえ、なおも沢沿いの道を進むと徐々に傾斜が増してくる。河原から離れ、水辺から30mほど上部についた道を登ると**槍沢ロッヂ**に着く。ロッヂ上部の広場からは、槍の穂先が木々の奥に望める。

## 2日目 槍沢ロッヂから槍ヶ岳登頂

今日はいよいよ槍ヶ岳をめざす。樹林帯の坂道を登り、イタヤカエデやナナカマドなどにおおわれた、なだらかな道を行く。樹林が途切れると、右の大岩の上から槍ヶ岳の穂先が望める槍見岩に出る。続いてふだんは涸れている荒《あら》沢を渡り明るく広い赤《あか》沢に出ると、U字谷を形成する切り立った岩壁が見える。さらに進むと左手の樹林のなかに見える大岩が、かのウェストンも泊まったという赤沢岩小屋だ。岩の張りだしの下は、10畳ほどのスペースがある。

灌木帯を抜けると石堤の残る旧槍沢小屋跡で、キャンプ指定地のババ平《だいら》に出る。この付近から谷が大きく開け、氷河地形である槍沢のU字谷の姿も観察できる。

夏のはじめは残雪がある

モレーン脇から槍沢を振り返る

広い河原の右側に沿って道が延び、お花畑を楽しみながらゆるやかな道を進む。右からの赤岩沢《あかいわ》、水量豊富な水沢《みず》、乗越沢《のっこし》を渡って「大曲り《おおまが》」と指導標に書かれた**水俣《みずまた》乗越分岐**に出る。右に分かれる道は水俣乗越に通じるヒュッテ西岳《にしだけ》の歩荷《ぼっか》道で、東鎌《ひがしかま》尾根のエスケープルートとしても利用されている。地図を見てもわかるように、このあたりから槍沢は大きく左へカーブし、この周辺を大曲りとよんでいる。槍ヶ岳の主稜線からの傾斜も大曲りでゆるくなり、夏の早い時期は雪渓も残っている。正面に大《おお》喰岳《ばみだけ》から中岳《なかだけ》にかけての稜線も望め、モレーン（堆石）など氷河地形もよく見える。

左下には槍沢の流れ、右手の東鎌尾根側の斜面にニッコウキスゲの群生するお花畑を楽しみながら、大曲りを進む。徐々に傾斜が増し、高度が上がる。水量が豊富な中《なか》沢を渡り、丸山《まるやま》とよばれるモレーンの右を回りこむ。つづら折りにお花畑のなかを登るようになると、**天狗原《てんぐっぱら》分岐**に出る。ここから左に氷河《ひょうが》公園の別名で知られる天狗原や南岳《みなみだけ》へ通じる道が延びている（P70参照）。

秋には真っ赤に染まるウラジロナナカマドが生える急な斜面をジグザグに登ると、最後の水場に出る。水筒を満たし、沢を横切っていくと**グリーンバンド**とよばれるモレーン上の平に出る。ここでようやく槍ヶ岳の姿が現れる。夏のはじめは雪渓が残る上に大きくそびえる俊鋭峰は圧巻だ。

点在する大岩のあいだを縫うように進むと、右手の大岩の下に槍ヶ岳を開山した播隆上人

槍ヶ岳からの穂高方面の眺め

ゆかりの播隆窟がある。さらにジグザグに斜面を登り、シナノキンバイやシナノキンバイなどのお花畑を通過していく。岩がゴロゴロする岩塊斜面をジグザグに進み、一段あがると殺生《せっしょう》ヒュッテとの分岐に出る。

槍沢のお花畑と槍ヶ岳

悪天時は無理せず殺生ヒュッテ泊に変更したい。また夏のはじめで残雪があるときは、悪天時に左手の大喰岳方面への斜面に入りこまないように注意しよう。

　このあたりの平坦地を殺生平といい、殺生ヒュッテ付近はキャンプ指定地になっている。ここから槍の肩《かた》への最後の急登となり、ガレ場にジグザグに刻まれた道を登っていく。見た目は急な斜面だが、道は比較的ゆるやかに傾斜を刻んでいる。ところどころで現れる数字は槍の肩までの距離を示し、この数字に励まされながら登りつめ、**槍ヶ岳山荘**の建つ槍の肩に到着する。山荘の受付をすませ、軽荷で穂先を往復しよう。

　穂先への道は一部共有しているが、基本的に登り下り別ルート。クサリ、ハシゴを頼りに三点支持で岩をしっかりつかみ登ろう。落石事故を避けるためつねに上部に気をつけ、足もとの細かい石も落とさないよ

播隆上人ゆかりの播隆窟。ここで53日間にわたりこもったといわれる

肩から仰ぐ槍の穂先。この先は岩場の道

うに。岩がしっかりしているので見た目ほど厳しさを感じず、**槍ヶ岳**山頂にたどり着けるだろう（穂先の詳細はP72コラム参照）。

山頂からの展望は、まさに360度の絶景。穂高連峰や常念山脈、笠ヶ岳《かさがたけ》をはじめとする北アルプスの峰々。さらに遠くには富士山《ふじさん》や南アルプス、浅間山《あさまやま》など一級の展望が期待できる。祠が祀られているが、この祠は雷を避けるため釘が一本も使われていないという。展望を満喫したら、山頂にいられる人数は限られるので、あとの登山者のために山頂を譲ろう。下りは登り以上に慎重に行動して**槍ヶ岳山荘**に戻ろう。

槍ヶ岳山荘は標高が高く（3080m）、はじめてこの高さで宿泊する場合は山酔いともよばれる高山病（頭痛や顔などのむくみや吐き気など）の心配もある。予防として山小屋に到着してすぐ横にならない（呼吸が浅くなる）こと。水分を多めにとり（一日に標高以上の補水、槍ヶ岳なら3ℓ以上）、アルコールは控える、暖かくして体を冷やさないことなどだ。夏期は慈恵医大の診療所があり、いざというとき心強い。

3日目

## 槍ヶ岳山荘から往路を上高地へ

日の出は季節によるが、山荘前より少しテント場寄りから望める。朝日を浴び、大喰岳の斜面が赤く染まるモルゲンロートを見たら、往路をたどって**上高地**に戻る。殺生平までガレ場の急な道で、細かい石に乗ってスリップしないように注意する。また残雪がある場合は慎重に通過したい。

**プランニング&アドバイス**

ここでは1日目の宿泊地を槍沢ロッヂにしたが、そのためには上高地を11時には出発したい。2日目の行動時間は長くなるが、横尾山荘泊なら東京を朝出発でも可能。また上高地周辺に前泊すれば、行動時間は10時間ほどかかるが、健脚者なら槍ヶ岳山荘まで登ることも可能だ。3日目の下山を1日で上高地まで下らず、途中槍沢ロッジや横尾山荘泊にすれば、帰りに天狗原に立ち寄る（P70）時間的余裕ももてる。また槍ヶ岳山荘からも穂高縦走（P84）をはじめ何本ものコースがある。本コースと組んでコースプランを練りたい。

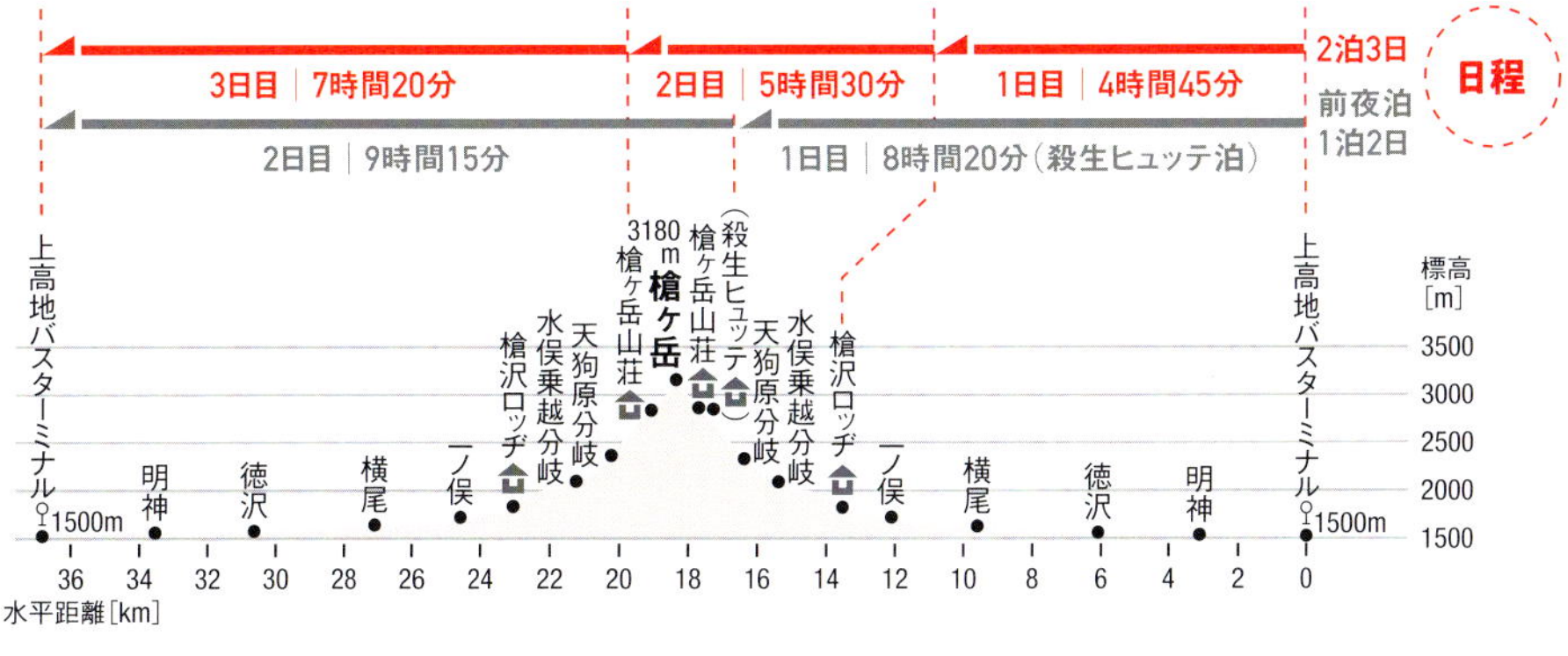

サブコース

# 天狗原から南岳へ

槍沢ロッヂ→天狗池→南岳小屋　4時間35分

天狗原《てんぐっぱら》は別名氷河《ひょうが》公園ともよばれているが、周辺の天狗原カールには2万年前の氷河期の痕跡が色濃く残っている。氷河湖の名残である天狗池は槍ヶ岳《やりがたけ》を倒影し、紅葉の季節には周辺のナナカマドの木々やダケカンバが鮮やかに色づき、撮影スポットとして人気がある。登山者の多くが利用する槍《やり》沢の登山道からはずれているため、訪れる登山者は意外に少ない。それだけに静かに槍ヶ岳の風景を楽しめるのは魅力だ。例年池が姿を現すのは8月に入ってから。それ以前は池がまだ雪におおわれ、コース上も一部雪の上を通過することになる。

一方、天狗原と南岳《みなみだけ》をつなぐ横尾《よこお》尾根は冬期ルートとして知られる。その上部に当たるのが本コースである。槍・穂高《ほたか》の登山道らしく稜線直下には岩場もあり、槍沢コースとくらべ、技術力が必要である。

起点の**槍沢ロッヂ**から槍沢を登りつめ、槍ヶ岳へ向かう道と分かれ、**天狗原分岐**へ（P64コース7参照）。左の道に入る。槍沢を大きく横切る石畳の道で、夏のはじめはまだ残雪の上を歩く箇所もあるため、7月の海の日以前は登山道状況を山小屋で確認して向かおう。

チングルマやアオノツガザクラが可憐に咲くお花畑を見ながら、ナナカマドの灌木が生い茂る道を通過する。右手に槍ヶ岳の穂先が大きくそびえ立ち、雄大な風景のなかにいることを実感する。右斜面にある高茎草原のお花畑を通過すると、丸山《まるやま》モレーンから大曲《おおまが》りにかけての槍沢の広大な斜面が見下ろせる。さらにダケカンバ林を横切

Map 4-2A　槍沢ロッヂ

Map 3-2D　南岳小屋

| コースグレード | 中級 |
| --- | --- |
| 技術度 | ★★★★☆ 4 |
| 体力度 | ★★★☆☆ 3 |

稜線直下から見る横尾尾根。奥は常念岳〜蝶ヶ岳の稜線

横尾尾根上部の2段ハシゴ

って、石畳状の平坦地に出る。足もとに水をたたえた天狗池が見え、池畔に向かってその急な斜面を下っていく。天狗池が流れ出る池の末端を渡り池畔に立てば、奥に槍ヶ岳をしたがえた**天狗池**が静かに佇み、鏡のように槍ヶ岳を水面に映しだしている。

天狗原をあとにして、ペンキ印にしたがって大岩を縫っていく。すぐ東側にはもうひとつ池があるので、こちらも寄りたいところ。池から進んだ右手斜面にはかつての氷河を流れてきた大岩が点在し、表面に残る削痕が生々しい。さらにカール内をたどって、斜面を登るようになる。南に歩を進めると向かう先に横尾尾根が見え、急坂を登りつめて**天狗のコル**に出る。天狗原を眼下に、奥には槍ヶ岳がその俊峰を天空に刺すかのようにそびえている。ここから横尾尾根をたどっていく。

まずは大岩のあいだを右に左にかわして進み、尾根の右手から足場の不安定な段差を越える。岩の末端を回りこんで尾根の左側に入り、主稜線まで続く岩稜帯へ。核心部は下段14段・約4m、上段21段約・6mの長いハシゴだ。すれ違いができないほど狭いので、対向者がいたら声をかけ合おう。さらにクサリがかかる岩場が連続し、最上部の約27mも続く長いクサリをたどる。主稜線に着くと急に傾斜がなくなり、指導標が立つ**天狗原稜線分岐**に出る。ここからは広い主稜線の道で、南岳を越えて**南岳小屋**に向かう（P84コース9参照）。

槍ヶ岳を倒影する紅葉の天狗池

**プランニング&アドバイス**

このコースは大キレット（P84）のエスケープルートとして利用する登山者も多いが、急峻な岩場があり、登りで利用したい。また天狗原は槍ヶ岳の展望地として目的地にする登山者も多く、その際は槍沢ロッヂからの日帰りになる。余分な荷物は小屋に預けていけるので身軽に行動できるが、紅葉時期なら雪になることもある。防寒具など必要な装備は忘れずに。

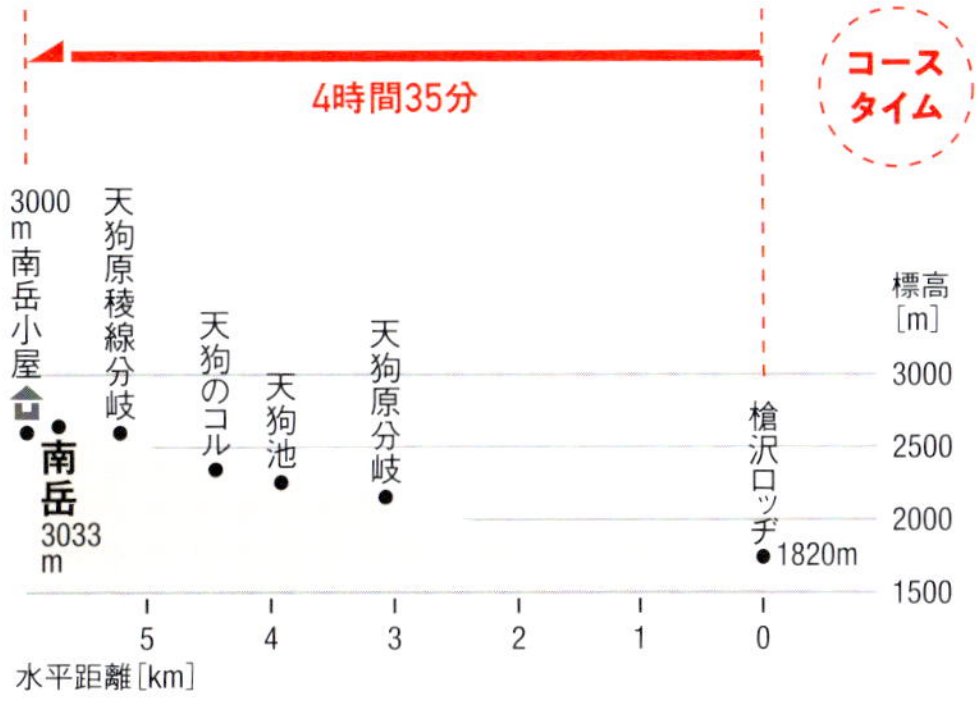

コラム4

# 穂先へのルート解説

槍ヶ岳《やりがたけ》の鋭利な山頂部は「穂先《ほさき》」とよばれる岩峰で、槍の肩《かた》から標高差100m。岩場の連続するルートであるが、登り下りが一部分を除いて分かれており、ハシゴやクサリでルートがしっかり整備されているので想像するほど怖くはない。槍の肩に荷物を置いて空身で行動できるので、バランスもとりやすい。とはいえ、急峻な岩場では一歩間違えれば重大事故になりかねない。落石を受けないよう、つねに上部に注意を払うことはもちろん、落石を起こさないように浮石に注意を払うことも重要だ。安全対策でヘルメットを着用し（槍ヶ岳山荘にレンタルあり）、適度な緊張感をもって挑みたい。また穂先はよく落雷に見舞われるポイントで、雷が近づいているとき（山荘の雷アラームが鳴る）は登らないように。

■登り

槍の肩から左手の石屑の道を進み、穂先の基部から岩場に取り付く。岩場を一段上がり、下りの道を右に見ながら矢印にしたがい左の西鎌《にしかま》尾根側を登る。背丈ほどの段差をいったん下ると、小槍の岩峰が一瞬見えるが、すぐ急な登りが待ち構えている。

根元に3mのクサリがかかる24段・約7mの長い鉄ハシゴ場（❶）を越え、続く短い4段ハシゴを通過。岩に打ちこまれた6本の鉄杭や3本のアンカーボルトを頼りに一枚岩を登り（❷）、7mほど下りとの共有ルートに入る。渋滞時は登り優先でなく、安定した場所ですれ違うようにしよう。

槍ヶ岳の登山拠点・槍ヶ岳山荘と槍の穂先。通常は30分で登れるが、ハイシーズンには3倍の時間がかかることも

共有部分にかかるクサリを経て、山頂直下の2段の長い鉄ハシゴに取り付く（❸）。ここも登り下りは別で左側のハシゴを登るが、合わせて4本のハシゴが岩場にかかる姿は壮観だ。下は17段・約5m、上部は31段・約9mでもっとも長く、ここをつめれば大展望が広がる山頂だ。

■下り

下りは最初の一歩を慎重に。下り用のハシゴは上段24段・約7m、下段19段・約6mだ（❹）。ハシゴ場直下はクサリをたどって、いったん左手の岩場に回りこみ、共有箇所に入る。すぐ先で下り専用ルートに入るが、クサリ場が連続する。5段・約2mの短いハシゴを2つすぎ（❺）、岩溝に沿って設置されたクサリで補助をとりながら9段・約4mのハシゴを下る（❻）。さらに約50m連続する長いクサリ（❼）をたどって下ると、穂先基部に出て（❽）登りルートとすれ違い、岩場は終わる。

石屑の道に出て登り返すようにして槍の肩に戻ったら、岩場の緊張感もゆるみ登頂の喜びが沸き上がってくることだろう。

槍ヶ岳への穂先のルート。随所にハシゴがかかるのが見える

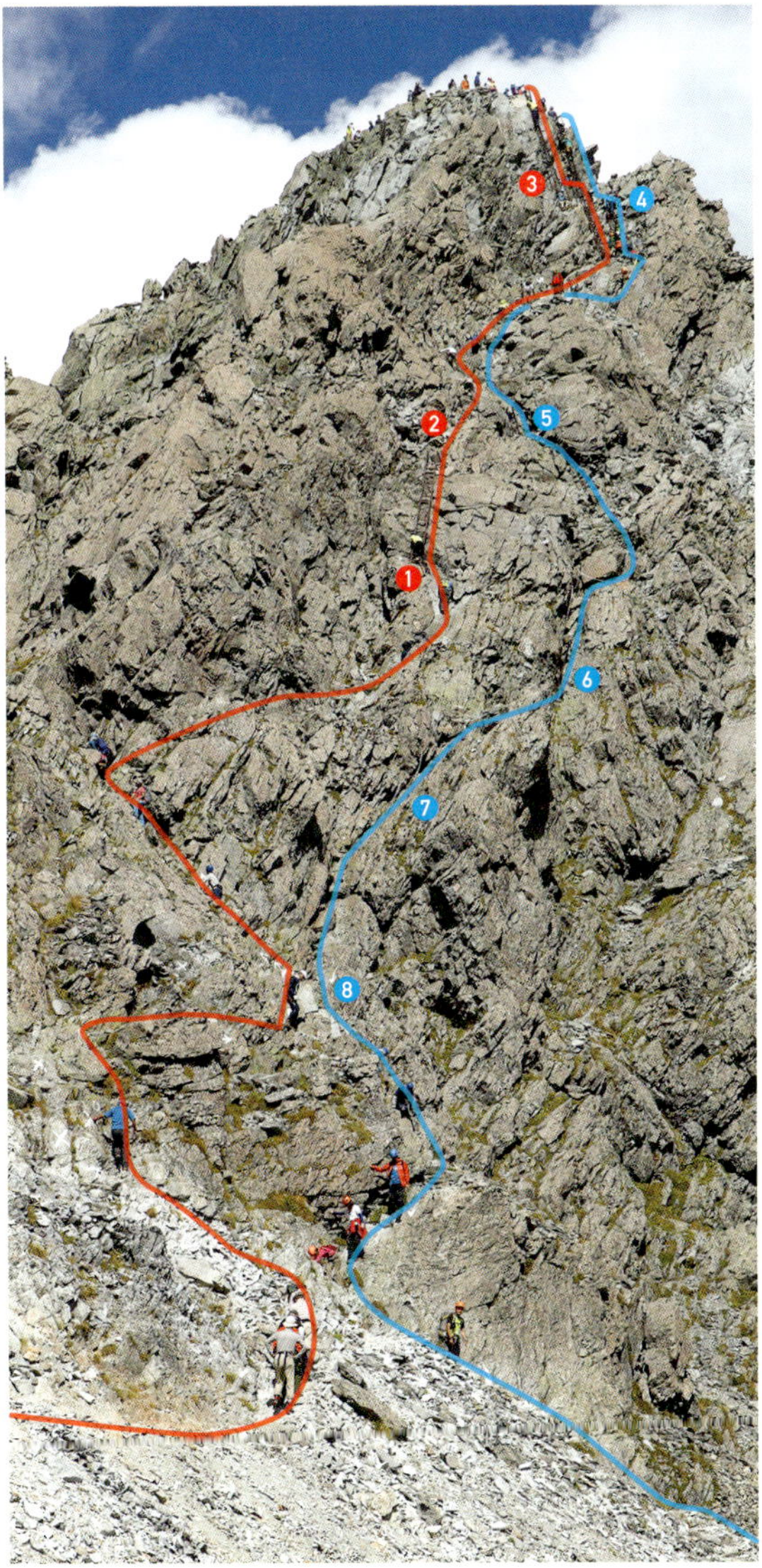

登り

❶登り最初の3mのクサリと24段・約7mのハシゴ

▲

❷上下共有ルート手前の岩場（右は下りルート）

▲

❸山頂直下の2段ハシゴ。下段は17段・約5m 上段は31段・約9m

下り

❹下りの2段ハシゴ。上段は24段・約7m、下段は19段・約6m

▼

❺5段・約2mの短いハシゴを2つ下る

▼

❻9段・約4mのハシゴ。クサリで補助をとって下る

▼

❼合流点まで連続する最後の長いクサリ

◀

❽下りクサリの終了点。その先も気を抜かずに歩きたい

笠ヶ岳を背に飛騨沢最上部を行く

2泊3日

# 槍ヶ岳
## 飛騨沢コース

奥飛騨からめざす鋭峰、北アルプスのランドマークへ

**コースグレード｜中級**

技術度｜★★★☆☆　3

体力度｜★★★☆☆　3

| | | |
|---|---|---|
| 1日目 | 新穂高温泉→穂高平小屋→滝谷出合→槍平小屋 | 計4時間25分 |
| 2日目 | 槍平小屋→千丈沢乗越分岐→槍ヶ岳山荘→槍ヶ岳往復 | 計5時間40分 |
| 3日目 | 槍ヶ岳山荘→千丈沢乗越分岐→槍平小屋→滝谷出合→新穂高温泉 | 計6時間20分 |

槍《やり》ヶ岳《がたけ》は北アルプスのみならず、日本を代表する名峰のひとつ。頂上部の穂先は、かつて氷河が流れていた時代に削りこまれ耐え残った硬い岩盤で、ニードル（氷蝕尖峰）といわれている。周囲の山から見て誰にでもすぐわかる独特な山容であり、北アルプスのランドマーク的な存在だ。

奥飛騨《おくひだ》の新穂高《しんほたか》温泉からの飛騨沢《ひださわ》コースは、槍ヶ岳登山の最短ルートである。一般的な沢筋ルートの特徴でもあるが、稜線に出る最後の急登以外は比較的ゆるやかなだけに、槍ヶ岳を直接めざすのにおすすめのコースである。

また、飛騨沢ルートの魅力のひとつに、他のコースと比べて登山者が少ないことが挙げられる。人気の槍ヶ岳をめざすわりには静かな山歩きが楽しめ、落ち着いた雰囲気で槍ヶ岳登山をしたい人向きである。森林限界を超えた飛騨沢上部はお花畑も発達し、疲れた足どりを癒してくれるだろう。

蒲田《がまた》川右俣《みぎまた》は稜線からの支流が5本流れこみ、増水時は通行できないので要注意。

登山届ポストがある蒲田川右俣林道入口

滝谷の徒渉。増水時は渡れない

## 1日目
# 新穂高温泉から蒲田川右俣を槍平小屋へ

　終点の**新穂高ロープウェイバス停**を下車してロープウェイ駅で身支度を整え、車道をさらに奥に進む。新穂高第一駐車場をすぎると、蒲田川右俣林道に入っていく。少し進むと未舗装路となり、大きなカーブをショートカットし、小鍋《こなべ》谷に出たらゲートを抜けて橋を渡る。600mほど先で林道脇に立つ道標にしたがい、林道をショートカットする山道へ入る。いったん樹林帯の急坂を登り、小沢を渡って斜面を横切るように滑りやすい山道を行く。この上部は穂高牧場となっているので、周辺の水は飲まないように。

　やがて道が開け**穂高平《ほたかだいら》小屋**に出る。小屋前の広場には石のテーブルがあり、格好の休憩ポイント。ふたたび林道を奥へ進み、砂防堰堤のある柳谷を大きく回りこみ、ネボリ谷の橋を渡れば**奥穂高岳《おくほたかだけ》登山口**に出る。

　ここで白出《しらだし》沢の登山道を分け、200mほど先で林道も終わる。白出沢出合に出たら、石がゴロゴロする白出沢の河原をマーキングにしたがい渡っていく。ここからは本格的な登山道がはじまり、コメツガやシラビソの針葉樹のなかを進む。普段は涸れているブドウ谷、チビ谷を渡り、ゆるやかに登っていくと右手の林のなかに滝谷《たきだに》避難小屋が見え、**滝谷出合**に出る。木橋で沢を渡り、広い河原を横切って対岸に渡る。右手の谷の奥には雄滝と稜線上の滝谷ドームの岩峰が荒々しい姿を見せている。谷を渡った先の右手の岩には、滝谷初登攀者・藤《ふじ》木《き》九三《くぞう》のレリーフがはめこまれている。

　蒲田川右俣谷が狭まり、やや急になった樹林帯の深い森をしばらく進む。石畳の歩きやすい道となり、樹林から抜けた際に振り返ると、涸沢岳《からさわだけ》西尾根や蒲田富士《がまたふじ》が見える。さらに石がゴロゴロする河原に出て、右手から流れる南《みなみ》沢を渡ると平坦な道になる。谷が広がり小沢を木橋で渡れば、今日

お花畑が広がる飛騨沢

千丈沢乗越分岐。傍らに救急箱が置かれている

の宿泊地**槍平《やりだいら》小屋**に到着する。

周辺はこのルートで唯一、広く開けた平坦地となっており、水も豊富で気持ちのいいキャンプ指定地である。この槍平からは、奥丸山《おくまるやま》へ登る道（Ｐ82参照）と南岳《みなみだけ》新道が分岐しており（Ｐ80参照）、槍ヶ岳登山の飛騨側の拠点となっている。ここをベースにして周辺の山をめぐることもできる。

早い時間に小屋に着いたら、足慣らしも兼ねて穂高の隠れた展望台、奥丸山に登ってみたい。軽荷なら2時間半ほどで往復できるだろう。

## 2日目 槍平小屋から飛騨沢経由で槍ヶ岳へ

広いテント場の脇を通って、さらに蒲田川右俣谷をつめて槍ヶ岳をめざす。すぐにダケカンバの林に入り、徐々に斜度が増していく。振り返ればジャンダルムや西穂高《にしほだか》岳《だけ》の荒々しい岩稜線が見えている。中ノ沢《なかのさわ》、

中崎尾根から望む登路の飛騨沢と槍ヶ岳

大喰沢《おおばみさわ》をすぎて、右俣谷の最上部となる飛騨沢に入っていく。右手から流れ出る最終水場の小さな看板を見落とさないようにし、水筒を満たしていこう。

大喰岳西尾根が右手からせまるようになると、さらに斜度が増しダケカンバ帯を抜け出て森林限界を超える。谷をはさんで、奥丸山へ続く中崎《なかさき》尾根とほぼ同じ高さとなり、登ってきた高度が実感できる。登山道の脇には100m上がるごとに標高を示す看板があり、これを目安にしながら登っていく。

やがて石屑の道となり、ミヤマシシウドやヤチトリカブトなどの高茎草原のお花畑が展開する広い谷に入っていく。行く手に見えるはずの槍ヶ岳は手前の岩稜の影となり、残念ながら飛騨乗越《ひだのっこし》まで見えない。

指導標の立つ**千丈沢乗越《せんじょうさわのっこし》分岐**に出る。左手の道は上部で中崎尾根からの道と合流し、西鎌《にしかま》尾根の千丈沢乗越へと続いている。この分岐の脇には槍平小屋の厚意で救急箱が設置されている。いざというときに心強く、ありがたい設備だ。

お花畑の広い斜面をジグザグに刻みながら登っていく。振り返るといつの間にか笠ヶ《かさが》岳《たけ》と同じ高さになり、大喰岳の稜線もだいぶ近くに感じる。お花畑も途切れ、ガレ場の急な斜面を登るようになり、さらに稜線をめざしひたすら登っていく。

やがて大喰岳《おおばみだけ》と槍の肩《かた》とのあいだの鞍部である、主稜線の飛騨乗越にたどり着く。標高3020mの飛騨乗越は、飛騨と信州《しんしゅう》とを通じる、国内でいちばん高い場所にある峠でもある。ここで槍ヶ岳が突然姿を現し、高くそびえる俊峰に感動を覚える。稜線を左に進み、ひと登りでテント場が現れる。さらに行くと槍ヶ岳の肩に建つ**槍ヶ岳山荘**のテラスに到着する。荷を下ろして身軽にして、**槍ヶ岳**山頂を往復しよう（P64コース7、P72コラム参照）。

滝谷出合のシンボル、藤木九三レリーフ

日本最高所の峠・飛騨乗越（右奥は槍ヶ岳）

飛騨沢に広がるお花畑

3日目

## 槍ヶ岳山荘から往路を上高地へ

稜線から望む日の出は格別だ。昨日登ってきたルートを引き返し、**新穂高温泉**に戻る。急傾斜が落ち着く**千丈沢乗越分岐**まで、気を抜かずに慎重に行動しよう。

またこの先蒲田川右俣谷には、南沢、滝谷、チビ谷、ブドウ谷、白出沢と３０００ｍの稜線から一気に落ちてくる急峻な沢が何本も入っている。これらの沢では、鉄砲水もしばしば発生しており、遭難事故も起きている。近年では２０１４年８月に増水した滝谷を徒渉しようとして流され、尊い命が失われている。大雨の際は沢が増水して渡れないことがあり、水が引くまで安全な場所で待機しよう。大自然の猛威のなかでは、人間の存在は小さいものだ。雨がやめば水量も落ち着いてくるので、無理な行動をしないようにしたい。

### プランニング&アドバイス

槍平小屋に宿泊するには、遅くとも11時までに新穂高温泉を出発したい。前夜泊で新穂高温泉周辺に泊まるのもよいが、穂高平小屋泊なら翌日の行動は楽になる。槍ヶ岳山荘は3000mを超える高所にあるだけに、高山病の不安がある。高所に弱い場合は槍平小屋に滞在し、軽い荷物で槍ヶ岳を往復したい。また往復登山では飽き足らない場合は、槍平まで中崎尾根経由で下る道（P81参照）や、千丈沢乗越から千丈沢乗越分岐に下る（コースタイムは＋20分）のも気分が変わってよいだろう。その他槍ヶ岳山荘から各方面にコースがあり、組み合わせて登山を満喫したい。

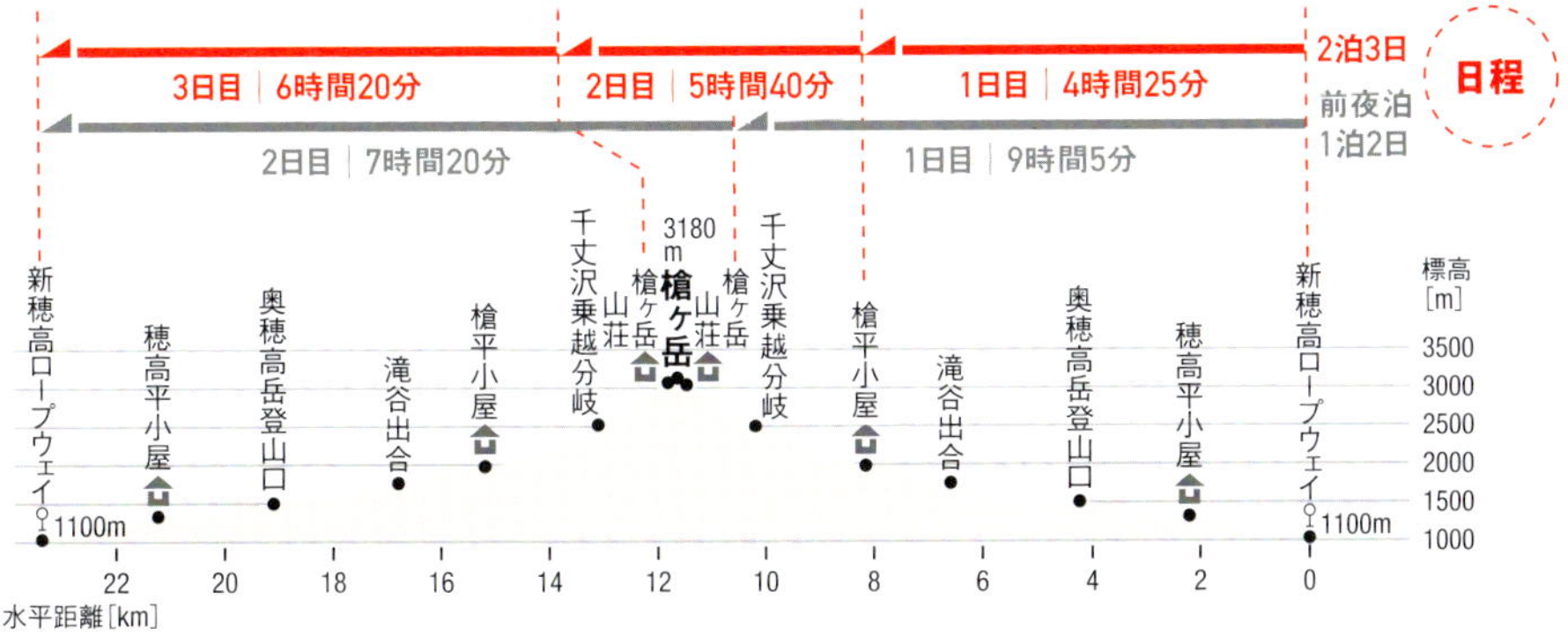

サブコース

# 南岳新道

**南岳小屋↓西尾根のコル↓槍平小屋↓奥穂高岳登山口↓新穂高温泉**
**6時間20分**

南岳《みなみだけ》新道は、主稜線上の南岳小屋から槍《やり》平《だいら》まで約1000mの標高差があり、急坂も連続するが、槍平小屋をベースにした、槍《やり》ヶ《が》岳《たけ》周遊ルートとして利用できる。

1998年の長野・岐阜県境群発地震以前は南沢がルートであったが、南岳西尾根上につけ替えられた。南沢上にはまだ踏み跡が残っているが、迷いこまないように。

**南岳小屋**からテント場の脇を通って、石屑の登山道を進んでいく。岩場にかかる木橋を渡って、ガレ場の斜面をジグザグに下っていき、やがて斜度がゆるんだら斜面を横切って、左手に見える南岳西尾根に鉄ハシゴで取り付く。

ハイマツの上に設置された木道を歩いて、展望の尾根道を進む。木道が終わると急な傾斜となり、手書きの看板を目安に下っていくと標高2600mの**西尾根のコル**に出る。周辺はシナノキンバイやハクサンイチゲなどが咲き、穂高《はたか》連峰の展望地だ。槍平小屋の厚意で、救急箱が設置されている。

少し登り返すがさらに急坂を下り、森林限界を割りこみダケカンバの林に入る。樹林帯の斜面をジグザグに進むようになり、段差をアルミハシゴで下る。やがて尾根から離れ、右手の南沢に向かっていく。

南沢の河原に下り立ち、ペンキ印や赤布に導かれ沢を渡り、石がゴロゴロする沢沿いを進む。やがて平坦になり、**槍平小屋**に到着する。槍平から**新穂《しんほ》高《たか》ロープウェイバス停**に下る（P74コース8参照）。

Map 3-2D 南岳小屋

Map 3-3B 新穂高ロープウェイバス停

| コースグレード | 中級 |
|---|---|
| 技術度 ★★★☆☆ | 3 |
| 体力度 ★★★☆☆ | 3 |

南岳新道の全容（奥丸山付近から）。中央の南沢の右の尾根がコース

**プランニング&アドバイス**

南岳新道は急勾配が連続する。ここでは下りのコースとして案内したが、本来は登りで使ったほうが、スリップや転・滑落事故などのリスクが少ないのでおすすめだ。槍平から新穂高温泉へは、奥丸山を越えて左俣谷からわさび平を経由するコースもある（P82参照）。また、整備されてから年月が経ち、ハシゴなどの再整備が進んでいるところである。

サブコース

# 中崎尾根から槍ヶ岳へ

槍平小屋↓奥丸山分岐↓奥丸山↓奥丸山分岐↓千丈沢乗越↓槍ヶ岳山荘　5時間20分

Map 3-2D 槍平小屋
Map 3-1D 槍ヶ岳山荘

コースグレード | 中級

| | | |
|---|---|---|
| 技術度 | ★★★☆☆ | 3 |
| 体力度 | ★★★☆☆ | 3 |

中崎《なかさき》尾根は蒲田《がまた》川右俣《みぎまた》（分岐する川を下流から見て、右に分かれる支流）と左俣《ひだりまた》を分ける尾根で、槍ヶ岳《やりがたけ》への冬期ルート。近年山小屋の努力により、道は整備されている。奥丸山《おくまるやま》は知る人ぞ知る槍《やり》・穂高《ほたか》の展望台で、中崎尾根を歩くのならぜひ訪れたい。

**槍平《やりだいら》小屋**からテント場を横切って、石づたいに小沢を渡り、正面に見える尾根を回りこむ。槍平神社の祠の脇をすぎ、石がガラガラした沢から右手の尾根に取り付く。中崎尾根に出るまで樹林帯の急登が続くが、木の幹や枝を手がかりにして登る。息を切るほどの急坂で、穂高連峰を見ながら小尾根を登っていく。ダケカンバが現れてくるとササ斜面を横切り、中崎尾根の**奥丸山分岐**に出る。ここから奥丸山を往復する。

ササの茂った尾根をひと登りで**奥丸山**山頂だ。山頂からは穂高連峰や槍ヶ岳がひときわ高い。展望を充分満喫したら、槍ヶ岳に向かおう。千丈沢乗越《せんじょうさわのっこし》までの中崎尾根上には道標はほとんどないが、道はしっかりしていて迷うことはない。

なだらかな尾根道を進み、さらに尾根の左手からダケカンバ林を抜けていく。やがて森林限界を超え、ササの斜面を横切っていくと10ｍほど砂礫斜面を通過する。正面に見える岩峰を右手に巻き、その先で飛騨《ひだ》沢からの道と合流して西鎌《にしかま》尾根の**千丈沢乗越**に出る。ここからは西鎌尾根上を槍ヶ岳に向かって登っていく。ガレ場をつづら折りに越え、やがて**槍ヶ岳山荘**に到着する。

穂高連峰をバックに中崎尾根を行く

**プランニング&アドバイス**

本コースで槍ヶ岳を登り、飛騨沢を下るルート（P74コース8参照）や南岳をめぐって南岳新道を下る周回ルート（P80参照）も組み合わせられる。またこのコースは、下りでも槍・穂高連峰の展望がよくおすすめのコースとなる。その際は、奥丸山分岐から槍平への最後の下りが急なので、とくに気をつけたい。

サブコース

# 奥丸山からわさび平へ

**槍平小屋↓奥丸山↓奥丸山登山口↓わさび平小屋↓新穂高温泉**　5時間40分

Map 3-2D 槍平小屋
Map 3-3B 新穂高温泉

| コースグレード | 中級 |
|---|---|
| 技術度 | ★★★☆☆ 3 |
| 体力度 | ★★★☆☆ 3 |

奥飛騨《おくひだ》に佇む奥丸山《おくまるやま》は槍《やり》・穂高《ほたか》連峰の隠れた展望台だ。槍平《やりだいら》から奥丸山を越えてわさび平《だいら》に下る道は、右俣《みぎまた》谷と左俣《ひだりまた》谷をつなぐ周回コースで、右俣谷が増水で通行できない際の迂回路でもある。ただし登山者がたいへん少なく、熊と遭遇する可能性があるので、熊鈴を携行し、自らの存在感をアピールしながら歩こう。

**槍平小屋**から中崎《なかさき》尾根に登って**奥丸山**へ（P81参照）。山頂からの展望を楽しんだら、ササのなかを中崎山方面に進む。すぐにダケカンバやコメツガの林に入り、尾根道を下っていく。時おり樹林が途切れるとササが茂る道となり、穂高の展望が開ける。小さなコブを越え、緩急をつけながら標高を下げ、**中崎尾根・わさび平分岐**へ出る。

中崎尾根から離れ、右の急斜面を下っていく。シラビソの幹などに頼りながら、バランスをとって下っていく。しばらく進むと斜度がややゆるみ、正面に抜戸岳《ぬけどだけ》を見ながら、ふたたび針葉樹林帯に入る。手づくりの小さな看板を道標に、ジグザグに下っていく。周辺の森はブナ林に変わり、やがて斜度がゆるむと下丸《しもまる》沢に出る。

沢を渡って、対岸から山腹を左手に回りこむように進んでいくと、登山道から蒲田《がまた》川左俣林道の**奥丸山登山口**に出る。林道を下って左俣谷にかかる橋を渡り、さらに進むと小池《こいけ》新道との分岐に出る。あとは、**わさび平小屋**を経て**新穂高《しんほたか》温泉バス停**へ向かう（P１３６コース14参照）。

奥丸山山頂。槍・穂高連峰の展望地だ

**プランニング&アドバイス**

このコースは槍・穂高界隈の山では珍しく、麓から日帰りで登山計画を組むことが可能だ。とはいえ新穂高温泉を早朝に出発し、槍平まで歩くためコースタイムが10時間5分となり、健脚向けである。また、あまり利用されていないためやぶ漕ぎもあるが、中崎尾根をさらに中崎山まで進み、新穂高温泉に下るコースもある。いずれも単独を避け、グループで歩きたい。

コラム5

# 撮影ポイントガイド②［槍ヶ岳編］

**南岳・獅子鼻岩**

南岳の獅子鼻岩からは、大キレットをへだてて穂高連峰と対峙するため、高度感ある写真が撮れる（写真はモルゲンロートの北穂高岳）

天空に突き上がるかのようにそびえる独特なフォルムで人気の槍ヶ岳。槍ヶ岳を撮影するのは近くからもちろん、遠くからもひと目でわかるので、紅葉やお花畑など周辺の状況も入れて撮ることもおすすめだ。また、このエリアからは穂高連峰の展望もすばらしい。

**槍沢**

夏山の楽しみのひとつ、お花畑が広がる槍沢。上部の殺生平付近は槍ヶ岳をバックに、可憐な花々が撮影できる（写真は花に彩られる7月の槍沢）

**槍の肩**

穂先の基部となる槍の肩からは、小槍をはじめ大槍（穂先）が迫力満点。とくに夕刻は一見の価値がある（写真はアーベントロートの槍ヶ岳）

南岳からの大キレットから北穂高岳へと続く縦走路

コースグレード　上級

技術度　★★★★★　5

体力度　★★★☆☆　3

3泊4日

# 槍・穂高連峰大縦走

## 3000m峰5座をたどる大キレット越えの岩稜踏破

| | |
|---|---|
| 1日目 | 上高地→横尾　計3時間5分 |
| 2日目 | 横尾→槍ヶ岳山荘→槍ヶ岳往復　計7時間10分 |
| 3日目 | 槍ヶ岳山荘→南岳小屋→A沢のコル→北穂高小屋　計5時間55分 |
| 4日目 | 北穂高小屋→涸沢→横尾→上高地　計7時間5分 |

槍《やり》ヶ岳《がたけ》から穂高《ほたか》への縦走は標高3000mの岩稜帯が続く、国内第一級の縦走路。5つの峰を越える稜線歩きは、前半の南岳《みなみだけ》まではゆったりしたコースだが、後半の南岳～北穂高岳《きたほたかだけ》間は、大《だい》キレット（キレットとは漢字で「切戸《きれっと》」と書き、急峻な稜線が深く切れ落ちた地形を指す）とよばれる、岩場が連続する険しいルート。とくに長谷川《はせがわ》ピーク～滝谷《たきだに》展望台付近のあいだは最大の難所となっている。

登山道はハシゴやクサリ、ハシゴ状の手すりやステップ（足場）の設置などで近年整備が進んでいるが、足もとからすっぱり切れ落ちた高度感あふれる岩場の通過や、落石の危険性、浮石によるスリップなどのリスクは、以前と何ら変わらない。事実、毎年のように遭難事故が発生している。岩場でのバランス感覚と槍ヶ岳や穂高の往復登山の経験は、最低限ほしいものだ。これらの条件をクリアした上で、自身の技術や体力を考慮に入れ登山計画を立てよう。

1日目
## 上高地から横尾へ

**上高地《かみこうち》バスターミナル**から梓《あずさ》川沿いの広くゆるやかな道をたどり、**徳沢《とくさわ》**を経由して**横尾《よこお》**へ（P12コース1を参照）。

2日目
## 横尾から槍沢をつめ槍ヶ岳へ

横尾から槍沢《やりさわ》に入り、沢筋を登りつめて**槍ヶ岳山荘**の建つ槍の肩《かた》へ。荷を置いて、**槍ヶ岳**を往復する（P64コース7参照）。

3日目
## 槍ヶ岳から南岳、大キレットを越え北穂高岳へ

槍ヶ岳山荘前で穂先の右から昇る日の出を拝み、身支度を調えて出発する。今日は後半に難所の大キレット越えが待ち構える。前半に飛ばしすぎてバテないように調整していこう。夏山の午後は雷雨に見舞われる心配もあり、早立ちを心がけたい。

獅子鼻岩と大キレット越しの北穂

南岳～中岳稜線からの槍ヶ岳

山荘から南に向かい、テント場の脇を通って斜面をジグザグに進み、大喰岳《おおばみだけ》との鞍部となる飛騨乗越《ひだのっこし》へと下る。右に飛騨沢へ下る道（P74コース8）が分岐し、縦走路は大喰岳への登り返しとなる。石屑の道を登ると、岩がゴロゴロする平坦な山頂の一角に出る。縦走路からはずれて二重山稜の左側の尾根に入ると、槍ヶ岳を狙う格好の撮影ポイントとして知られている大喰岳である。

縦走路に戻り、尾根道をたどって中岳《なかだけ》に向かう。はっきりした尾根道をなだらかに下り鞍部へ。中岳を見上げ、再度登り返す。中岳山頂部直下の岩場には、下段17段・5m、上段15段・4mの2段のハシゴと続いて10mのクサリがかかる。岩場を越えて出た山頂部は広く、悪天時には迷いやすい。

**中岳**山頂から槍ヶ岳をふたたび望み、足もとには南岳にかけてのゆったりした稜線が続いているのが見え、奥に北穂高岳の荒々しい岩峰が姿を見せる。中岳からのルートはかつて山頂から東側へ下っていたが、現在は南側の稜線をさらに進んでカールに下る道になっている。ペンキ印にしたがっていこう。岩塊斜面となっているカールへの下りは石段が組まれ、ジグザグに刻みながら大きく下る。中岳カール底には盛夏のころまで、残雪による水場がある。3000mの縦走路で水場があるのはここだけだろう。ただし残雪状況により涸れているので、はじめからこの雪田からの給水を当てにはできない。

カール底の岩がゴロゴロした道を進み、馬の背状の尾根に沿って延びる縦走路を行く。左下に天狗原《てんぐっぱら》のカールが見わたせる場所をすぎ、信州側の岩場を横切っていく。ふたたび広い尾根歩きとなって、**天狗原稜線分岐**に出る。ここからは氷河《ひょうが》公園ともよばれる天狗原への道が分かれる（P70参照）。非対称の山稜は飛騨側のなだらかな石屑

南岳側のハシゴを下り大キレット底へ

大キレット最低鞍部

の道を進み、南岳山頂へ。さらにザレ場に刻まれた石屑の道をジグザグに下ると**南岳小屋**に着く。小屋の周辺には、大キレットや滝谷を見わたす獅子鼻《ししはな》岩展望台や見晴らしのいい常念平《じょうねんだいら》がある。ここから右へ槍平《やりだいら》への南岳新道が分岐する（P80参照）。この先は、いよいよ険しい岩稜の大キレットがはじまる。天候や体調が不安なら、ここで行動可能かどうか判断しよう。

大キレットへの下降点は小屋から石屑の斜面を一段上がり、獅子鼻岩を右手に回りこみ、足もとに手づくりの小さな道標がある地点から下っていく。下りはじめから細かい石屑の道で、スリップに注意し大きく下る。すぐ正面に見える岩峰は左から巻き、階段状に木組みされた道を下って登り返して稜線に出ると、今度は大岩を縫うように歩く下りとなる。

最初の難所は左手の岩盤にかけられた約20mの長いクサリ場で、大きく下降する。さらに断続して約7mのクサリが2本現れる岩場をたどって一気に下り、大キレットでも有名な長い2段のハシゴ場に入る。まず約5mクサリ、ついで27段・約8mの長いハシゴを下り、そこから約25m離れて約3mのクサリがかかるトラバースから21段・約6mの凹角にかかる急峻なハシゴを下る。続いて約8mのクサリと岩場の大下りが続き、大キレット底へと向かう。

岩場の下りが終わると岩塊が重なり合った稜線上を進むようになるが、踏み跡を選んで大岩の上を越えていくので、バランスに要注

槍ヶ岳から北穂の稜線（蝶ヶ岳から）

意。振り返れば南岳・獅子鼻岩の岩峰が大きくそびえ立ち、これまで下ってきた標高差を実感する。

めざす北穂高岳はまだ先に立ちはだかっている。大キレットの底は岩も安定し、道幅もあり安心して歩ける。飛騨側についた道を細かいアップダウンを繰り返しながら進む。左手の横尾谷左俣カールが近くに感じられると、大キレットの最低鞍部に差しかかる。しかし指導標もないので、気づかずに通りすぎてしまうかもしれない。

似たようなもうひとつの鞍部を経て、飛騨側斜面の石屑の道を進む。この付近は視界がきかないとき、右手の大キレット尾根に迷いこみやすいので注意。ペンキ印にしたがいジグザグに登りつめ、左手の稜線に向かう。ハイマツの茂る切れ立った岩場に立ち、バランスをとりながら岩稜線上を登っていくと、やがて右手の岩に「Hピーク」とペンキで書かれた長谷川ピークに着く。目の前に滝谷の大岩壁群が壮絶な姿でせまり立つが、ピークはとても狭く足場も不安定なので長居はできない。ここからやせた岩稜が続く大キレットの核心部へと入る。

信州側の足もとにはミヤマハンノキやダケカンバが茂るなか、長谷川ピークから岩づたいに3m戻り、鉄杭や1mのクサリを頼りに岩稜の左側を行く。続く高度感のあるナイフリッジ（ナイフの刃のように切り立った岩稜）は、三点支持でバランスをとり下っていく。アンカーボルトや足場プレートなどを使い飛騨側に入るが、すぐにやせた尾根に戻り、信州側にかかる約13mの太いクサリをつたって稜線直下を行く。足場は安定した岩だが、ミヤマハンノキで隠された足もとはスッパリ切れ落ちており慎重に通過する。さらに稜線を右に越え、ハシゴ状にかかる4つの手すりを使い飛騨側の岩壁を下る。ここまで

大キレット核心部・飛騨泣きの通過

長谷川ピークのナイフエッジから飛騨側へ

飛騨泣きと滝谷の迫力ある大岩壁

は高度感あふれ、非常に緊張を強いられる。
しばらく歩きやすい稜線を下り、7mの連続するクサリで飛騨側の岩壁を下っていく。さらに下で角材が組まれた桟道を渡ると、ようやく鞍部に下り立つ。難路中の唯一の休憩ポイントで、岩にペンキで表記された**A沢のコル**だ。上部からの落石に注意して休憩しよう。
赤褐色のザレた斜面を右斜めに進み、1段あがって約8mのクサリ、さらに続いて約8mの太いクサリづたいに信州側を登っていく。この付近は細かい浮石が多いので気をつけて進む。稜線の飛騨側に入って左手の岩稜を回りこむと、いよいよ大キレット最難所といわれる飛騨泣《な》きに入る。
ペンキ印にしたがい鉄杭を足がかりに岩壁に打ちつけられた手すりを上がり、約10mのクサリを手がかりに稜線上をほぼ直登する形で登る。上の段に出たら右に回りこむが、大岩を回りこむ際バックパックを引っかけないように。この間すれ違いはできないので、お互い声をかけ合おう。少し飛騨側を回りこみ、3mほどのクサリがかかる岩場を乗り越え稜線へ。続いて信州側のトラバースとなる。4つの足場プレートや握りにくい約9mの太いクサリを頼りに慎重に足を運ぶ。稜線の飛騨側を歩き、クサリのあるルンゼに入る。足もとは細かい浮石の多い不安定な場所だけに落石に警戒し、すれ違いも安全な場所で待つ。ルンゼ

北穂高小屋直下まで難所が続く

難路中唯一の休憩地・A沢のコル

北穂高小屋から槍ヶ岳方面を振り返る

を抜けるとだいぶ歩きやすい道となり、大キレットの核心部をすぎたことを知る。

岩峰を巻いて石屑の道を登っていくと、稜線越しに日本有数の岩場である滝谷の大岩壁が間近にせまる。滝谷展望台とよばれる場所で、休憩がとれるほどの広さもある。さらにゆるやかに登っていき、岩に「北穂まであと200m」と表記された地点から最後の大登りとなる。急な傾斜をジグザグに登っていき、2カ所の岩場をハシゴやクサリ、鉄杭などで越えると、ようやく北穂高小屋が見えてくる。右手の滝谷に沿って登りきると、今日の宿泊地北穂高小屋に到着する。振り返ると歩いてきた大キレットが足もとに広がり、南岳や槍ヶ岳の姿も見わたせる。**北穂高岳**北峰山頂へは小屋の前を通り、石段を上がってすぐだ。360度の大パノラマを満喫しよう。

## 4日目 北穂高岳から涸沢経由で上高地に下山

山頂で迎える夜明けはすばらしく、心に残るご来光だ。今日は南稜～**涸沢**《からさわ》経由で一気に**上高地**まで下る（P24コース2参照）が、涸沢までは急傾斜が続くので慎重に。

**プランニング&アドバイス**

大キレットの踏破が目的なら1日目に南岳、2日目は涸沢か横尾泊の2泊3日も可能だが、やはりこのコースの醍醐味としては槍ヶ岳から穂高をめざしたい。また北穂高岳からさらに穂高連峰を縦走し、前穂高岳を経て岳沢から上高地へ下るルート（P24コース2）をつなぐこともできるが、さらに集中力、体力、技術力が必要になる。岩がぬれているとスリップしやすく、また悪天時は夏山でも低体温症の危険があるので、天候を考えて挑もう。加えて大キレットでは緊張感が持続できず、ちょっとした場所で道迷いも発生しているので事故がないよう心がけたい。

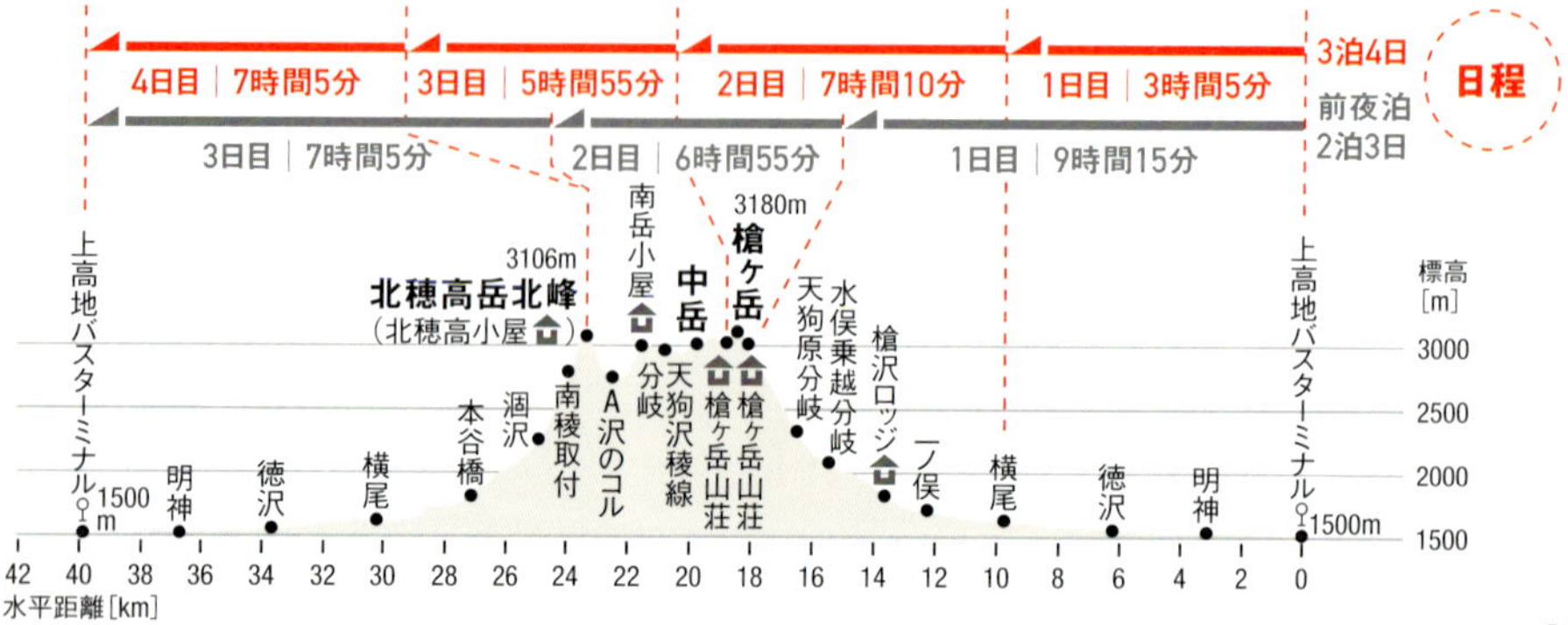

バリエーションコース

# 北鎌尾根

**槍沢ロッヂ↓水俣乗越分岐↓水俣乗越↓北鎌沢出合↓天狗の腰掛↓槍ヶ岳↓槍ヶ岳山荘**

**12時間45分**

Map 4-2A 槍沢ロッヂ
Map 3-1D 槍ヶ岳山荘

コースグレード | **熟達者**

技術度 | ★★★★★ 5+

体力度 | ★★★★★ 5+

北鎌《きたかま》尾根は、槍ヶ岳《やりがたけ》山頂の北東に延びる険しい岩稜線である。槍ヶ岳を源とした千《せん》丈《じょう》沢と天上《てんじょう》沢が両サイドに流れ、尾根末端の千天《せんてん》出合で合流し、水俣《みずまた》川となる。近代登山黎明期に早大と学習院パーティの同日登攀で話題となり、また「単独行」で知られる加藤文太郎や松濤明《まつなみあきら》が『風雪のビバーク』を遺して遭難死するなど、登山史上に残る数々のドラマが繰り広げられてきた。

本コースは槍ヶ岳を代表するバリエーションルートである。踏破には、西穂高岳《にしほたかだけ》～奥穂高岳《おくほたかだけ》の縦走路を余裕で歩けるだけの体力と岩登り技術が前提条件となる。装備もヘルメットやロープ、ハーネスなど登攀具が必要になり、経験者同行の元で計画を立てよう。コースタイムは、ルートファインディング能力や岩場での行動力、判断力など、パーティ全体の総合力や天候などによっても大きく変わる。ワンデイかルート中でビバークするかによって装備は異なり、スピードも違ってくる。コースタイムはあくまでも目安として考えたい。1日の予定でもビバーク用にツエルトなどは必携。厳しい岩稜登攀だけに、山頂に登頂できたときの充足感は格別だ。

**槍沢《やりさわ》ロッヂ**に前泊し、早朝歩き出す（P64コース7参照）。**水俣乗越分岐《みずまたのっこし》**から水俣乗越に向かい登っていく。乗越沢沿いの急な草付きの道をジグザグに登り、ダケカンバ林に入り東鎌尾根上の**水俣乗越**へ。水俣乗越から天上沢側に入り、花崗岩の

●本コースはきわめて難易度の高いコースにつき、一般登山者は立ち入らないこと

北鎌沢出合。ここから北鎌沢の沢筋へ

やせた尾根をたどり天狗の腰掛へ

北鎌平から見上げる槍ヶ岳

ザレた踏み跡をスリップに注意しながら下っていく。荒れた谷を左手に見ながら、右手の急な小尾根を草や灌木につかまって下る。右下に荒れた沢が現れるが、いったん左手に回ってから沢に下っていく。石がゴロゴロする天上沢の河原を進み、左手からの水量豊富な間《あい》ノ沢を石づたいに徒渉して、ケルンのある**北鎌沢出合**に到着。

岩がゴロゴロする北鎌沢を登っていき、10分ほどで二俣に出ると左俣《ひだりまた》と分かれ、右《みぎ》俣《また》に入っていく。上部に行くと沢の水量が少なくなるので、補給できる場所で水筒を満たしておこう。狭く急な谷を登っていき、北鎌沢上部のゴルジュ（両側の岩壁が狭まった谷）に入っていく。大岩を乗り越し、右手の草付き斜面の踏み跡をジグザグに登り、沢の源頭部を登りつめていく。ダケカンバにおおわれた**北鎌沢のコル**で装備を整え、北鎌尾根の縦走に入る。

やせた尾根上の踏み跡をたどり、ダケカンバ林を進んでいく。やがて森林限界を超え、ハイマツ帯の急登となり、小ピークを2つ越えてP8の**天狗《てんぐ》の腰掛《こしかけ》**にたどり着く。行く手には独標が大きくそびえ、槍ヶ岳は陰に隠れて見えない。

いったん岩場を下って、登り返して千丈沢側を進み、小ピークを越えて独標のコルに下り立つ。正面の独標に向かう岩場が見えるが、ここでは基部を右手に巻いていく。ザレたバンドについた踏み跡を進み、もろい岩場を注意しながら登っていく。独標の巻き道には、1カ所出っ張った岩があり、体を谷側に露出させて横切っていく。

稜線上に戻ると、正面に槍ヶ岳が迫力あ

独標の千丈沢側へのトラバース

最後の難所、山頂直下のチムニー

独標を越えてもアップダウンが続く

る姿を現す。いくつかの小ピークを越え、ハイマツの尾根を進んでいく。周辺の小広い場所を選んで、ビバークの準備をしよう。

正面にP14の白い岩峰を見ながら、足場がわるい千丈沢側のザレた岩溝を下る。小コルからP14に登り返すが、もろい岩場でロープを出し確保しながら登るといい。P15は稜線を直登するコースとトラバースして巻いていく道とに分かれる。巻き道のほうが明瞭な道となっているが、稜線通しに進み、北鎌尾根の醍醐味を楽しみたい。稜線上は不安定な浮石が多く、トラバースしているパーティがいる場合、落石を起こさないようにとくに気をつけよう。

P15を越えると**北鎌平**《きたかまだいら》に出る。コース上でもっとも広い平坦な場所で、正面には槍ヶ岳が大きくそびえる。振り返れば独標へ岩稜線が続き、足もとには天上沢が広がる。

ここから比較的歩きやすい尾根上を進み、山頂直下を左に巻くように行く。最後はチムニー（岩壁に縦に走る全身が入る程度の幅の割れ目）と凹角を抜ければ**槍ヶ岳**山頂に着く。山頂では多くの登山者が驚嘆の歓声で出迎えてくれるだろう。歩いてきた北鎌尾根を足もとに見下ろせば、踏破した達成感に満たされよう。ハシゴ、クサリのある一般登山道で**槍ヶ岳山荘**へ下る（P64参照）。

**プランニング&アドバイス**

取付点となる北鎌沢出合へは、この水俣乗越経由以外に大天井岳ヒュッテを起点に喜作新道経由で貧乏沢を下るルートがある。またクラシックルートである湯俣から千天出合に入り、北鎌尾根末端から尾根に取り付くルートは、正統派のコース。途中何箇所も徒渉を強いられるが、ルートファインティングや河原でのキャンプなど、登山本来の醍醐味を体感できる。

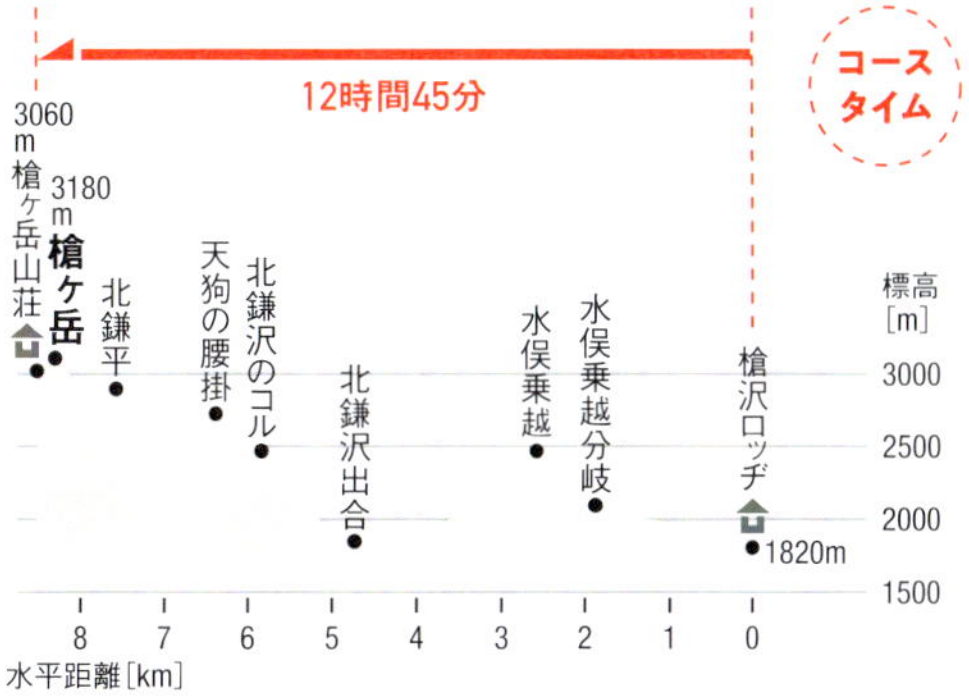

コースグレード｜中級

技術度｜★★★☆☆ 3

体力度｜★★★☆☆ 3

3泊4日

# 表銀座縦走

天空にそびえる槍ヶ岳をめざす、お花畑と展望の縦走路

大天井岳からの表銀座コース（手前の稜線）と槍ヶ岳

| | | |
|---|---|---|
| 1日目 | 中房・燕岳登山口→燕山荘→燕岳往復 | 計5時間 |
| 2日目 | 燕山荘→大天井ヒュッテ→ヒュッテ西岳 | 計5時間30分 |
| 3日目 | ヒュッテ西岳→水俣乗越→槍ヶ岳山荘→槍ヶ岳往復 | 計4時間40分 |
| 4日目 | 槍ヶ岳山荘→横尾→上高地バスターミナル | 計7時間20分 |

槍《やり》ヶ岳《がたけ》からは東西南北に4本の尾根が派生し、すべてが登山対象である。そのなかでもさほど困難なく歩けるのが、双六岳《すごろくだけ》に続く西鎌《にしかま》尾根コースと本コース。燕岳《つばくろだけ》から槍ヶ岳に通じるこのルートは「表銀座コース」または「アルプス銀座」とよばれる。裏銀座コースと比べ1日の歩行時間も短く、槍ヶ岳へのルートのなかでも人気が高い。好天に恵まれれば、アルプスの大展望を満喫しながら稜線漫歩となる。

前半部は常念《じょうねん》山脈のゆったりした稜線歩きで、お花畑と展望が存分に楽しめる気持ちのいい縦走路。西岳《にしだけ》からの後半部は、東鎌《ひがしかま》尾根の岩稜帯を行くスリルあふれるコースだ。このルートは近代登山の黎明期に山案内人として活躍した猟師・小林喜作《こばやしきさく》が1920（大正9）年に切りひらいた登山道で、喜作新道ともよばれている。天空にそびえ立つ槍ヶ岳が近づくにつれ迫力を増していく、北アルプスでも指折りの雲上トレイルが楽しめる。

## 1日目 中房・燕岳登山口から合戦尾根を登り稜線へ

中房温泉の**中房《なかぶさ》・燕岳登山口**から合戦《かっせん》尾根に取り付く。合戦尾根は北アルプス三大急登のひとつだが30〜40分ごとにベンチがあり、これを休憩の目安にして登るといい。売店のある**合戦小屋**からひと登りで森林限界を超え、合戦沢ノ頭《かっせんさわのあたま》に出ると視界も開け、燕山《えんざん》荘や槍ヶ岳が見えてくる。傾斜の落ち着いた道を進めば、まもなく**燕山荘**に着く。明日の縦走の前に**燕岳**山頂を往復してこよう（P124コース13参照）。

## 2日目 喜作新道を縦走してヒュッテ西岳へ

稜線で迎えるご来光を拝んだら出発しよう。夏の午後は雷雨の心配もあるので、早立ちを心がけたい。

マサ化（基盤岩が風化し細礫になったも

蛙岩へと続くハイマツのなだらかな尾根道

切通岩の喜作レリーフ

の）した花崗岩の道を踏みしめ、稜線の右手を進む。はるか先には北鎌《きたかま》尾根をしたがえた槍ヶ岳が見え、ハイマツ帯のなだらかな尾根道を進む。稜線上に突き出た蛙岩《げえろ》の岩峰は、V字形に割れたような花崗《かこう》岩の巨岩のあいだを通り抜け、正面の岩は左から巻く。足もとにハイマツにおおわれた斜面が広がり、しばらくは大きなアップダウンもなく快適な稜線歩きだ。２６７８ｍピークの先で展望のよい**大下《おおくだ》りの頭《あたま》**に出る。

　ここから大下りとよばれる、砂礫帯の約１００ｍの下りとなる。稜線の左側、安曇《あずみ》野《の》側に入るとお花畑の斜面が広がる。為右衛門吊《ためえもんつり》岩の下をすぎたら木製の階段を登り、ふたたび稜線に出る。柵で保護されたコマクサを足もとに見ながら歩き、２６９９ｍの小ピークに出る。これで大下りを下ったぶんを登り返したことになる。

　小ピークが連なる稜線の右側を巻くように進み、**切通《きりどおし》岩**のクサリ場に出る。15ｍのクサリと9段の木製ハシゴで下り立った鞍部の岩盤には、この喜作新道をひらいた小林喜作のレリーフがはめこまれている。

　蛇篭で補強されたザレた斜面を横切り、大天井岳《おてんしょうだけ》や常念岳《じょうねんだけ》へ向かう道（Ｐ１２８参照）との分岐に出る。右手の巻き道を進むが意外とアップダウンがあり、バランスに気をつけよう。何度もカーブを回りこみ、巻き道が終わると大天井ヒュッテが見えてくる。落石に気をつけながらジグザグに急な斜面を下り、**大天井ヒュッテ**の建つ牛首《うしくび》のコルに出る。反対側の高台へ登ると、展望が開ける牛首の展望台がある。

　二ノ俣《にのまた》谷源頭部のお花畑を横切ってダケカンバ林に入り、さらに稜線直下の巻き道を進み、右手に小さな看板が立つ貧乏沢《びんぼうさわ》のコルをすぎる。貧乏沢は北鎌尾根（Ｐ91参照）のアプローチとして利用されている。その先で右手の稜線に上がると久しぶりに槍ヶ岳が姿を見せ、天空に突き上がるかのようにそびえ立っている。ここはビックリ平といわれ、手づくりの案内板がある。

ビックリ平で槍ヶ岳と再会する

槍・穂高連峰を望む大天井岳山頂

花崗岩の砂礫を踏みしめ、稜線右側のハイマツの斜面を通り抜ける。その先は二ノ俣谷側への滑落に注意して稜線づたいに進む。赤岩岳《あかいわだけ》山頂手前の小ピークはオンタデなどが咲くお花畑で、二ノ俣谷側に巻いて進み、ふたたび天上《てんじょう》沢側に入る。足もとは白い花崗岩から赤みを帯びた石礫に変わり、赤岩岳に向かって進むが、山頂は踏まずに二ノ俣谷側を巻くお花畑の斜面に入る。

ふたたび稜線に上がり、「西岳ヒュッテまで30分」の看板がある小広い場所に出る。この先は50mほど岩稜となり、ロープがかかるやせ尾根は両サイドが切れ落ちているので要注意だ。ダケカンバ林から抜け出てさらにお花畑の斜面を横切ると、西岳山頂への道を右に分け、**ヒュッテ西岳**に着く。ここは常念山脈と槍ヶ岳との間に位置する抜群の展望地となっている。大《だい》キレットからせり上がる北穂高岳《きたほたかだけ》はとくに迫力がある。

岩場が続く水俣乗越への下り

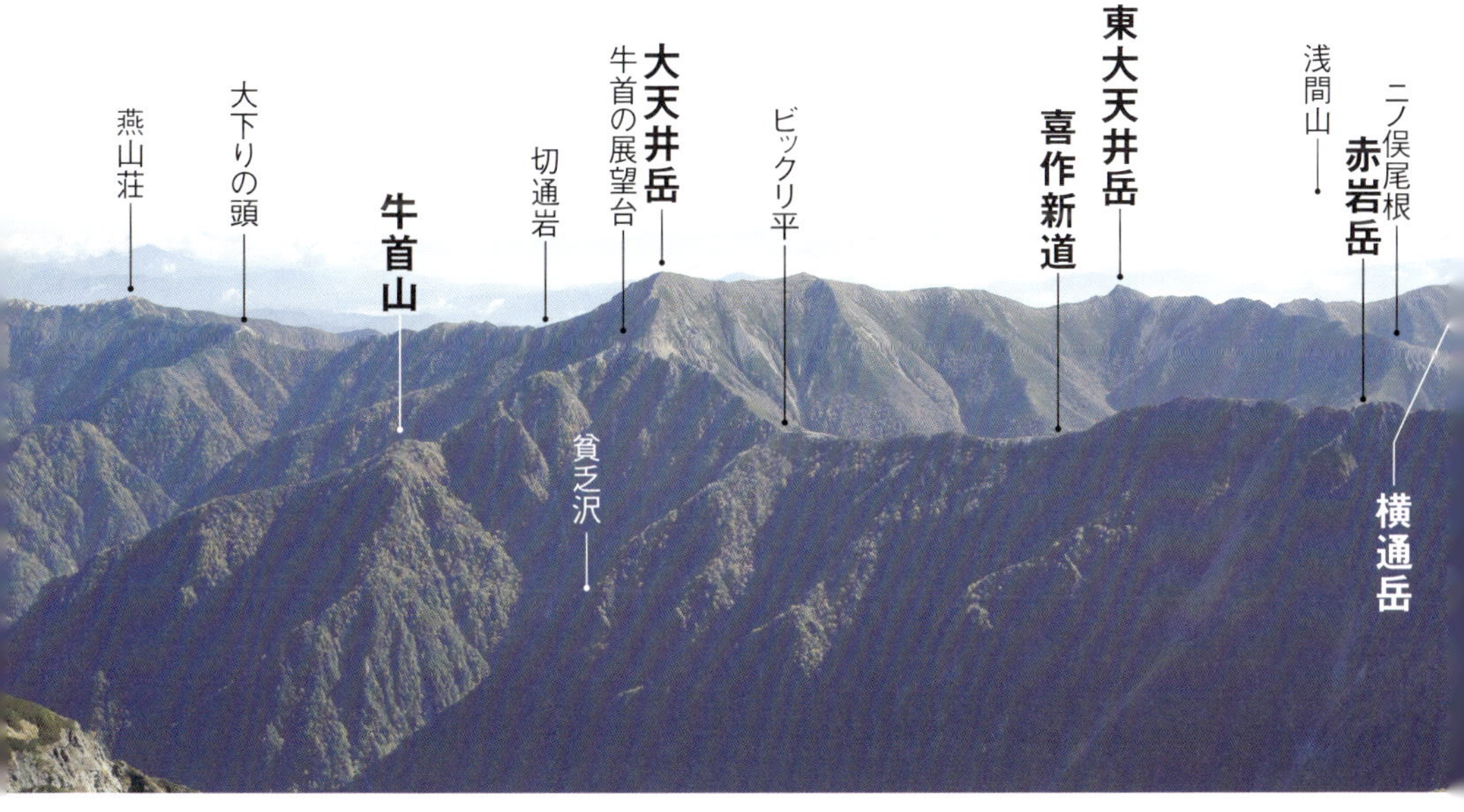

槍ヶ岳山頂からの表銀座コース（喜作新道）

3日目

## 東鎌尾根を越え槍ヶ岳へ

窓への3段バシゴを慎重に下る

ダケカンバの林に入り、すぐに鉄製ハシゴ、クサリを使って下っていく。水俣乗越《みずまたのっこし》まで約200mの大下り。やや長いクサリがトラバースぎみにかかり、さらにクサリやハシゴを頼りに一気に下る。浮石の多いザレた道を横切り、クサリのあるスラブ状の岩場はバランスに気をつけていく。続く岩屑の道は急な傾斜をジグザグに下り、ダケカンバ林に入って鞍部状の地形に下り立つ。だがここはまだニセ乗越とよばれる場所で、本当の水俣乗越はまだ先だ。

幅1・5mほどの足もとが切れ落ちた稜線を進み、木製ハシゴを登って花崗岩の道を行く。小広い場所に出ると、水俣乗越への最後の下降となる。急峻なスラブ状の岩場を下り、槍《やり》沢側に回りこみ、クサリやハシゴの連続する岩場を下りきると、ようやく鞍部の**水俣乗越**に出る。ここから左に槍沢へ下る道が分岐し、右手の踏み跡は北鎌尾根（P91参照）に取り付く際のアプローチ道だ。

ここからは登りに転じ、東鎌尾根の核心部へと入る。水俣乗越から一段上がって天上沢側を回りこみ、ハイマツの稜線に上がる。第1展望台とよばれる場所では目の前に槍が大きくそびえ立ち、迫力を増した姿で迎えてくれる。少し下って石屑のやせ尾根をつたい、丸太で組まれた階段状に整備

窓を越えて槍に近づく

西岳東面のお花畑

された道を登っていく。天空の回廊とでもよびたいような道で、左右は切れ落ちたハイマツの狭い尾根の上を歩いていく。

窓《まど》（尾根の深く切れこんだところ。キレットと同義）とよばれる鞍部へは、鉄製ハシゴ3段で下りる。まずは木製階段を下り、14段、18段、18段の3つのハシゴが連続する。上段と中段のあいだに1人立てる程度なので、すれ違いの際は声をかけ合おう。連続する長いハシゴで緊張感あふれる下りだ。一段一段慎重に行こう。ハシゴを下り、鞍部のやせた稜線を通過する。

石屑の尾根歩きとなり、コンスタントに高度をかせぎながら登っていく。ハシゴと太いクサリがかかる岩場を越えれば、東鎌尾根の核心部が終わる。この先は岩稜をジグザグに急登し、カブリ岩を左に見ると、雷鳥平《らいちょうだいら》の一角に建つ**ヒュッテ大槍《おおやり》**に着く。

槍沢との分岐をすぎ、短いハシゴを越えて殺生《せっしょう》ヒュッテへの道を分ける。下には殺生ヒュッテの赤い屋根や槍沢の登山道がよく見える。丸太の手すりがある鉄製のハシゴを登り、東鎌尾根最上部の岩場を槍沢側に巻いていく。ひときわ大きくなった穂先基部のガレ場を回りこむと、やがて槍沢からの道と合流し**槍ヶ岳山荘**へ到着する。

受付をすませたら、軽身で**槍ヶ岳**の穂先を往復しよう（P64コース7参照）。

## 4日目 槍沢を下り上高地へ

槍ヶ岳山荘の前から日の出を拝んだら**上《かみ》高地《こうち》**に下山する（P64コース7参照）。

**プランニング&アドバイス**

1日目の宿泊地は燕山荘だが、日程に余裕がない場合は燕岳山頂をパスしてでも大天井ヒュッテか大天荘泊にすると、次の日に槍ヶ岳まで足が届く。その際は、前夜泊で中房温泉か有明荘に前泊すると行動もしやすい。また森林限界を超えた稜線の縦走なので、悪天時や夏の午後に発生する雷に気をつけ、場合によっては手前の小屋で泊まるなど余裕をもった行動をとりたい。コース中のエスケープルートとしては、水俣乗越から槍沢に下るルートがある。また縦走を断念する場合、大天井岳までなら引き返すか、常念小屋経由で一ノ沢に下ることになる（P128、P114参照）。

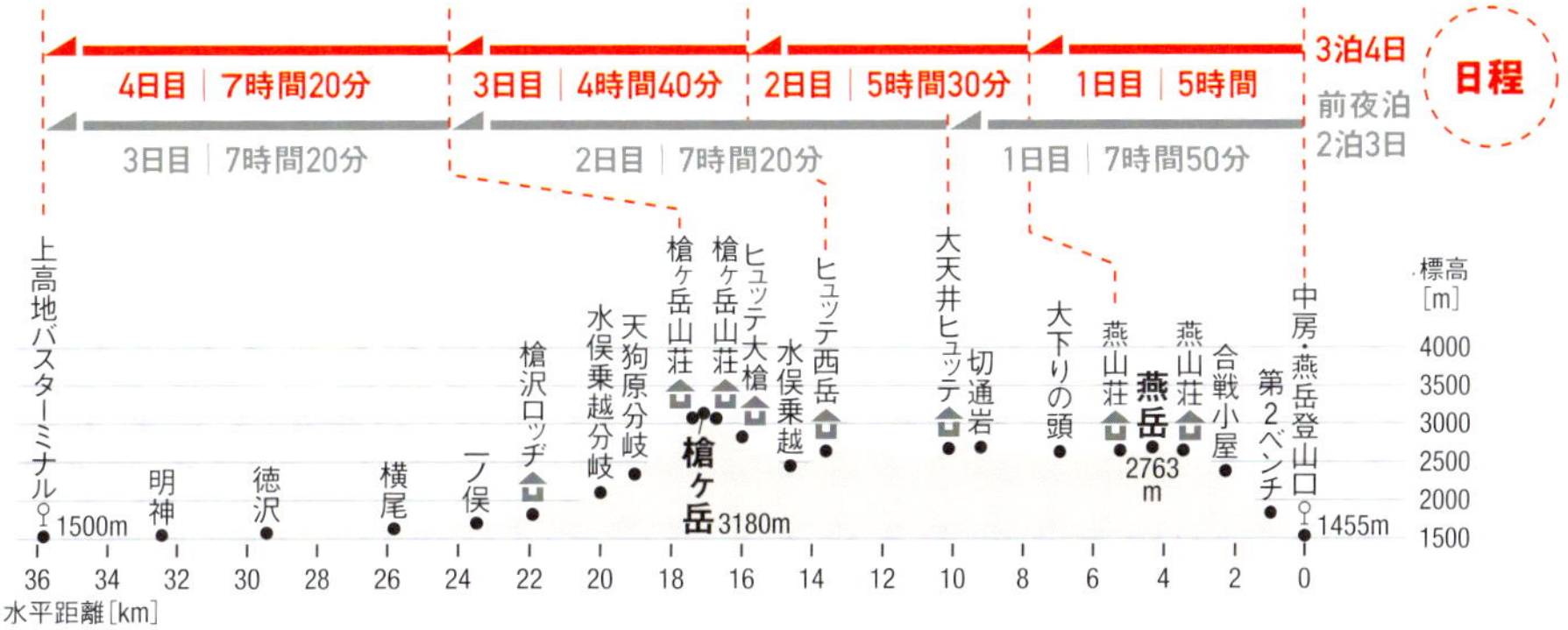

コースグレード｜中級

技術度｜★★★★★　3

体力度｜★★★★★　5

# 裏銀座縦走

前夜泊3泊4日

雲上のロングトレイルをたどり槍ヶ岳へ

鷲羽岳からの槍ヶ岳。手前は火口湖の鷲羽池

| | | |
|---|---|---|
| 1日目 | 高瀬ダム→烏帽子小屋→烏帽子岳往復 | 計7時間40分 |
| 2日目 | 烏帽子小屋→野口五郎岳→水晶小屋→水晶岳→鷲羽岳→三俣山荘 | 計9時間55分 |
| 3日目 | 三俣山荘→三俣蓮華岳→双六小屋→槍ヶ岳山荘→槍ヶ岳往復 | 計9時間10分 |
| 4日目 | 槍ヶ岳山荘→槍沢ロッヂ→横尾→上高地 | 計7時間20分 |

槍《やり》ヶ岳《がたけ》へ向かう縦走路として、燕岳《つばくろだけ》から東鎌《ひがしかま》尾根を経てめざす表銀座《おもてぎんざ》コース（P94コース10参照）に対し、烏帽子岳《えぼしだけ》から双六岳《すごろくだけ》へ向かい、西鎌《にしかま》尾根を経て槍ヶ岳に向かう本コースは、裏銀座《うらぎんざ》コースとよばれている。

槍ヶ岳をめざす縦走路のなかでもっとも距離が長く、日数を要するのがこのコース。登山口の高瀬ダムは槍ヶ岳の北北東に位置するが、西鎌尾根は槍ヶ岳の北西に派生する尾根。つまり大きくぐるりと回りこまなければならず、長大な稜線上を歩くのが、このコースの特徴だ。鷲羽岳《わしばだけ》や三俣蓮華岳《みつまたれんげだけ》など北アルプスでも最深部とされる場所を通過し、10以上ものピークを踏破するので、長期に渡って山を歩き続けることができる体力や時間的余裕が必要だ。

コース前半部はお花畑も多く、北アルプスの比較的たおやかな高原台地を踏破するルート。後半部の西鎌尾根はそれまでと異なり、やせ尾根で最後は槍ヶ岳に向かっての大登りが待ち構える。とはいえクサリ場が連続するような岩場は少なく、ロングコースだが歩きやすい雲上の大縦走路である。

## 1日目 高瀬ダムからブナ立尾根を登り烏帽子岳へ

信濃大町《しなのおおまち》駅から**高瀬《たかせ》ダム**の堰堤までタクシーで入り、歩きだす。ダムの堰堤の端からトンネルに入り、抜け出ると吊橋の不動《ふどう》澤《さわ》橋を渡っていく。河原に下り、濁《にごり》沢、不動沢キャンプ指定地を通って砂地の道を進む。ダム湖に注ぐ濁沢沿いを進み丸太橋を渡り、さらに河原を上流へ進む。現在は仮橋となっており、ときとして徒渉となることもあるが、水量が多いときは無理に渡らないようにしよう。左手の枝沢で水筒を満たし、少し先で**ブナ立《たて》尾根登山口**に出る。

ブナ立尾根は烏帽子岳稜線まで通じる尾根道で、北アルプス三大急登のひとつといわれるように急登が連続する。裏銀座の稜

ブナ立尾根の取付点

登山口となる高瀬ダム。タクシーでアクセスする

線に上がるのに避けては通れないが、ペースを崩さず登っていくと歩きやすい道だ。また、名が示すように標高1500mから1800mにかけて、ブナ林がきれいな登山道でもある。

　樹林帯の急な登りがはじまり、階段状の道をジグザグに進み、すぐに工事現場で使われている足場で組まれた階段を登っていく。コースの要所に番号が振られた案内板があり、No・12の登山口からはじまって烏帽子小屋がNo・0となる。展望のきかない樹林帯中を登る励みにしよう。

　やがて明るいブナの森に入り、急坂をなおもジグザグに登っていく。右側の視界が開けると荒々しい不動岳が見え、足もとに濁沢が覗ける権太落《ごんたお》としだ。さらに尾根を登りつめ、槍見台《やりみだい》をすぎるとNo・4の地点となる2209mの**三角点**。この周辺は小広い平らな場所で、絶好の休憩ポイントだ。ここまでで登りの3分の2だ。周辺はコメツガやダケカンバの森となり、植生の垂直分布を楽しみながらさらに登っていく。

　大岩の上にカラマツが生えたタヌキ岩をすぎ、花崗岩が現れると稜線も近い。生い茂っていた樹林もナナカマドなどの灌木になり、空が広がる。2551mの主稜線を越えて西側に少し下り、**烏帽子小屋**に着く。

　荷を下ろして、烏帽子岳を往復しよう。烏帽子岳稜線は花崗岩がマサ化した白い砂礫でおおわれ、足もとに可憐なコマクサが群生している。ハイマツと花崗岩の稜線を進み、なだらかな道を登りきった小ピークはニセ烏帽子岳。目の前にはひときわ目を引く烏帽子岳の岩峰や南沢岳《みなみさわだけ》、針ノ木岳《はりのきだけ》のパノラマが広がる。

　いったん下り、縦走路から離れ山頂への道に入る。山頂直下は花崗岩の岩場となっているが、クサリを頼りに登っていく。切り立った岩塔の**烏帽子岳**への往復にはロープがある。山頂は狭いが、剱《つるぎ》・立山《たてやま》連峰や薬師岳《やくしだけ》の眺めがすばらしい。分岐から**烏帽子小屋**に戻るが、時間に余裕があれば稜線

烏帽子岳キャンプ指定地のひょうたん池

きついながらもブナが美しいブナ立尾根

の北に進み、お花畑や池塘の点在する四十《しじゅう》八《はち》池へも足を延ばしてみたい。

## 2日目 烏帽子小屋から野口五郎岳、鷲羽岳を越えて三俣山荘へ

今日は昨日のような大きな登りではないが、森林限界を超えた長い稜線歩きとなる。天候の変化に注意し、早めの行動をとりたい。コース上には水場がないので、山小屋で分けてもらうことになる。

烏帽子小屋から南下して、テント場のあるひょうたん池まで下ると、三ツ岳《みつだけ》への登りとなる。コマクサやハイマツが点在する砂礫の広い尾根を進み、花崗岩の石礫の斜面をジグザグに登って、三角点のある**三ツ岳北峰**に出る。めざす槍ヶ岳がはるか遠くに見え、このコースの長さを実感する。

ゆるやかな稜線歩きになり、足もとに可憐に咲くコマクサを愛でながら三ツ岳本峰の西側を巻いていく。続く三ツ岳西峰は東

水晶岳からの南方向の眺め

側を通るお花畑コースと稜線を行く展望コースとに分かれるが、先で合流するのでどちらを歩いてもよい。向かう先にゆったりした野口五郎岳《のぐちごろうだけ》が見え、稜線上をゆるやかに登っていく。やがて花崗岩の岩がゴロゴロした迷いやすい二重山稜となり、ペンキを目印にして通過する。なお野口五郎岳の五郎とは「ゴーロ」のことで、岩がゴロゴロした場所を指す。これが変化して「五郎」とよばれるようになったという。

稜線上をさらに進み、一段下がった窪地に建つ**野口五郎小屋**に出る。周辺は幕営禁止で、この先三俣《みつまた》山荘までテント場はない。

縦走路をしばらく進み、指導標にしたがい左手に入ると野口五郎岳山頂に着く。花崗岩の白く広い山頂からは、めざす槍ヶ岳や鷲羽岳、表銀座の山々など雄大な風景が広がる。展望を満喫したら先へ進もう。石屑の斜面を下って、山頂の巻き道と合流してさらに稜線を行く。右下に広がるカールには、青々と水をたたえた五郎池が見え、水晶岳《すいしょうだけ》のなだらかな稜線が望める。

真砂岳《まさごだけ》は山頂を通らず山腹を巻いていく。稜線に戻ると湯俣《ゆまた》への道が分かれる（Ｐ１１０参照）**竹《たけ》村《むら》新道分岐**で、さらに下って鞍部に出る。稜線の左側に入るとお花畑が広がり、アップダウンもほとんどない気持ちのいい稜線歩きが楽しめる。

しばらくいくと尾根がやせてくるので、バランスに注意してハイマツの稜線を進む。岩がゴロゴロする稜線の南側は道が不明瞭で、ペンキ印をたどっていく。小ピークを越えて砂礫の斜面を下ると、広い鞍部となる**東沢乗越**《ひがしざわのっこし》に出る。片隅には小さな石仏が祀られ、周辺は絶好の休憩ポイントだ。

ハイマツにおおわれ、左側が切れ落ちた稜線を注意しながら歩いていく。赤茶けた岩稜が赤岳へ続き、小さなアップダウンが連続する滑りやすい道だ。やがて草付きの

花崗岩の砂礫が広がる三ツ岳への稜線

ニセ烏帽子から望む烏帽子岳（左）

斜面を登るようになり、こぎれいなつくりの**水晶小屋**に着く。この小屋は天水が頼りで収容人数も多くないので、できれば三俣山荘まで進みたい。小屋のすぐ裏が赤岳《あかだけ》で、小さな石仏が安置されている。

水晶岳は日本百名山のひとつで、山肌から別名黒岳《くろだけ》とも称される。往復1時間強なので、体力、時間に余裕があれば山頂へ向かおう。山頂付近はミネウスユキソウが見られる滑りやすい蛇紋岩で、岩場もあるので油断しないように。かつてザクロ石や水晶を産出していた**水晶岳**も鉱山開発時代から時が経ち、静かに佇んでいる。

**水晶小屋**をあとに、砂礫の滑りやすい斜面を下る。舟窪地形（二重山稜などにはさまれた窪地）で池塘があるワリモ乗越を通過して小ピーク右側を進み、草付きの斜面を下ると**ワリモ北分岐**に出る。悪天時はこの下の岩苔《いわこけ》乗越分岐を経由し、黒部《くろべ》源流域から三俣山荘へ抜けてもよい。

分岐を鷲羽岳方面に進み、ワリモ岳の西

槍ヶ岳から望む西鎌尾根や裏銀座の山々

側直下を通過する。ワリモ岳付近はちょっとした岩場で、ロープなどを頼りに通過していく。鷲羽岳との鞍部に下り立ち、ふたたび鷲羽岳への登り返しとなる。稜線西側についた急な石屑の斜面をジグザグに登っていくと、やがて**鷲羽岳**山頂に到着する。南側直下には鷲羽岳が火山だったことを示す火口湖の鷲羽池が見下ろせ、荒々しい硫《い》黄《おう》尾根の奥には槍ヶ岳がそびえている。北アルプスの最深部の頂からは、北アルプス南部から北部の山々にいたる360度のすばらしいパノラマが展開する。

展望を満喫したら、石屑の滑りやすい道をスリップに気をつけ下っていく。傾斜がゆるくなり、背の高いハイマツのなかから抜け出ると**三俣山荘**にたどり着く。

## 3日目
## 三俣山荘から双六岳、西鎌尾根をたどり槍ヶ岳へ

三俣山荘からハイマツのなかに入り、キャンプ場を通り三俣蓮華岳に向かう。黒部《くろべ》五郎岳《ごろうだけ》へ向かう巻き道を分け、水場のある小沢沿いに登っていく。石がゴロゴロした登山道をゆるやかに進み、一段上がった三俣峠からは、三俣蓮華岳を越えていく稜線コースと、お花畑の美しいカールをたどる巻道コースに分かれている。ここでは展望を楽しみながら稜線コースを行くとしよう。

カールバント（圏谷壁）の急な斜面を登って三俣蓮華岳山頂に出る。**三俣蓮華岳**は長野、岐阜、富山の3県境となっており、北アルプス最奥の山のひとつ。広く平らな山頂の一角から黒部五郎岳への道が延びている。山頂からは、鷲羽岳のまさに鷲が羽を広げたような雄大な山容や、黒部五郎岳の美しいカールが間近に見える。

ハイマツの茂る稜線上をゆるやかに下り、鞍部から登り返して丸山《まるやま》を越えていく。足もとに晩夏を思わせるトウヤクリンドウが咲くなだらかな道を下り、双六岳を巻く中《なか》道《みち》との分岐に下り立つ。そこから稜線上を

東沢乗越手前のお花畑と裏銀座の稜線

三ツ岳付近からの野口五郎岳（左は槍ヶ岳）

水晶小屋から水晶岳への道

さらに進み、双六岳に向かう。

ゆるやかな登りでカール地形のお花畑のなかを進む。雪どけまもない斜面に咲くハクサンイチゲやチングルマの群生がみごとだ。石のあいだを縫って登りきると**双六岳**山頂に着く。大石が点在する頂からは、ゆったりした道の奥に槍ヶ岳が手招きするかのようにそびえ、右の双六南峰の奥に笠ヶ岳の姿も見える。槍ヶ岳まではまだまだ遠いので、あまりゆっくりせず先を急ごう。

槍ヶ岳に向かい、なだらかな石礫の道を行く。カールバントの急な道をお花畑に下ると、先ほど分かれた中道と合流する。その先でさらに巻道コースと合わさり、ハイマツ内の急坂を下っていくと**双六小屋**に着く。ここから槍ヶ岳まで途中に山小屋はなく、森林限界を超えた稜線歩きなので天候の急変には充分注意し、状況によってはここで1泊しよう。またこの先水場もないので、補給も忘れずにしたい。

双六小屋から樅沢岳《もみさわだけ》西峰へは石屑の急な登りを行く。樅沢岳山頂はこれから向かう西鎌尾根と槍・穂高《ほたか》連峰のパノラマが広がる展望地だ。ハイマツの尾根をいったん下り、樅沢岳東峰は山頂直下の南側を回りこんでいく。周辺にはミネウスユキソウが群

三俣山荘からの鷲羽岳。均整のとれた姿が印象的

左俣岳直下の左俣乗越。槍ヶ岳がよく見える

槍ヶ岳からの裏銀座の稜線。手前は硫黄尾根

生し、イブキジャコウソウなどを足もとに見ながらザラザラした滑りやすい斜面を大きく下り、鞍部の縦沢乗越に出る。

尾根の東側を進むようになると小さなアップダウンを繰り返し、お花畑のきれいな**硫黄乗越**に着く。源頭部から硫黄沢に向かって斜面に広がるコバイケイソウの群落がみごとで、奥に見える硫黄尾根の赤褐色の荒々しい岩肌と対照的だ。

ここから西鎌尾根に入り、ハイマツにおおわれた稜線右側のゆるやかな道を進む。細かいアップダウンで二重山稜の左側の尾根を歩き、舟窪地形のお花畑のなかを行く。硫黄尾根に近づくと稜線右側に入り、硫黄ノ頭を越え小鞍部に出る。

左俣岳《ひだりまただけ》への登りは30mほどの古いクサリがかかるが、使わずに歩けるだろう。左俣岳は山頂を踏まず、山頂直下の蒲田《がまた》川側を巻いていく。タカネナデシコやミネウスユキソウが咲く蛇紋岩の石礫で滑りやすい道を下り、鞍部の左俣乗越に出る。背丈の低いハイマツの稜線歩きから千丈《せんじょう》沢側に入ると、気持ちのいい縦走路となる。ふたたび蒲田川側に入ると足場のわるいやせ尾根となり、いよいよ西鎌尾根の核心部に入る。

約14mのクサリがかかるザクザクした道を登り、クサリが足もとに延びるやせ地を進むが、ここのクサリも使わずに歩ける。

千丈沢乗越。この先は槍の肩まで急登が続く

西鎌尾根核心部のクサリ場

続いて30m以上の長いクサリ場が現れ、足場がわるく狭い溝を登っていく。一枚岩の上に細かい石が乗り、スリップしやすい。石礫の道を登りきると7〜8人は休憩可能な砂礫の小広い場所に出るが、この先まだ悪場が続くだけに気が抜けない。

次の岩峰は右側から巻くが、長いクサリがかかる石屑の道で、ここを登りきると、ようやく足場のわるい核心部をすぎる。道は稜線左側の千丈沢側に入り、槍ヶ岳が大きく現れると**千丈沢乗越**に出る。ここは中《なか》崎《さき》尾根からの道との分岐点で、エスケープルートとして飛騨《ひだ》沢に下ることもできる。

千丈沢乗越をすぎると、いよいよ槍ヶ岳の肩《かた》まで標高差360mの急登がはじまる。稜線通しに急な斜面を登っていく。振り返ると歩いてきた西鎌尾根が足もとに低く見え、登ってきた高度を実感できる。道は稜線から離れ、右手のガレ場の斜面に入る。槍ヶ岳山荘までの距離が書かれた数字に励まされながら、ジグザグに登っていく。大岩の矢印にしたがい左手に回りこみ、尾根に出ると小槍《こやり》が正面に現れる。最後は石屑の道をたどって槍の肩へ。**槍ヶ岳山荘**に荷を預け、**槍ヶ岳**の穂先を往復してこよう（P64コース7参照）。

## 4日目 槍ヶ岳から上高地に下山

槍ヶ岳の肩からご来光を拝んだら槍沢を下り、**横尾**《よこお》を経由して**上高地**《かみこうち》**バスターミナル**へ（P64コース7参照）。

### プランニング&アドバイス

槍ヶ岳をめざすのがこのコースの醍醐味なので、一気に歩きたいところだ。天候や時間などの問題で、途中から離脱せざるを得ない場合は、真砂岳から湯俣に下る竹村新道（P110参照）が利用できる。また双六小屋まで行けば、新穂高温泉へ1日で下ることができる（P136参照）。水晶岳から赤牛岳を越えていく読売新道は長大なコースで、別にプランニングしたい。1日10時間近いコースタイムが続く、体力勝負のルートである。余裕をもつにはさらに1泊するとよく、予備日も設けたい。シーズンは梅雨明けから各山小屋が閉じる9月下旬まで。ベストシーズンは天候の安定する梅雨明け直後である。

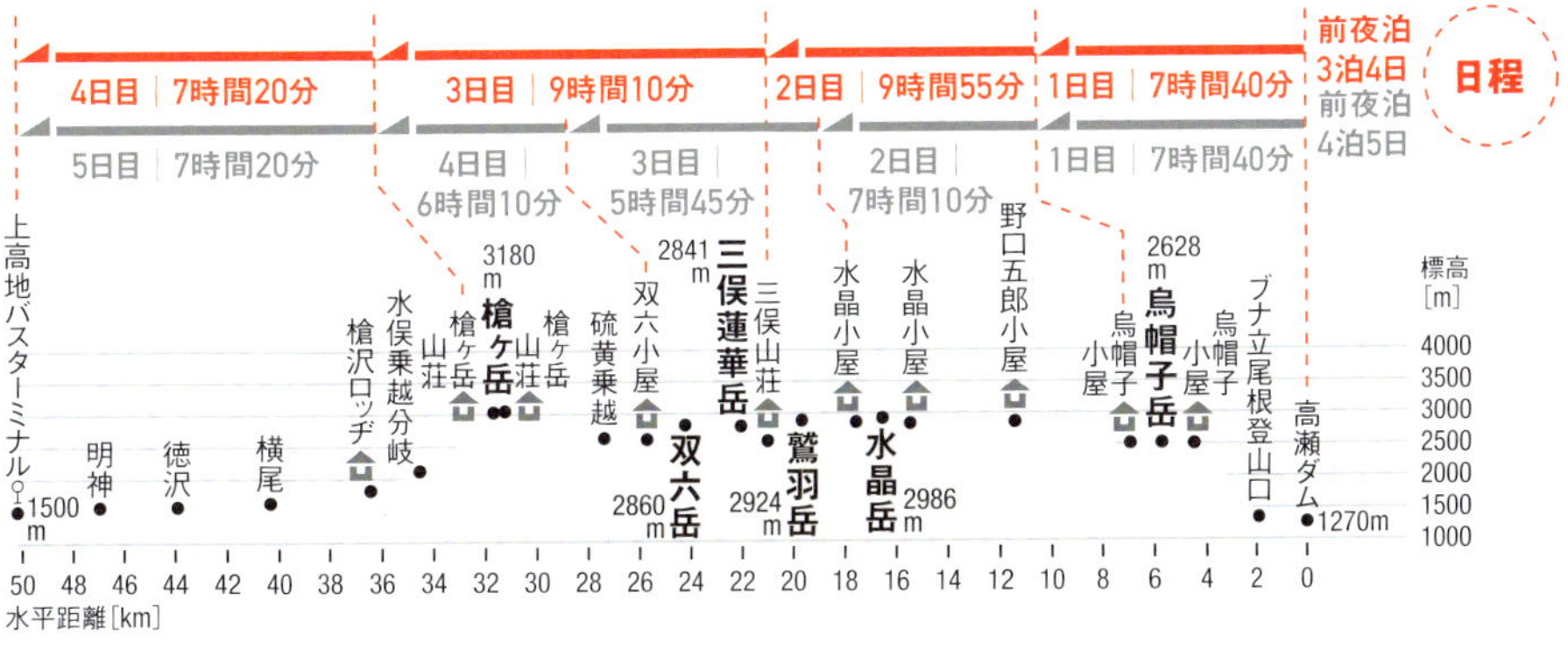

サブコース

# 竹村新道

高瀬ダム↓湯俣温泉↓湯俣岳↓南真砂岳↓竹村新道分岐↓野口五郎岳小屋　計11時間10分

Map 11-2A 高瀬ダム
Map 10-4D 野口五郎小屋

コースグレード　中級
技術度　★★★☆☆　3
体力度　★★★★☆　4

湯俣《ゆまた》温泉から裏銀座《うらぎんざ》の主稜線へ登る竹村《たけむら》新道は、急登が連続する体力勝負の道。しかし北アルプス南部エリアとは思えないほど静かな山歩きが楽しめる、オアシスのような存在でもある。竹村新道は戦前に晴嵐《せいらん》荘の竹村氏がひらいたもの。かつて湯俣からは鷲羽岳《わしばだけ》へ通じる伊藤《いとう》新道があったが、現在は廃道となっている。また数々のドラマを生んだ槍ヶ岳《やりがたけ》・北鎌《きたかま》尾根に尾根末端から登る正統派ルートの拠点となるのがこの湯俣である。河原を掘って温泉が楽しめる。

**1日目** **高瀬《たかせ》ダム**でタクシーを降り、湯俣まで約9kmの道のりを歩きはじめる。すぐに高瀬隧道に入るが、この先3つのトンネルを通過する。埋没木のあるダム湖を右手に見ながら平坦な林道をたどり、登山口の案内板がある林道終点へ。ここで湯俣までの約半分の行程で、ここから本格的な山道に入る。桟道を通り抜け、足もとにオシダが広がる樹林のなかを進むとベンチもある名無《ななし》避難小屋に出る。名無沢を渡り、さらに進むと高瀬川の畔を歩くようになる。対岸に宿泊地の晴嵐荘が見え、やがて吊橋と丸太橋で高瀬川を渡って**晴嵐荘**に到着する（２０１９年3月現在、吊橋崩壊と河川の流路の変化のため徒渉となる。営業など詳細は晴嵐荘へ要確認）。時間があれば上流の噴湯丘にも立ち寄りたい。明日に備えのんびり温泉に浸かろう。

**2日目** 晴嵐荘前から指導標にしたがって進み、湯俣岳《ゆまただけ》へ登る尾根に取り付く。足場

分岐から南真砂岳への道。背景は真砂岳

湯俣温泉への登山口となる林道終点

のわるい箇所にはロープも張られているが、登りはじめから急登につぐ急登で、足もとに見える河原には噴湯丘が見え隠れする。左手の谷の奥に北鎌尾根と小槍《こやり》をしたがえた槍ヶ岳が望め、小広い休憩ポイントである**槍見石展望台**に出る。さらにコメツガ林のなか、ペースを守りながらつづら折りに登りつめると湯俣岳への分岐に出て、15mほど進むと**湯俣岳**にたどり着く。山頂には三角点があるものの、樹林におおわれ展望は槍ヶ岳を除いて期待できない。

湯俣岳をあとに池塘の脇を通ると、疎林のあいだからめざす南真砂岳《みなみまさごだけ》や野口五郎岳《のぐちごろうだけ》の稜線が見えてくる。鞍部まで100mほど大きく下り、三角錐形の南真砂岳へ登り返す。左手の谷は深く切れ落ち、足場に気をつけながら進む。2409m標高点付近で森林限界を超えると、赤茶けた岩肌の硫《い》黄《おう》尾根の奥に槍ヶ岳が高くそびえ、北東に燕岳《つばくろだけ》など常念《じょうねん》山脈の峰々も眺められる。

ハイマツにおおわれたたおやかな尾根道になり、やがて南真砂岳北側分岐に出て、ここから山頂を往復する。**南真砂岳**からはめざす真砂岳や野口五郎岳が手招きするかのようで、急登の疲れを癒してくれる。分岐から進路を北西に変え、真砂岳との鞍部に向かって下る。登山道脇にはミネウスユキソウやイブキジャコウソウの可憐な花々が咲き、行く手には南西側が崩壊斜面になった尾根が続いている。尾根の右手へ進み、お花畑の斜面に入って階段状になった石屑の道を進む。やがて広い砂礫の尾根歩きになり、真砂岳南西面の斜面を横切るようになれば、じきに裏銀座コースの**竹村新道分岐**に出る。右に1時間ほど縦走路をたどると今日の宿泊地、**野口五郎小屋**だ。

槍ヶ岳を背にする南真砂岳山頂

**プランニング&アドバイス**

竹村新道には途中に水場がなく、湯俣で充分補給して急登に臨もう。その人の体重にもよるが8時間以上の行動では2ℓは摂取したい。下山で本コースを利用の際は、増水等で晴嵐荘の下が通行困難なこともあり、晴嵐荘に確認して行動しよう。また登山者の少ないコースだけに熊の目撃情報もあり、熊鈴の携帯ならびに単独行は避けるのが無難だ。

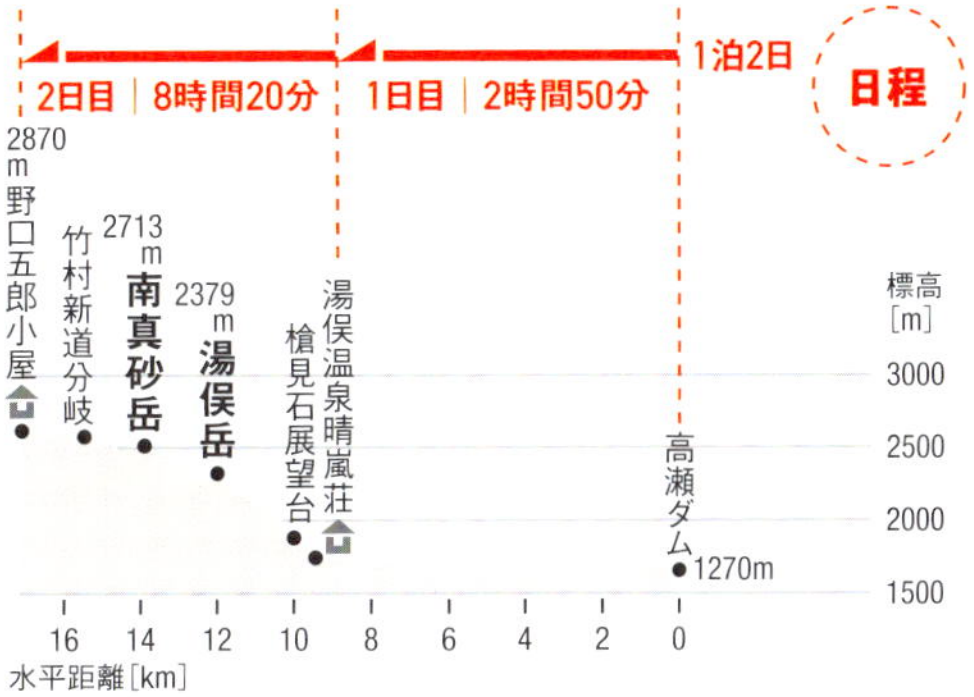

最低鞍部から見上げる常念岳。
山頂へは標高差約400mの登
りが待ち受ける

# 常念山脈

槍・穂高の
大展望が魅力の
北アルプス
ビギナー向けエリア

2泊3日

# 蝶ヶ岳 常念岳

## 槍・穂高連峰のパノラマ広がる常念山脈縦走

蝶ヶ岳稜線と常念岳（右）。北アルプス縦走初級者向けの道だ

| コースグレード | 中級 |
| --- | --- |
| 技術度 | ★★★☆☆ 3 |
| 体力度 | ★★★☆☆ 3 |

| | | |
| --- | --- | --- |
| 1日目 | 三股・林道ゲート→ まめうち平→蝶ヶ岳 | 計5時間5分 |
| 2日目 | 蝶ヶ岳→ 蝶ヶ岳三角点→ 常念岳→ 常念小屋 | 計5時間50分 |
| 3日目 | 常念小屋→ 王滝ベンチ→ 一ノ沢登山口 | 計3時間20分 |

安《あ》曇野《ずみの》から西に連なる北アルプスは常《じょう》念《ねん》山脈とよばれ、槍《やり》・穂高《ほたか》連峰の主稜より麓に近く、手前にあるため前山ともいわれている。なかでもピラミッド型のきれいな姿の山が常念岳《じょうねんだけ》。その左隣に続くゆったりした山容の山が蝶《ちょう》ヶ《が》岳《たけ》。どちらも春先になると山腹に常念坊《じょうねんぼう》や蝶の雪形が現れ、田植えの時期を告げる。常念岳はかつては常念坊とよばれ、山麓の住民にとって昔からなじみ深い山である。また、深田久弥の日本百名山のひとつに数えられている。

常念岳や蝶ヶ岳をはじめとする常念山脈の魅力は、何といっても槍・穂高連峰の大展望。槍・穂高の東側に平行して稜線が延びているので、縦走中は少しずつ角度を変えた眺望を満喫できる。季節風の影響で稜線東側斜面は降雪も多く、そのためお花畑にも恵まれている。夏山の醍醐味である、花と展望の山歩きが楽しみなコースだ。またクサリやハシゴなどの困難な岩場もほとんどなく、はじめて北アルプスを縦走するビギナーにおすすめのルートとなっている。

穂高連峰を眼前にする蝶ヶ岳の山頂

ベンチのあるまめうち平で
ひと休みしていこう

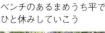

## 1日目 三股から蝶ヶ岳ヒュッテへ

**三股**《みつまた》**・林道ゲート**までタクシーで入り、未舗装の林道を15分ほど歩き林道終点の**三股登山口**へ。登山相談所があり、シーズン中は長野県山岳遭難対策協会の隊員がつめている。登山道に入ると右に前常念岳《まえじょうねんだけ》へのルートを分け、本《ほん》沢にかかる吊橋を渡る。

カツラやサワグルミの混成する林を、はじめはゆるやかに登る。徐々に急な登りとなるが、いったん斜度が落ち着き、湧き水が流れる力《ちから》水に出る。この先長い登りが待ち構えており、水筒を満たしていこう。斜面を右斜め方向に登っていき、左に折れ、尾根状の急な道をジグザグに登っていく。「ゴジラみたいな木」と案内板が掲げられた切り株をすぎ、やがて顕著な尾根に出たら、南に向きを変え尾根上を登っていく。斜度がゆるむと、休憩ポイントの**まめうち平**《だいら》に出る。ベンチも設置され、今日のコース上で唯一の平坦地だ。

しばらくコメツガが茂る、ゆるやかな道が続く。標高が２０００ｍを超えると、ふたたび急登になる。やがて斜面を右上するように進み、左手から流れ落ちる蝶《ちょう》沢に出る。冷たい沢水でのどを潤していこう。

木製の階段が連続する急な道を登ると、２５００ｍの最終ベンチに出る。やがて森林限界を超え、斜度もゆるみ稜線直下の大《おお》滝山《たきやま》分岐に出る。ここから大滝山を経て徳《とく》本《ごう》峠へ通じる道が延びる（Ｐ１２２参照）。周辺にはウサギギクやシナノキンバイなどが咲き、見ごたえのあるお花畑が広がる。

分岐を右に入り、お花畑を回って石屑の道を進むとテント場に出る。さらに西側の稜線から回りこむと、広い**蝶ヶ岳**山頂に着く。ここは別名長塀《ながかべ》ノ頭ともよばれ、徳沢に通じる長塀尾根（Ｐ１２０参照）が派生している。山頂からは槍・穂高連峰が連なる一大パノラマが広がり、心ゆくまで展望を満喫しよう。テント場の奥には今日の宿泊地、蝶ヶ岳ヒュッテが見えている。

小高い蝶槍のピークを越えていく。左は常念岳

蝶槍をバックにお花畑を進む

2日目

## 蝶ヶ岳ヒュッテから常念岳を越え常念小屋へ

蝶ヶ岳は南北に長いなだらかな稜線のため、日の出や展望はどこからでも望める。とくに瞑想《めいそう》の丘とよばれる蝶ヶ岳ヒュッテ北西側、方位盤のある周辺が好展望台だ。槍・穂高連峰のモルゲンロートは、絶景としていつまでも心に残り続けるだろう。

ヒュッテから常念岳をめざし出発する。左手に槍・穂高を望みながら、二重山稜の蝶ヶ岳稜線を北上する。道は梓《あずさ》川側（西側）の稜線につけられ、下りベースで小さなアップダウンを繰り返す。砂礫のなかにオヤマソバやイワツメグサが見られ、横尾《よこお》へ下る道（Ｐ１２０参照）を分ける**横尾分岐**に出る。縦走路から安曇野側にわずかに離れた石積みの台地には、**蝶ヶ岳三角点**がある。

その先のハイマツにおおわれた小高いピークが蝶槍《ちょうやり》。山頂は通らず西側を巻いていく。この先森林限界を割りこむ大きな下りとなるので、槍・穂高の展望を楽しんでおこう。急な下りで、コメツガの樹林帯へ入り、森林が途切れると２４６２ｍの開けた鞍部に出る。草原状にイブキトラノオやニッコウキスゲのお花畑が展開する。

小さな登り返し後にふたたび樹林のなかに入り、登山道脇に小さな池のある湿地を通っていく。開けた場所に出るとオタカラコウやハクサンフウロのお花畑で、奥にはこれから向かう常念岳も見えている。小ピークを左に巻き、コメツガ林を抜け出て、常念岳を望む

常念岳山頂からの槍・穂高の大パノラマ

2512mのピークに立つ。

ふたたび下りきった最低鞍部からは、いよいよ常念岳への標高差約400mの登りがはじまる。今日のコース中で最大のきつい登りだ。岩塊が積み重なり、石が組まれた道をペンキ印にしたがい進む。険しい岩場ではないが浮石が多く、足もとが不安定なので歩幅を小さくしていこう。しだいに常念岳が大きく見えるようになり、ジグザグに刻んで急坂を登っていく。

二重山稜が特徴の蝶ヶ岳

急斜面を登りきると、祠と方位盤がある**常念岳**山頂に着く。梓川をはさんで対峙する槍・穂高連峰の迫力ある姿を中心に360度の大パノラマが展開し、最後の登りの苦労も吹き飛んでしまうだろう。

大岩の重なる山頂をあとに、北に向かって進む。急斜面を下り、傾斜がゆるむと右に前常念岳への道を分ける常念岳の肩に出る。この先から大岩が積み重なったガレ場の大斜面を、ジグザグに下る。斜度がゆるみ、石屑の登山道を進むと**常念小屋**に着く。

小屋の周辺は常念乗越《じょうねんのっこし》とよばれる、常念岳と横通岳《よことおしだけ》との広い鞍部となっている。テント場があり、北アルプス南限のコマクサやミヤマコゴメグサの可憐な花々が咲く。また山岳写真家・田淵行男の研究でも知ら

水量豊富な笠原沢の丸太橋。増水時注意

常念岳直下はガレ場となっている

れる、高山蝶のタカネヒカゲの生息地でもある。ロープで保護されている箇所には立ち入らないこと。

## 3日目 常念小屋から一ノ沢登山口へ

常念小屋から一《いち》ノ沢へ下山する。小屋でタクシーの予約をしてから下ろう。

常念乗越から下るとすぐ森林限界を割りこみ、コメツガ林の急な下りをジグザグにいく。最後の水場に出るまでに途中3カ所ベンチがあり、登りの休憩ポイントになる。

最後の水場の脇の沢を丸太橋で対岸に渡り、一ノ沢左岸沿いの道に入る。ここからは斜度も落ち着き、丸太で整備された道を進む。いったん河原に降り、ゆるやかに下っていく。さらに桟道を通り、福助落《ふくすけお》としとよばれる切れ立った岩の脇を通過する。ダケカンバなどが茂る林に入り、登りで利用の際には難所とされる胸突八丁《むなつきはっちょう》の高巻きになる。ここでは河原に降り立つまでジグザグの下りだが、谷側が思いのほか切れ落ち、足を踏みはずさないよう要注意だ。しばらく河原沿いの道を進み、一ノ沢の丸太橋を右岸に渡る。灌木帯のなかを抜けて沢筋に出たら、再度一ノ沢を渡り返す。

笠原《かさはら》沢を丸太橋で渡ると、秋は紅葉もきれいな一ノ沢左岸沿いの道となる。**王滝《おうたき》（大滝《おおたき》）ベンチ**をすぎれば斜度も落ち着き、やがてトチノキの大木の根元に祠が祀られた山ノ神に出る。さらに下ると一ノ沢登山口相談所がある**一ノ沢登山口**に到着する。

### プランニング&アドバイス

初日の蝶ヶ岳ヒュッテまで登るためには三股を遅くとも午前10時には出発したい。そのためには夜行利用か松本や穂高周辺に前夜泊すると、時間的に充分余裕ができる。健脚者ならば2日目に一ノ沢に下山することも可能だが、2日目はかなりハードとなる。常念山脈をさらに北上し、燕岳に抜けるコースも組める（P128参照）。その場合2日目に大天荘まで行けば、3日目には中房・燕岳登山口に下山できる。このコースは森林限界を超えるため、悪天時は風雨の影響を直接受ける。夏山といえども油断すれば低体温症の危険もあるので、装備は万全に。

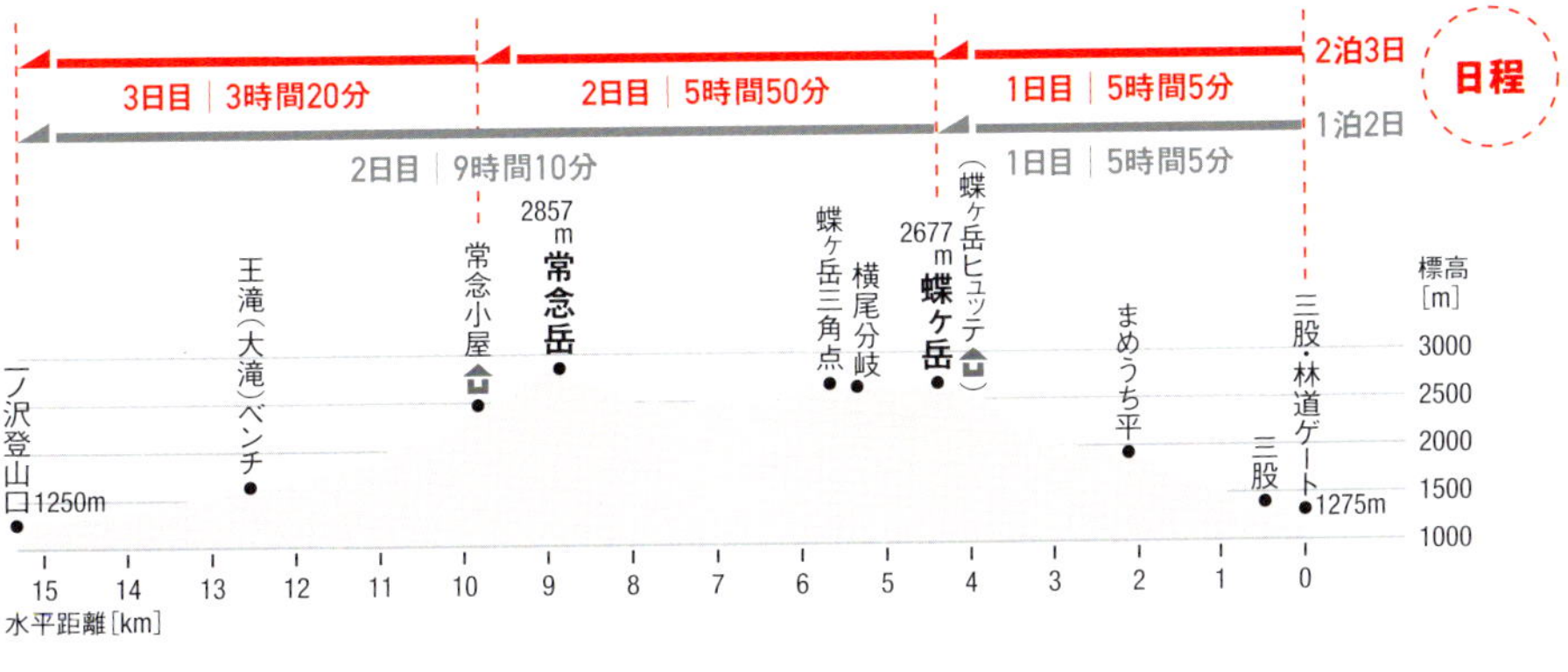

サブコース

# 長塀尾根から蝶ヶ岳へ

**上高地↓徳沢↓長塀山↓蝶ヶ岳↓横尾分岐↓横尾↓徳沢↓上高地　計12時間35分**

上高地《かみこうち》側から蝶ヶ岳《ちょうがたけ》に登るルートは徳沢《とくさわ》からと、横尾《よこお》からの道がある。ここでは徳沢から登って横尾へ下る周遊ルートを紹介しよう。上高地側から蝶ヶ岳に登るメリットは、交通機関のアクセスのよいこと。また山行で予備日が残り、もう1山といった利用もおすすめだ。

**1日目** **上高地バスターミナル**から**徳沢**へ（P12コース1参照）。徳澤園の脇から樹林帯の急な登りとなる。コメツガなどの針葉樹帯をジグザグに登っていく。土抜けした大きな段差は、木製ハシゴで越える。下草にササが茂る急な登りが続き、一気に標高をかせいでいく。時おり踏み跡が乱れるが、なるべくしっかりした道をたどっていこう。急に斜度がゆるむと、ちょうどいい休憩ポイントの**2000mの平**に出る。

ふたたび急な登りになるが、緩急をつけながら斜面を登っていく。下草に生えていたササも標高2000mを超えるとなくなり、コメツガの幼木が樹床に見られるようになる。やがて道は右に回りこむように斜面を横切って進む。さらに登りが続くが右に見える池を通過し、傾斜がゆるめばやがて**長塀山《ながかべやま》**山頂に到着する。小広い山頂には三角点があり、木々越しに穂高《ほたか》の姿も見える。

山頂を越えると樹林帯の急坂となり、右下に見える池をめざし下っていく。左に舟窪地形の窪地を見ながら、尾根道を細かいアップダウンを繰り返し進む。やがてハクサンフウロ、アキノキリンソウなどのお花

Map 1-1D 上高地バスターミナル

Map 1-1D 上高地バスターミナル

| コースグレード | 中級 |
| --- | --- |
| 技術度 ★★☆☆☆ | 2 |
| 体力度 ★★★☆☆ | 3 |

好展望の蝶ヶ岳・瞑想の丘

神秘的な佇まいの妖精ノ池

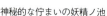

畑が広がる**妖精《ようせい》ノ池**に出る。森に囲まれた、静寂な雰囲気の場所だ。

この先、道の脇にはお花畑が展開し、気持ちのいい山歩きが楽しめる。森林限界を超えると、稜線の奥には三角錐の常念岳《じょうねんだけ》が現れ、左手には槍《やり》・穂高も見えてくる。

小ピークを梓《あずさ》川側に巻いて、右手の高台へ向かえば、指導標の立つ**蝶ヶ岳**山頂に到着する。蝶ヶ岳最高点であるこの場所は、長塀ノ頭ともよばれている。なだらかな山頂からは目の前に広がる槍・穂高連峰の展望は感動的で、左手には乗鞍岳《のりくらだけ》や御嶽山《おんたけさん》、南アルプスや富士山《ふじさん》も遠望できる。なだらかな起伏の蝶ヶ岳は、山稜上にいくつも小ピークがあり、かつては北に30分ほどの三角点のある場所を山頂としていた。

山頂での眺望を存分に楽しんだら、足もとに見える蝶ヶ岳ヒュッテに向かおう。

**2日目** 日の出と展望を楽しんだら出発しよう。左手に槍・穂高連峰の大パノラマを望みながら、気持ちのいい蝶ヶ岳稜線を進む。顕著な二重山稜が蝶ヶ岳の特徴で、梓川側の稜線に道がついており、石屑を踏みしめていく。やがて**横尾分岐**に出ると稜線を離れるが、せっかくなので、先にある**蝶ヶ岳三角点**や蝶槍《ちょうやり》まで足を延ばしておこう。

横尾分岐から稜線を下っていくと、すぐに森林限界を割りこみ、コメツガの樹林帯に入っていく。急坂をジグザグに下っていくが、木の根っこにつまずかないように注意しよう。樹林の奥に槍ヶ岳《やりがたけ》が現れる**槍見台**《やりみだい》の展望地をすぎ、斜度がゆるめばやがて槍《やり》沢の登山道と合流して、**横尾**に着く。この先は梓川沿いに**上高地バスターミナル**へ戻る（P12コース1参照）。

なんちゃって槍見台（槍見台上段）より

**プランニング&アドバイス**

上高地拠点で蝶ヶ岳をめぐるにはこのコースか逆回りのルートとなる。別に蝶ヶ岳から先、大滝山経由（P122参照）で徳本峠まで縦走、宿泊して上高地に下ることもできる。一方、常念岳を越えて常念山脈縦走コースを組むこともでき（P114コース12参照）、その際は常念小屋でもう1泊して一ノ沢を下山する。

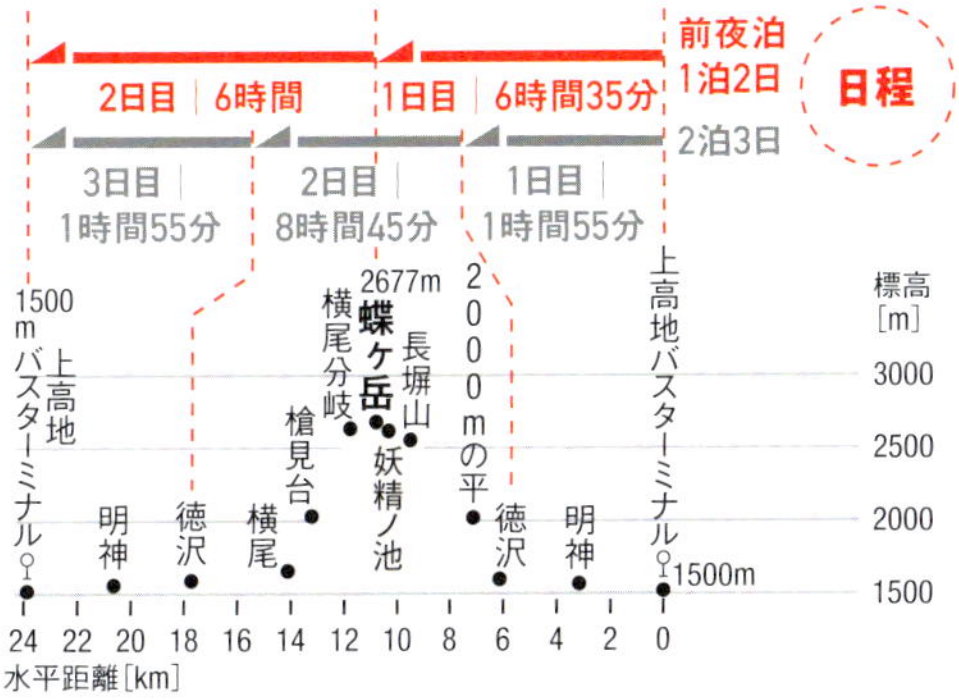

サブコース

# 大滝山

**徳本峠↓明神見晴↓大滝山↓蝶ヶ岳**

6時間45分

徳本峠《とくごう》から蝶ヶ岳《ちょうがたけ》へ通じるこのコースは、中村《なかむら》新道とよばれ、蝶ヶ岳ヒュッテを創建した初代主人の中村義親氏がひらいた道だ。人気の北アルプス南部にあっては登山者が少なく、それだけにゆっくり山歩きを楽しめる。前半部は山稜づたいであるがうっそうとした樹林帯の道で、後半は一転して槍《やり》・穂高《ほたか》連峰の展望が開け、池塘やお花畑が点在し、稜線漫歩の山歩きとなる。

穂高連峰の展望地、**徳本峠**から徳本峠小屋の前を通り、北側に延びる山稜を行く。シラビソやコメツガの針葉樹林帯の深い森で、ゆるやかな登りベースの道だ。広い樹林帯の尾根道をアップダウンしていくと、三角点のある２２４７ｍのピークに出る。いったん下り、細かく登り下りを繰り返しながら進むと**明神《みょうじん》見《み》晴《はらし》**とよばれる開けた展望地に出る。ここからは穂高連峰の一角、明神岳《みょうじんだけ》が樹林越しに一望できる。

ふたたび樹林帯のなかを下り登りして、徐々に高度を上げていく。やがて忽然と櫓《やぐら》が組まれた２３６５ｍの**大滝槍《おおたきやり》見《み》台《だい》**に出る。ここは樹林帯のなかにあっても槍・穂高連峰を望むことのできる絶好のロケーションとなる。ただし丸太で組まれた櫓の昇り降りは充分注意しよう。

広い尾根上のゆるやかな道から急な斜面を下るようになり、２２３３ｍの鞍部に出る。ふたたび登り返しとなり、コメツガ林のうっそうとした道を登っていく。さらに道は緩急をつけながら登りベースで、高度を上げていく。２４９１ｍ峰の北側斜面を

Map 2-2A 徳本峠

Map 4-3B 蝶ヶ岳

| コースグレード | 中級 |
|---|---|
| 技術度 ★★☆☆☆ | 2 |
| 体力度 ★★★☆☆ | 3 |

徳本峠からの樹林帯

ハイマツに囲まれた大滝山南峰

回りこみ、大滝山《おおたきやま》南峰への約160mの急な登りに取り付く。森林限界を超えてハイマツ帯に入ると展望が広がりだし、標高2615mの**大滝山南峰**に達する。山頂からは槍・穂高連峰や常念岳《じょうねんだけ》、蝶ヶ岳と北アルプス南部周辺の峰々のパノラマが望める。

ふたたび樹林帯に割りこみ、夏にはお花畑が広がる登山道を進み、池塘が佇む横を通って大滝山荘に出る。大滝山荘からひと登りで再度ハイマツ帯に出て、標高2616mの大滝山北峰に到着。開けた山頂から長塀《ながかべ》尾根越しに槍・穂高連峰が見え、東にはこんもりした鍋冠山《なべかんむりやま》への尾根が望める。

大滝山北峰から少し下ると小さな指導標のある**鍋冠山・小倉《おぐら》分岐**に出る。右手の道は、鍋冠山を経て三郷《みさと》小倉への登山道である。北に延びる主稜線を進み、ダケカンバが点在する開けたお花畑で稜線漫歩を楽しむ。この尾根道には池塘が点在し、草原を蝶ヶ岳に向かって進んでいく。

2542mの小ピークを西側に巻き、鞍部に下ると蝶ヶ岳への最後の登り返しとなる。鞍部から標高差約200mの登りとなり、ゆっくりペースをつかみながらいこう。

ナナカマドやダケカンバなどが茂る道を進んでいく。常念岳を正面に見ながらみごとなお花畑の横を通っていくと、やがて三股《みつまた》との分岐に出る。この周辺はお花畑のきれいな場所だ。一段上がって、蝶ヶ岳主稜線にいたり、テント場に出る。

その先稜線上を左へ進むと、指導標のある**蝶ヶ岳**山頂に着く。山頂からはそれまで長塀尾根で見えなかった槍・穂高連峰の全容が望め、長い縦走の疲れを癒してくれる。展望を楽しんだら、宿泊地の蝶ヶ岳ヒュッテに向かおう。

大滝槍見台の櫓からの槍・穂高の眺め

### プランニング&アドバイス

大滝山北峰の北に鍋冠山・小倉分岐があり、ここから三郷スカイラインへ下る道がある。かつて飛騨新道として飛騨中尾と信州三郷を結んでいた道で、かの播隆上人も歩いた歴史の山道だ。コースタイム5時間30分。大滝山荘は例年7月20日から9月20日までの営業。利用の際は蝶ヶ岳ヒュッテへ確認のこと。上高地〜徳本峠はP54コース6参照。

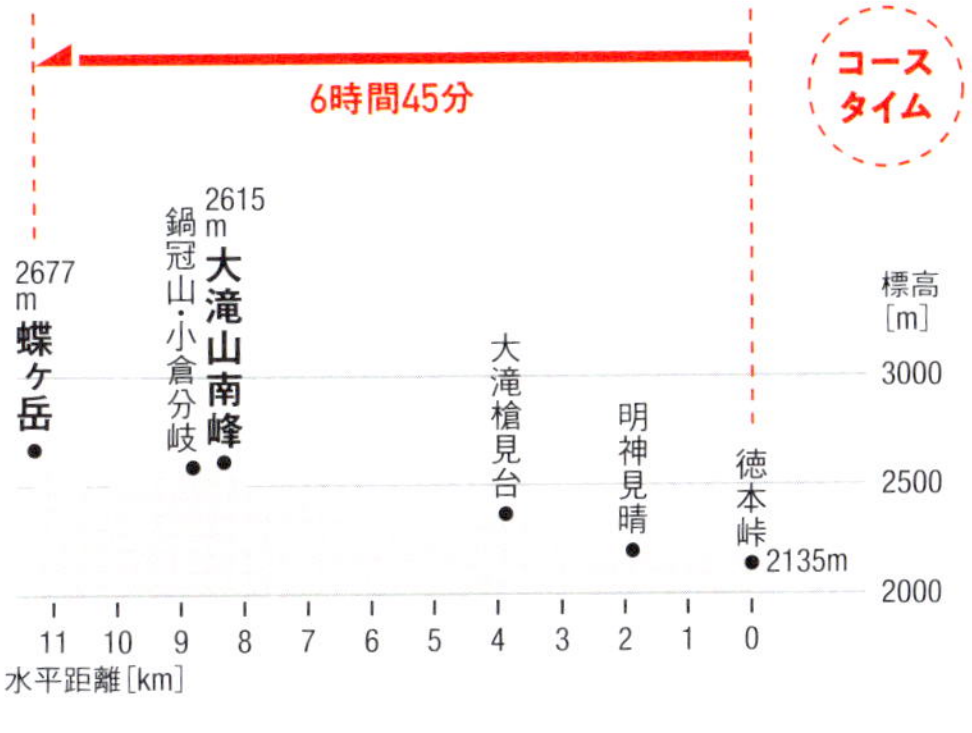

コースグレード｜初級

技術度｜★★☆☆☆ 2

体力度｜★★☆☆☆ 2

花崗岩の岩塔を連ねる燕岳の紅葉

# 燕岳

## コマクサ咲く北アルプスの女王、燕岳へ

前夜泊1泊2日

| | |
|---|---|
| 1日目 | 中房・燕岳登山口→合戦小屋→燕山荘　計4時間5分 |
| 2日目 | 燕山荘→燕岳→燕山荘→合戦小屋→中房・燕岳登山口　計3時間35分 |

常《じょう》念《ねん》山脈北部に位置し、頂稜部は花崗岩でおおわれ、白くたおやかな山容の燕岳《つばくろだけ》。登路の合戦《かっせん》尾根は北アルプス三大急登のひとつといわれるが、よく整備され、北アルプスにはじめて挑戦する初心者にもおすすめのコース。槍ヶ岳《やりがたけ》への表銀座《おもてぎんざ》コースや大天井岳《おてんしょうだけ》から南に常念山脈を縦走するパノラマ銀座コースの起点にもなっている。また山頂からのアルペン的な展望は、北アルプスを代表するほどすばらしく感動的だ。燕岳稜線の砂礫斜面には、高山植物の女王と称されるピンク色の可憐なコマクサが群生し、登山者の目を楽しませてくれる。

登山口の中房《なかぶさ》温泉へは、穂高《ほたか》駅から乗合バスがシーズン中運行され、アプローチがよく、下山後に楽しめる温泉も魅力である。

## 1日目 合戦尾根を登り燕山荘へ

乗合バスを降り、合戦橋のたもとが指導標の立つ**中房・燕岳登山口**である。登山口にはトイレや下山後に利用できる立ち寄り温泉施設「湯原の湯」がある。登山届を提出し、装備を整えて出発する。

登山口からすぐに合戦尾根に取り付き、急坂をつづら折りに登っていく。合戦尾根登山道には30〜40分ほどの間隔で第1ベンチ、第2ベンチと休憩ポイントが設けられており、ビギナーでも歩きやすくできている。燕岳が地元の学校登山に選ばれるのもうなずける。ダケカンバ、ミズナラ、カラマツなどの混成林のなか、急な登りの連続だがペースを守り、じっくり登っていこう。

植林されたカラマツ林に入るといくぶん急登も落ち着き、コンスタントな登りとなる。明瞭な尾根道をわずかに下ると第1ベンチに出る。合戦小屋まで急登が続くので、ここで衣類の調整や水分補給をしていこう。ベンチ裏20m下には花崗岩から湧き出た水場があり、水筒を満たしておこう。

ふたたび急な登りが連続する尾根道を行く。合戦小屋への荷揚げ用ケーブルの下を

急登が連続する合戦尾根下部

合戦沢ノ頭まで来ると急登が終わる

くぐると、**第2ベンチ**に着く。この先から顕著な尾根道となり、今までの急登も一段落し、コメツガ林のなかをゆるやかに登っていく。続く第3ベンチから富士見《ふじみ》ベンチ間が、合戦尾根のなかでももっとも急な区間となる。急な段差はハシゴで越え、ザラザラした花崗岩を踏みしめ、ジグザグに高度をかせいでいく。安曇富士《あずみふじ》、有明《ありあけ》富士などとよばれる有明山《ありあけやま》や遠くに富士山《ふじさん》、南アルプスが見える富士見ベンチに着く。

富士見ベンチから斜度がゆるみ、ダケカンバ、ナナカマドが姿を見せる。道の脇には花崗岩の大岩が現れ、サルオガセが木の枝から垂れ下がっている。「小屋まで7分」と書かれた看板を目すると、売店のある**合戦小屋**に到着。たくさんのベンチが並び、改築された外トイレもあり、食事もできるが宿泊はできない。合戦の名前の由来は、桓武《かんむ》天皇の時代、有明山に住む魏石鬼《ぎしき》八面大王を坂上田村麻呂がこの地で打ち払ったという伝説からだという。

合戦小屋からイタヤカエデやナナカマドの灌木のなかをジグザグにひと登りすると、森林限界を超え、三角点とベンチのある合戦沢《かっせんさわ》ノ頭《のあたま》に着く。尾根の左手には三角錐の形をした大天井岳やその奥に槍ヶ岳が望め、合戦尾根の先に今日宿泊する燕山《えんざん》荘、右に燕岳から北燕岳《きたつばくろだけ》への稜線が姿を見せる。

この先合戦尾根はなだらかになり、燕山荘めざし登っていく。尾根の右側の道を進み、ダケカンバ林が途切れると色とりどりのお花畑に出る。いったん尾根上に上がり、槍ヶ岳を望みながら進む。「お褒めの松」とよばれる盆栽のようなカラマツの横を通り、ふたたび稜線右手の道に入る。クサリがかかるちょっとした岩場を斜上し、燕山荘直下のお花畑を左手に見るようになれば、まもなくテント場の横の階段を登って**燕山荘**に到着する。早く到着したら燕岳山頂を往復するのもい

稜線上にはコマクサが群生する

燕山荘裏よりモルゲンロートの槍ヶ岳

いし、稜線を南下して蛙岩《げえろ》付近まで足を延ばしてもよいだろう（P94コース10参照）。

## 2日目 燕岳に登り、往路を中房温泉へ

日の出は燕山荘のテラスからも見られるが、南東側にあるヘリポートからなら槍ヶ岳のモルゲンロートも望める。身支度を調えたら燕山荘をあとにして山頂に向かおう。燕岳の稜線上には花崗岩の岩塔が点在し、花崗岩の王国ともよばれている。

自然がつくりだした造形美を堪能しながら稜線を進む。ハイマツと白い砂礫、ところどころに見られるコマクサのピンクとのコントラストがすばらしい。コマクサ保護のため設置された柵に沿って、マサ化した砂礫をザクザク歩いていく。2つの穴が空き眼鏡《めがね》岩とよばれる岩塔の先からは、北燕岳への迂回ルートが分岐している。木製の階段を登り、大岩のあいだを抜ければ**燕岳**山頂に着く。三角点のある山頂からは槍・穂高や裏銀座《うらぎんざ》の稜線が続く展望が楽しめる。

時間が許せばさらに先にある北燕岳まで足を延ばしたい。北燕岳手前にある砂礫の斜面は、盛夏のころにはコマクサでピンクに染まるかのよう。北燕岳へは岩場を登るが、燕岳とはまたひと味違った風景が楽しめる。展望を満喫したら**燕山荘**に戻るが、燕岳の山頂は右手を巻いて下っていける。

燕山荘からは昨日登ってきた合戦尾根を下降するが、登山者とのすれ違いも多い。道を譲る際は山側で待つことを徹底し、バックパックは山側に向けよう。**合戦小屋**から急坂になるので、慎重に下りたい。

### プランニング&アドバイス

何度も燕岳を訪れているリピーターも多いが、いつもと違った道をと考えるなら、東沢乗越から中房川沿いに下るルート（P129参照）がある。ただし登山者も少なく、何度も徒渉がありルートファインディングの技術も必要だ。また表銀座コース（P94コース10参照）やパノラマ銀座コース（P128参照）で常念岳や蝶ヶ岳まで縦走するのも楽しい。夏の午後は雷の可能性があるが、稜線上は何もさえぎるものがないので、早めに小屋に着くようにしよう。

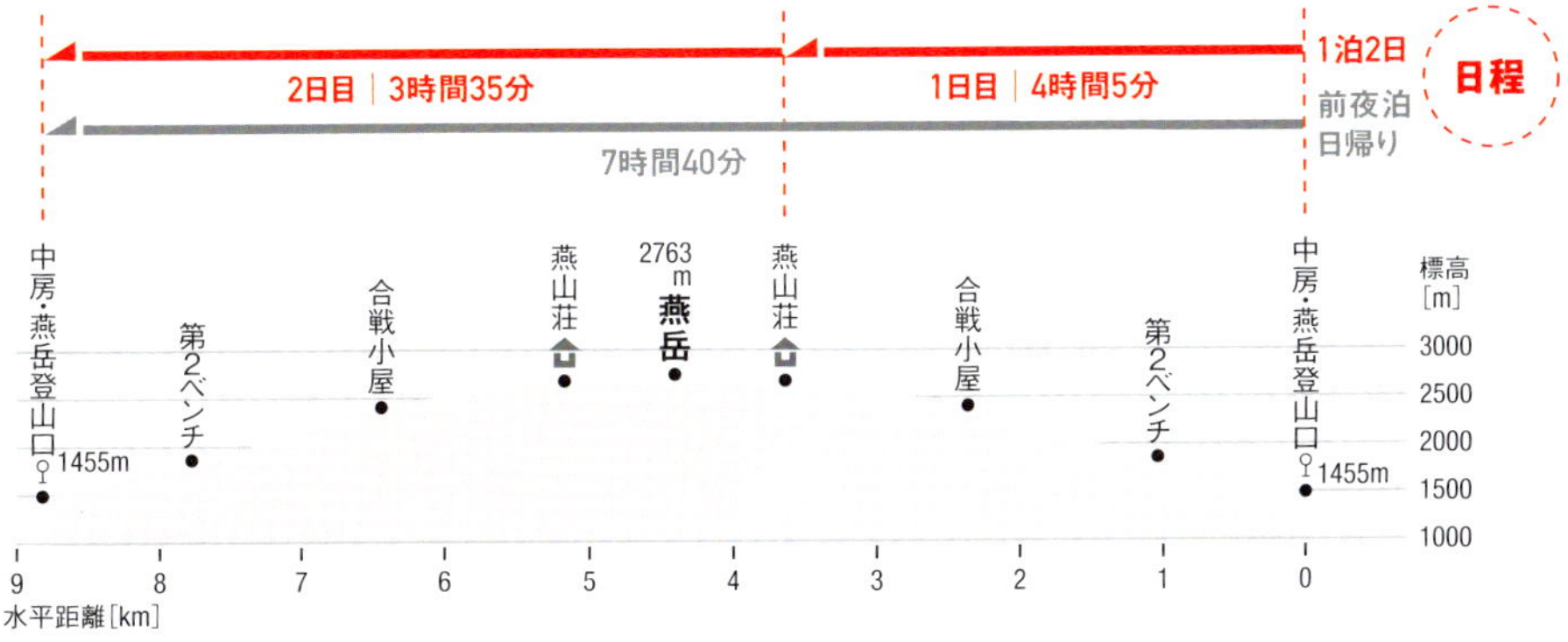

サブコース

# パノラマ銀座

**燕山荘↓大天荘↓横通岳↓常念小屋**

**5時間30分**

　燕山《えんざん》荘から南へ常念岳《じょうねんだけ》や蝶ヶ岳《ちょうがたけ》に向けて常念山脈を縦走するコースは、パノラマ銀《ぎん》座《ざ》とよばれる。槍《やり》・穂高《ほたか》連峰の展望を満喫しながら山歩きが楽しめる雲上トレイルだ。

　**燕山荘**を出発し、**切通岩**《きりどおし》を越えて大天井《おてんしょう》岳《だけ》分岐へ（P94コース[10]参照）。分岐から大天井岳北側斜面を大きく左へ回りこむように登る。ガレ場をジグザグに進むと**大天**《だいてん》**荘**の前に出る。ここから槍・穂高のパノラマが広がる**大天井岳**山頂へは往復15分ほど。

　**大天荘**前のテント場から広い尾根道を南に向かう。左手の小高いピークが中大天井《なかおてんしょう》岳《だけ》で、ピークは西側を巻いていく。ゆるやかに下っていくと、鞍部から登り返しになり、右手に石積みが残る旧二ノ俣《にのまた》小屋跡を通過する。まもなく指導標の立つ**二ノ俣尾根分岐**に出る。中山《なかやま》へ二ノ俣尾根が派生しているが、迷いこまないように。

　左手に見える東大《ひがしお》天井岳《てんしょうだけ》は山腹を巻いていく。この周辺ではもっとも大きいみごとなお花畑で、のんびりしたい場所である。道はやがてハイマツを切りひらいた急坂を大きく下っていく。広い鞍部からゆるやかなアップダウンを繰り返し、正面には横通岳《よこどおしだけ》が大きく見える。足もとのコマクサを見ながら横通岳の山腹を巻いていくと、やがて**横通岳南肩**に出て常念岳を大きく見上げる。

　いったんコメツガ林に入り抜け出れば、常念乗越《じょうねんのっこし》に建つ**常念小屋**に到着する。ここからは**一ノ沢**《いちのさわ》**登山口**に下るか、**常念岳**を越えさらに**蝶ヶ岳**をめざすのもよい（いずれもP114コース[12]参照）。

Map 9-2B　燕山荘

Map 4-1B　常念小屋

| コースグレード | 初級 |
| --- | --- |
| 技術度 | ★★☆☆☆ 2 |
| 体力度 | ★★★☆☆ 3 |

東大天井岳から常念岳へ（正面は横通岳）

**プランニング&アドバイス**

このコースは自転車でも走れるのではと思われるほどアップダウンが少なく、天気がよければ快適な縦走が楽しめる。だが悪天時の稜線上は風もあり、夏山でも低体温症の可能性もあるので、防寒防風対策は必要。雷も同様で、雷鳴が聞こえたら待避行動したい。また秋口にはニホンザルのグループでの活動が見られるが、決して食料などを与えたりしないように。

サブコース

# 燕岳から中房川へ

**燕山荘↓東沢乗越↓中房・燕岳登山口**　5時間35分

燕岳《つばくろだけ》から東沢乗越《ひがしさわのっこし》経由で中房《なかぶさ》川を下るコースは、利用者が少なくコースも長い。またペンキ印も少なく、経験者向きだ。**燕山《えんざん》荘**から**燕岳**を経て北燕岳《きたつばくろだけ》へ（P124コース13参照）。高茎草原のお花畑となっている北燕岳稜線の東側斜面を横切って進む。大岩の脇から稜線に戻り、砂礫の道を進むと東沢乗越への**稜線下り口**に出る。

砂礫の斜面を下り、やがて森林限界を割りこみダケカンバ林に入る。尾根を大きく下ると、針葉樹におおわれた**東沢乗越**だ。餓鬼岳《がきだけ》への道と分かれ（P130参照）、沢の源頭部へと入る。ザレた花崗岩の滑りやすい道で、お花畑の急斜面をジグザグに下っていく。沢音が聞こえたら左の急な尾根道に入り、**西大《にしおお》ホラ沢出合**に下り立つ。

西大ホラ沢を渡り、ペンキ印にしたがって河原を進み、壊れかけの堰堤は左手から下りる。さらに堰堤を2つ越え、石づたいに対岸へ渡る。この先、本流の徒渉を何度も繰り返しながら下っていく。

対岸に沢が流れこむ北燕沢出合に出ると、沢沿いを離れ高巻きになる。尾根道を少し下って、奥馬羅尾《おくばろお》沢を渡るとふたたび登りに転じる。ゆるやかに登り下りすると一本のブナの木がある**ブナ平《だいら》**に出る。

ブナ平からササ斜面を大きく下り、滑りやすい花崗岩の岩場を越える。河原に下り立ち、樹林帯のなかを進むとやがて吊橋で右岸へ渡る。水辺から50mほど上部の水平な道を進んで、中房温泉の敷地に入ればまもなく**中房・燕岳登山口**にたどり着く。

Map 9-2B　燕山荘

Map 9-2C　中房・燕岳登山口

| コースグレード | 中級 |
|---|---|
| 技術度 ★★★★☆ | 4 |
| 体力度 ★★★☆☆ | 3 |

何度も中房川を渡る。増水時は通行不可

**プランニング&アドバイス**

このコースは沢筋のため、大雨で増水している時は徒渉できないので通行禁止。東沢乗越からの下りはじめは近年ササが多く茂り、やぶ漕ぎする箇所もある。また、マダニ対策として肌の露出は避けたい。山小屋でルート状況の確認をしてから行こう。また利用する登山者は少ないので単独行は避け、何人かでパーティを組み、熊よけ用に熊鈴なども携行したい。

サブコース

# 餓鬼岳

白沢三股↓魚止ノ滝↓餓鬼岳↓中沢岳直下↓東沢乗越↓中房・燕岳登山口　計13時間50分

餓鬼岳《がきだけ》という名は恐ろしげだが、ガラガラしたガレ場の意味が転じたとか、崩壊地が多い崖岳（＝がけだけ）が転訛したという説がある。北アルプスのなかでは地味な存在だが、そのぶん静寂な山登りが楽しめる。白《しら》沢と中房《なかぶさ》川をたどる沢筋ルートのため、大雨後の増水時は通行できないこともある。事前にルート状況を確認しよう。

**1日目**　**白沢三股《しらさわみつまた》**からY字の林道分岐を左に入り、林道終点から登山道がはじまる。白沢を木橋で渡って、右岸を遡る。道は基本的に河原から数十m高台についており、沢筋をなだらかに進む。右岸から左岸、また右岸へ渡り返し、ところどころで高巻きをしていく。クサリのかかる足場の狭い斜面を横切り、桟道を通って紅葉ノ滝に出る。クサリのかかる場所は、ステップ状に足場が切られた岩を横切っていくが、足もとは花崗岩の砂礫で滑りやすいので注意する。

枝沢を横切り、正面に魚止《うおどめ》ノ滝が見えてくる。左手の尾根道に取り付くと急な登りとなり、左側にきれいな滑滝を見ながら、ハシゴを越えていく。**魚止ノ滝**の指導標をすぎ、白沢右岸を高巻きする。ハシゴやクサリのかかる苔むした岩場を通過し、指導標やベンチのある小広い**最終水場**に出る。

急な小尾根を登り、クサリ場を通過する。涸れた沢状の斜面をジグザグに急登し、ルンゼ状のガレた道を行く。ササを切り開いた道になり、コメツガ林で傾斜がゆるんでくると、尾根上の主稜線に出る。標高

Map 11-3D　白沢三股

Map 9-2C　中房・燕岳登山口

コースグレード｜中級

技術度 ★★★★☆ 4

体力度 ★★★☆☆ 3

ケンズリへ険しい稜線が続く

餓鬼岳直下に建つ餓鬼岳小屋

2079mの**大凪山《おおなぎさん》**に出るが樹林帯におおわれ、気づかず通過してしまうことも多い。

平坦な尾根道を進み、足もとがぬかるむ広い尾根を鞍部に下る。ダケカンバが現れると、左下に乳川《ちちかわ》谷北沢へ落ちる崩壊地が見える。**百曲《ひゃくまが》り**の登りがはじまるが、傾斜は思ったほどきつくない。尾根上に出て左に折れると森林限界を超え、ハクサンチドリ、ツマトリソウ、コイワカガミなど咲くお花畑を進む。山頂直下を横切るようにいくと、ほどなく餓鬼岳小屋に到着する。

尾根の先には裏銀座の峰々が望め、ここから5分ほどで、石の散在する標高2647mの**餓鬼岳**山頂に立つ。花崗岩におおわれた山頂部には、可憐なコマクサがところどころに咲いている。三角点や祠が祀られている山頂からは、槍《やり》・穂高《ほたか》をはじめ、後《うしろ》立山《たてやま》連峰などすばらしい展望が望める。

**2日目** 餓鬼岳小屋をあとにケンズリとよばれる険しい中沢岳《なかざわだけ》の岩峰をめざし、稜線を南西に向かっていく。キャンプ指定地を通過し、ハイマツが茂る砂礫のなだらかな稜線を進んでいく。稜線右手の斜面をアップダウンし、花崗岩の岩塔を巻いていく。この先いくつもの花崗岩の露岩帯を通過するが、桟道やクサリ、ハシゴなどがかかるので安心だ。ケンズリ周辺の岩場を巻いていき、指導標の立つ**中沢岳直下**に出る。振り返ると餓鬼岳から続く稜線が望める。

岩場の鉄バシゴを下り、コメツガ林の急斜面を下っていく。落石に注意して花崗岩の砂礫の斜面を約30mトラバースし、コメツガの森を抜け出ると小ピークに立つ。ハイマツ帯の細かいアップダウンを繰り返し、花崗岩の岩塔の脇を通り**東沢岳《ひがしざわだけ》**山頂直下の分岐に出る。すぐ先の山頂を往復しよう。

分岐に戻り、眼下に見える鞍部の東沢乗《ひがしさわのっ》越《こし》をめざし大きく下っていく。やがて燕岳との分岐になる**東沢乗越**に到着する。

中房川に沿って中房温泉へ下ると、**中房・燕岳《つばくろだけ》登山口**の乗合バス乗り場にたどり着く（P129参照）。

## プランニング&アドバイス

餓鬼岳から唐沢岳を往復するコースがあり（P132参照）、また東沢乗越から燕岳に向かうこともできる（P129参照）。逆コースの場合、1日目のコースタイムが8時間15分となるので、中房温泉などで前泊をするとよい。また白沢三股は携帯がつながらないので、圏内でタクシーの予約を入れておこう。入山は事前予約で、JR大糸線信濃常盤駅からが近い。

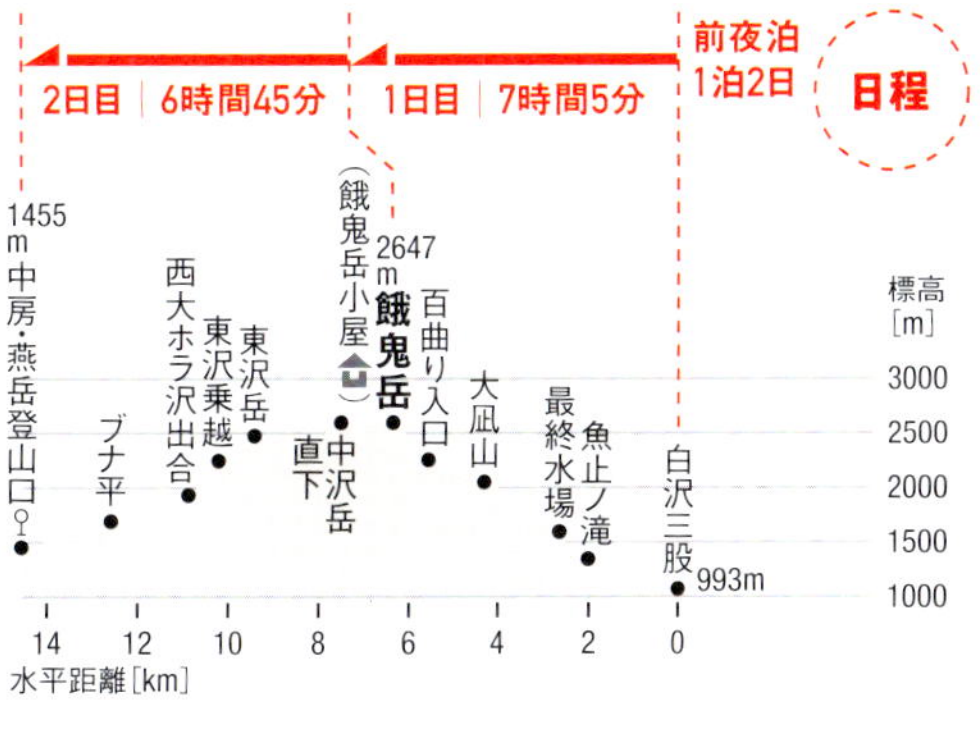

サブコース

# 唐沢岳

餓鬼岳↓餓鬼のコブ↓唐沢岳往復

5時間25分

常念《じょうねん》山脈北端にある唐沢岳《からさわだけ》は、餓鬼岳《がきだけ》の北西に位置し、餓鬼岳から続く稜線づたいを往復するのが唯一の登山道である。それだけに訪れる登山者も少なく、北アルプス南部にあっては珍しく静かな山歩きが楽しめる。

餓鬼岳小屋を発ち、すぐ先の**餓鬼岳**山頂から西へ延びるハイマツ帯の岩稜を進んでいく。小さな池の横を通って、コマクサが群生する砂礫帯を通過する。さらに進むと**西餓鬼岳《にしがきだけ》分岐**で、少し先には展望台があり、さらに西餓鬼岳へ尾根が派生している。

展望台を往復し、展望を楽しんだら先に進む。北斜面のハイマツ帯を大きく下っていき、森林限界を割りこんで樹林帯の鞍部に出る。ここから今度は大きく登り返したら、2508mの**餓鬼のコブ**のピークである。

進路を北西に変え、岩峰を巻くように一《いち》ノ沢側の稜線直下を進んでいく。稜線上には花崗岩の岩峰が突き出ており、道はそれを避けるように下部を巻いていく。シラビソ、コメツガがうっそうと生い茂った森を進み、やせた尾根のゆるやかなアップダウンを繰り返していく。やがて道はふたたび岩場に入り、針金を手がかりにして、足場の悪いルンゼを乗り越えていく。続いて足もとに群生しているコマクサを避けながら、ザレた砂礫の斜面を登るとふたたび稜線に出る。さらにやせた岩稜を左手に回りこめば、2632mの**唐沢岳**山頂にたどり着く。

立山《たてやま》や劔岳《つるぎだけ》など北アルプスの峰々を満喫し、ゆっくり往路を戻る。

Map 11-4B 餓鬼岳

Map 11-3B 唐沢岳

| コースグレード | 中級 |
| --- | --- |
| 技術度 ★★☆☆☆ | 2 |
| 体力度 ★★★☆☆ | 3 |

餓鬼のコブへ下る（左のピークが唐沢岳）

**プランニング&アドバイス**

唐沢岳への登山道は本コースのみ。餓鬼岳までは白沢三股からのコース（P130参照）や、中房からの東沢乗越（P129参照）や燕岳経由（P124コース13参照）のコースがある。単に往復だけではなく他のコースと組み合わせれば、なおこの山域の魅力を感じられよう。その日のうちに白沢三股へ下るのであれば、10時間を超える長丁場ではあるが可能だ。

コラム6

# 撮影ポイントガイド③［常念山脈と笠・双六岳編］

**縦沢岳《もみさわだけ》**

槍ヶ岳の西側に位置するので、夕方の撮影ポイントである。秋口になると空気が澄みわたる（写真は縦沢岳からの夕照の槍ヶ岳）

常念山脈や笠・双六岳からは、少し距離を置いた槍・穂高連峰の展望が魅力。この山域はお花畑も多く、槍・穂高の荒々しい岩峰とのコントラストがすばらしいので狙い目である。このエリアは槍・穂高とは異なり、たおやかな稜線が多く危険箇所が少ないので、安心して撮影に集中できる。

**巻道カールのお花畑**

裏銀座からの槍ヶ岳は遠いながらも存在感は充分。手前に雄大なお花畑が広がり、気持ちいい空間だ（写真は巻道コースの丸山付近からの槍ヶ岳と表銀座の山々）

**燕岳**

燕岳稜線上には花崗岩の岩塔が林立する。自然がつくり出した造形美と槍ヶ岳のコントラストを楽しみたい（写真は岩塔のひとつイルカ岩と槍ヶ岳）

双六岳周辺は花見平をはじめとするお花畑に恵まれたエリア。北アルプスでも登りやすい山のひとつ

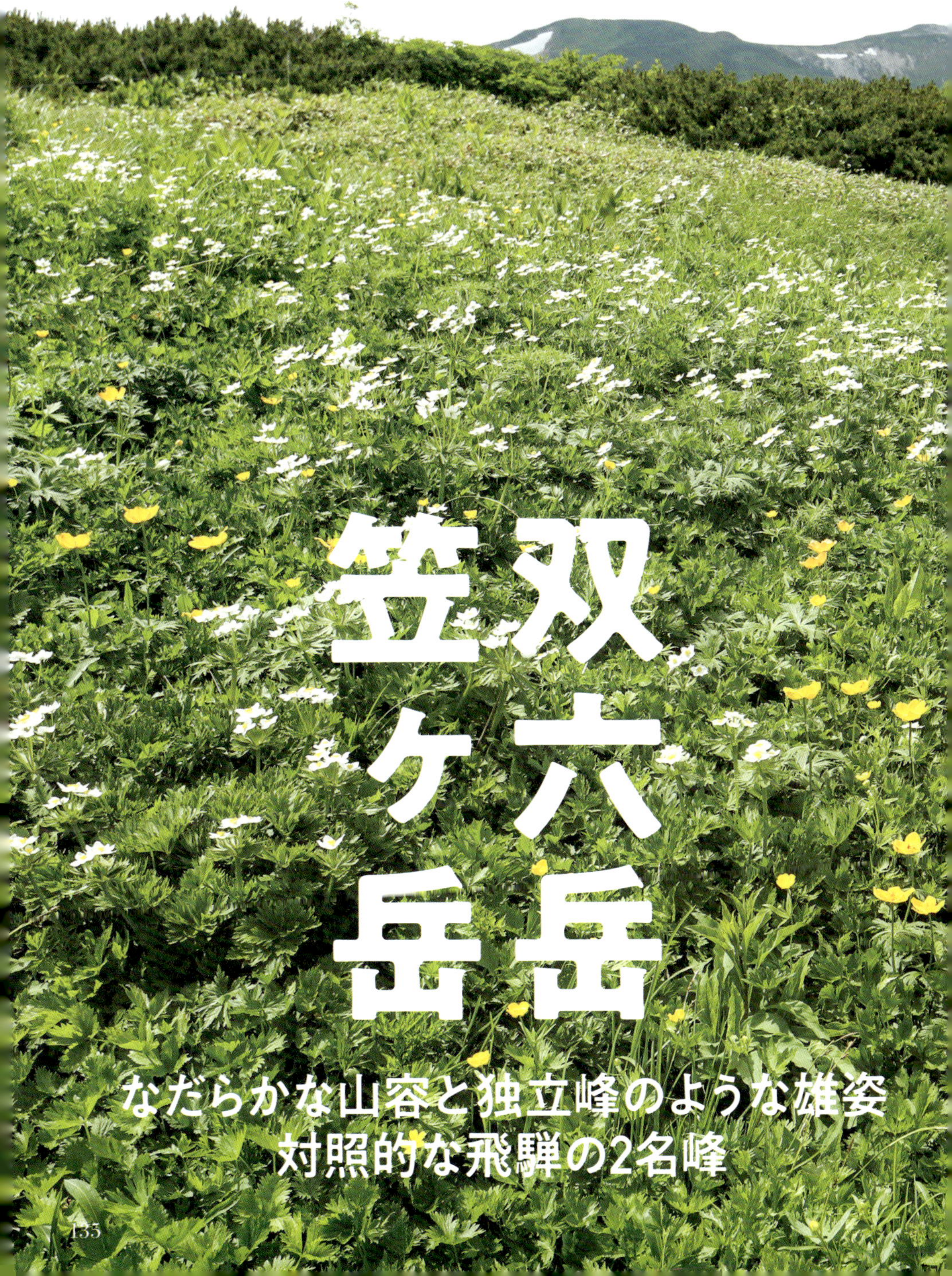

# 双六岳 笠ヶ岳

## なだらかな山容と独立峰のような雄姿 対照的な飛騨の2名峰

前夜泊1泊2日

# 双六岳

丸山からの双六岳（左）と笠ヶ岳

| コースグレード | 初級 |
| --- | --- |
| 技術度 | ★★☆☆☆ 2 |
| 体力度 | ★★★☆☆ 3 |

## 雲上の楽園、花の名峰双六岳へ

| | |
| --- | --- |
| 1日目 | 新穂高温泉→ わさび平小屋→ 鏡平山荘→ 双六小屋　計7時間5分 |
| 2日目 | 双六小屋→ 双六岳→ 双六小屋→ 鏡平山荘→ わさび平小屋→ 新穂高温泉　計7時間20分 |

田中澄江『花の百名山』の一座に数えられ、山頂東面のカールに美しいお花畑が広がる双六岳《すごろくだけ》。山頂部分は馬の背状でゆったりした山容が特徴の山で、花を目当てに女性登山者を中心に人気が高い。北アルプス飛騨《ひだ》側の中心的な山で、北は三俣《みつまた》蓮華岳《れんげだけ》を経て黒部五郎岳《くろべごろうだけ》や裏銀座《うらぎんざ》への道が延び、西は笠ヶ岳《かさがたけ》へ稜線が通じている。また南東は槍ヶ岳《やりがたけ》へ西鎌尾根《にしかまおね》が延びる。槍ヶ岳から双六岳を経由して、さらに北部に向かう縦走者も多く、北アルプス登山の要衝となっている。

このコースには岩場や崩壊地の通過といった危険箇所もなく、北アルプスがはじめてという人にもおすすめでき、お花畑を楽しみながら歩けるのが魅力だ。

## 1日目 新穂高温泉から双六小屋へ

**新穂高《しんほたか》温泉バス停**で下車し、すぐ前の新穂高指導センターで登山届を提出し、出発する。蒲田《がまた》川にかかる恵橋を渡り、市営駐

小池新道の石段。よく整備された道だ

登山届ポストがある蒲田川左俣林道ゲート

車場や温泉ホテルの横を通って進む。登山ポストがある林道ゲートを通過して、蒲田川左俣《ひだりまた》林道に入る。未舗装の林道を進み、正面に笠ヶ岳穴毛《あなげ》谷の荒々しい谷を見ながら歩く。やがて谷が狭まり、山側の折り重なった岩塊のあいだから冷気が出ており、ほてった体に心地よい。「天然クーラー」といわれるお助《たす》け風穴である。

中崎《なかさき》橋を渡り蒲田川右岸を進む。左から押し出す岩小舎《いわごや》沢をすぎ、ヘリポートの広場の先に水場が設置された**笠《かさ》新道登山口**がある。さらに林道を20分ほどで小屋の前をわさびの名水が流れる、**わさび平《だいら》小屋**に出る。周辺のわさび平は、ブナ林におおわれた気持ちのいい森で、テント場もある。

わさび平小屋からさらに奥に林道を進み、林から抜け出て開けた場所に出る。林道は谷の対岸へ渡るようにカーブしており、その手前から林道を離れ、看板にしたがって小池《こいけ》新道に入っていく。

小池新道は大きな段差も少なく、とても歩きやすい道だ。河原沿いの道を進み、やがて石段の登りがはじまる。灌木帯のなかを進み、岩のあいだから冷気の流れる風穴に助けられながら登っていく。明るく開けた**秩父《ちちぶ》沢**に出て木橋を渡る。水量が豊富で、周辺は休憩ポイントになっている。夏の早い時期は上部に雪渓も見え、水が冷たくて気持ちがいい。すぐ先の小さな秩父小沢が最後の水場。水の補給をして先に進もう。

チボ岩と書かれた、大石がゴロゴロするガレ場を通過する。チボとはこの地方の方言でスリのことだが、由来は不明だ。道は急な登りとなり、お花畑の斜面を進みイタドリが原を通過する。草付き斜面をジグザグに登り、ミヤマシシウド群生地の**シシウドが原**に出る。振り返ると歩いてきた道が足もとに見え、登った高度を実感できる。

右手の斜面を横切るように進み、涸れた沢を歩くようになる。キヌガサソウを見ながら木道を歩き、熊《くま》の踊《おど》り場《ば》をすぎると、鏡平《かがみだいら》への急登となる。石段を登って鏡平に

鏡池はその名のとおり槍を鏡のように映す

休憩ポイントの秩父沢。水場でもある

入り、木道を進むとまもなく鏡池の畔に出る。池面に映る逆さ槍で知られ、周辺は槍・穂《ほ》高《たか》の展望台としてテラス状になっている。木道を先に進むと**鏡平山荘**に到着する。

池の点在する鏡平を回って、登りがはじまる。ダケカンバの林を抜け、森林限界を超えると弓折《ゆみおり》中段で、ミヤマダイコンソウのなどが咲くお花畑となる。弓折岳《ゆみおりだけ》山腹の斜面を斜めに横切り、稜線の**弓折乗越**《ゆみおりのっこし》に出る。周辺はミヤマキンバイやハクサンイチゲなどが咲き、槍・穂高のすばらしい展望を望みながらベンチで休憩をとろう。

背の高いハイマツのあいだを通って稜線上を歩き、夏のはじめには雪田が残る窪地をいくと、看板が設置された花見平《はなみだいら》のお花畑に出る。弓折岳からの稜線上にはお花畑がいくつも点在するが、なかでももっとも規模が大きいのがこの場所。奥には馬の背《うませ》状のなだらかな山容の双六岳が見え、まさに雲上の楽園にふさわしい雰囲気だ。

稜線上の小さなアップダウンを繰り返す。

双六岳からの槍・穂高連峰の眺め

構造土が広がる双六岳からの槍ヶ岳

右の西鎌尾根の先に槍ヶ岳の鋭峰がそびえ、気持ちのいい稜線漫歩が楽しめる。尾根から離れ左手の斜面に入れば足もとに双六池が見え、やがてお花畑の展開する池の畔を回りこんで、**双六小屋**に到着する。

　小屋到着の時間が早く、天候も安定していれば今日のうちに**双六岳**を往復しよう。また東へ20分ほどで登れる樅沢岳《もみさわだけ》も槍・穂高のすばらしい展望地でぜひ訪れてみたい。さらに先には槍ヶ岳への西鎌尾根の登山道が延びている（P100コース11参照）。

**2日目**

## 双六岳を往復して新穂高温泉へ

　余分な荷物は小屋に預け、軽身にして双六岳を往復しよう。小屋からハイマツのなかの急坂を一段登ると、巻き道を経由して三俣《みつまた》山荘へ行く道との分岐に出る。周辺はカール地形で、背の低いハイマツにおおわれている。山頂をめざしていくと今度は、コバイケイソウなどが咲くお花畑になっている中道《なかみち》分岐だ。カールバント（圏谷壁）となっている岩がゴロゴロする急坂を越え、なだらかな石屑のスロープを行く。この付近は周氷河地形で、凍結破砕作用によってできた構造土になっている。振り返れば、槍ヶ岳へまっすぐ道が延びているかのように見える。やがて岩のあいだを縫うように進み、**双六岳**山頂に着く。広い山頂からは槍・穂高をはじめ、飛騨の名峰笠ヶ岳、美しいカール地形を持つ黒部五郎岳、水晶岳《すいしょうだけ》や鷲羽岳《わしばだけ》などの360度の展望が望める。

　山頂を満喫したら双六小屋へ戻る。単純

双六小屋東の樅沢岳より双六岳を望む

お花畑が広がる花見平。気持ちのよい場所だ

ミヤマシシウドに彩られるシシウドが原

に来た道を引き返すよりプラス30分ほど時間がかかるが、中道を経由していこう。変化があって周遊気分も楽しめる。稜線を三俣蓮華岳方面に進み、お花畑のなかを進む。少し進んだ中道分岐で稜線から右の斜面に入る。双六岳山腹のカールは7月中旬から8月中旬にかけて、お花畑がすばらしい。チングルマやシナノキンバイ、トモエシオガマなどが雪どけとともにいっせいに花開き、短い夏を謳歌している。中道の途中には、双六小屋の水源地も通るので、冷たい雪どけ水も味わえる。ハイマツを通り抜け、中段の巻道コース分岐に行き当たる。

巻道コース分岐から**双六小屋**までの急な下りは道幅も狭く、すれ違いは譲り合っていこう。双六小屋に戻ったら荷物をまとめ、昨日の道を引き返し**新穂高温泉**に下る。**弓折乗越**から弓折岳まで10分ほどなので、往復するのもよいだろう。

### プランニング&アドバイス

1日目に双六小屋まで登るためには、新穂高温泉を遅くとも午前9時までには出発したい。山小屋間の距離が比較的近いので、プランニングも数通りが考えられる。林道途中のわさび平小屋まで前日に入っておけば、その日のうちに山頂を往復する余裕ができる。また双六小屋まで行かずに鏡平山荘に滞在して、双六岳山頂を往復するのもいい。この周辺の山小屋は同系列の小屋で、連絡も取り合っているので何かのときに心強い。弓折中段で森林限界を超えるとその先は何もさえぎるものがなく、荒天時の行動はしっかり防寒防風対策をする必要がある。

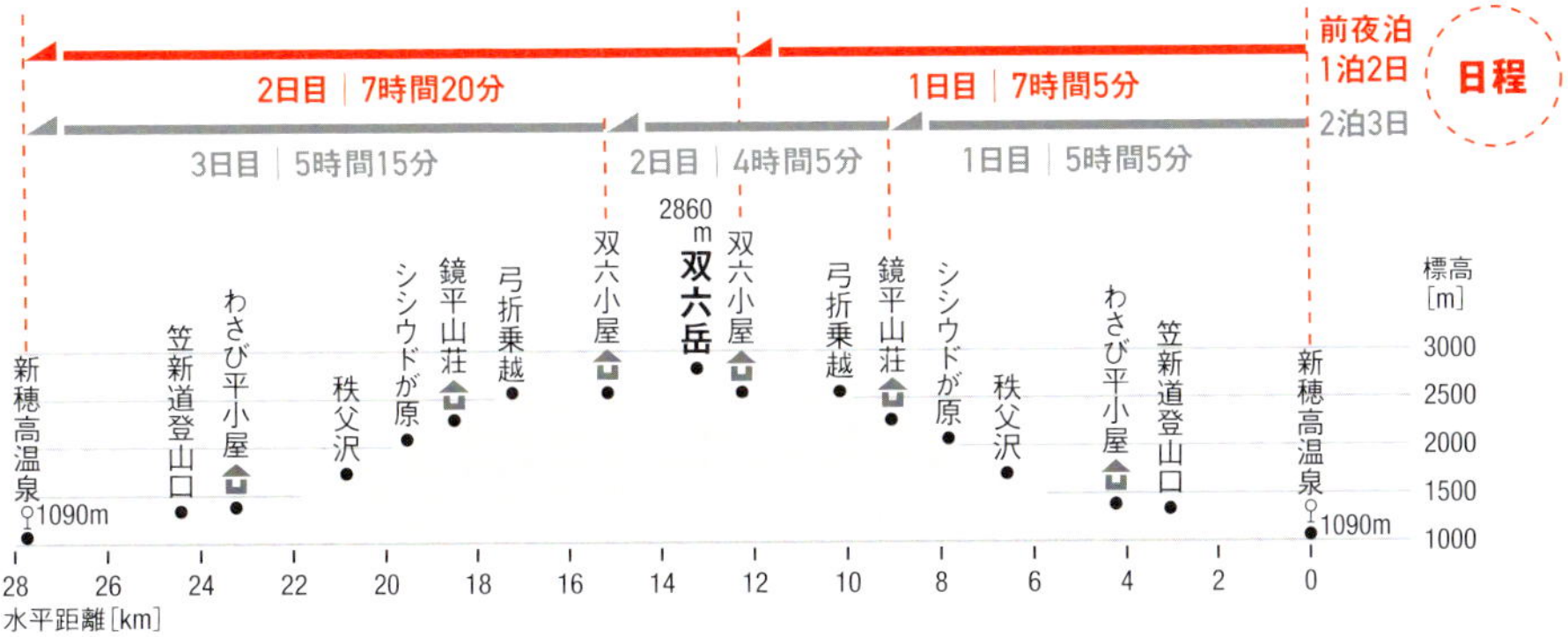

笠ヶ岳へ向けてハイマツ帯の稜線を行く

前夜泊1泊2日

# 笠ヶ岳

コースグレード | 中級

技術度 | ★★★ 3

体力度 | ★★★★ 4

## 雄大な山容を誇る奥飛騨の名峰

**1日目** 新穂高温泉→ 笠新道登山口→ 杓子平→ 笠新道分岐→ 笠ヶ岳山荘 計8時間

**2日目** 笠ヶ岳山荘→ 笠ヶ岳→ 笠ヶ岳山荘→ 笠新道分岐→ 杓子平→ 笠新道登山口→ 新穂高温泉 計6時間30分

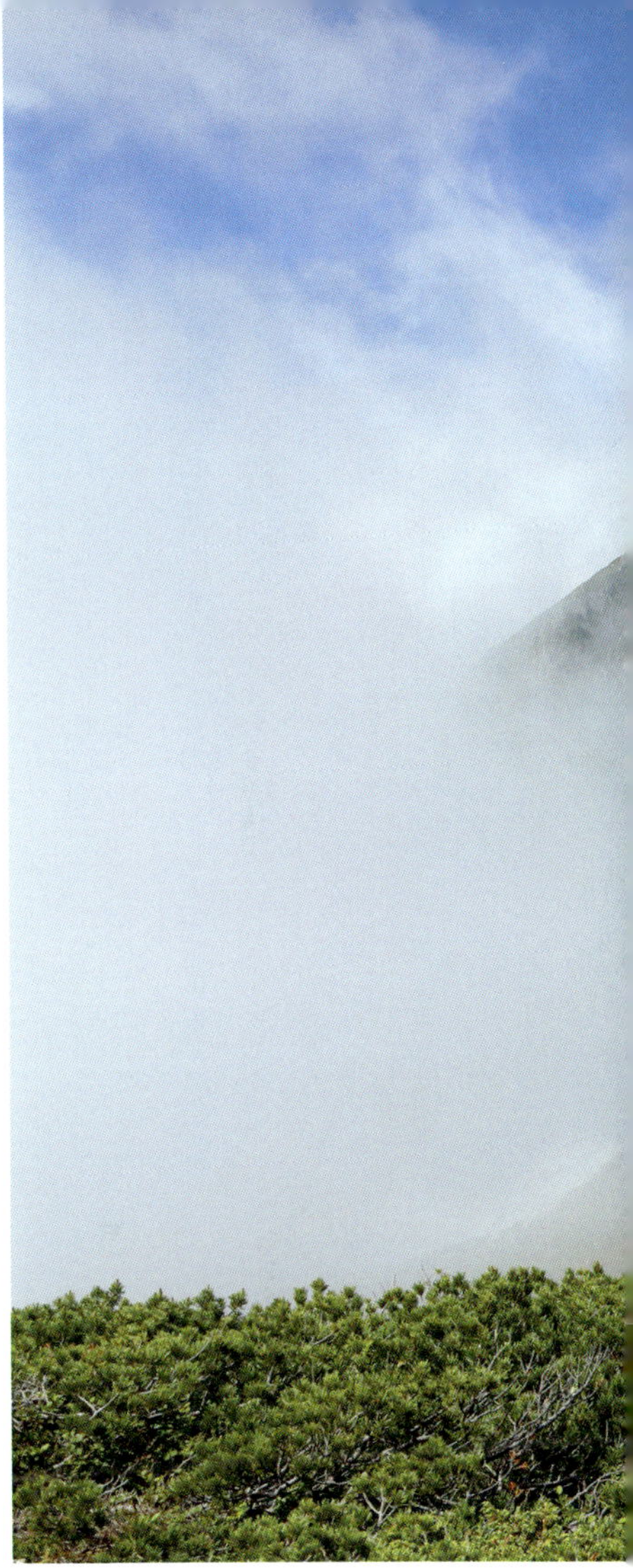

深田久弥の日本百名山のひとつ、奥飛《おくひ》騨《だ》の名峰・笠ヶ岳《かさがたけ》は、その名のとおりどこから見ても笠の形を崩さず、存在感がある。南北に延びる北アルプスの主稜線からは離れ、唯一双六岳《すごろくだけ》と尾根でつながっているだけである。他の北アルプス峰々から見るとまるで独立峰かのように、雄大でどっしりした風格を誇る。

天明年間に南裔上人《なんえいしょうにん》が開山し、その後槍《やり》ヶ岳《がたけ》の開山で知られる播隆《ばんりゅう》上人が、1823（文政6）年に再興した両人ゆかりの山だ。播隆上人は翌年4回目の笠ヶ岳登頂の際に槍ヶ岳を望み、その開山を決意したとつたえられている。

笠新道は登山拠点の新穂高《しんほたか》温泉から最短で笠ヶ岳へ登頂できるが、残雪からの雪どけ水を除いて途中に水場はなく、山小屋も山頂直下の笠ヶ岳山荘までないので注意しよう。また新・北アルプス三大急登とよべるほど急登が連続するため、北アルプスでも有数のハードコースといえる。心して臨みたい。

笠新道の急登。下部はブナ林が広がる

杓子平からめざす笠ヶ岳を望む

1日目

## 新穂高温泉から笠新道経由で笠ヶ岳山荘へ

**新穂高温泉バス停**から蒲田川《がまた》にかかる恵橋を渡り、蒲田川左俣《ひだりまた》林道に入る。1時間ほどの林道歩きで、**笠《かさ》新道登山口**に出る。水筒を満たし、これからの急坂に備えよう（ここまでP136コース⑭参照）。

登りはじめから急登だが、ところどころにある道標には現在地の標高が記され、これを目安にしながら登る。周辺はブナの森だが、標高を上げるにつれ亜高山帯の針葉樹に変わる。さらにダケカンバ林へと移行し、森林限界を超えるとハイマツ帯に変わる、といった植物の垂直分布が体感でき、植生が変わることで標高も実感できる。

ジグザグに斜面を刻んで、ブナやナラなどの広葉樹の美しい森を登っていく。大きな段差の箇所には短い鉄ハシゴがかかり、ゆっくり確実に歩を進めよう。やがてコメツガなどの針葉樹樹林が途切れ、ニッコウキスゲやササユリなど咲く高茎草原のお花畑が現れると、**2000mの草付き**となる。周辺の展望がきくようになり、振り返ると中崎《なかさき》尾根の奥に槍・穂高《ほたか》が屏風状に大きく立ちはだかるのが見える。笠新道は南向き斜面のため、樹林帯から抜けると日差しがきつい。小まめに水分補給をし、帽子を被るなど日射病対策もしておきたい。

なおも灌木帯の急登をジグザグに

笠ヶ岳から望む抜戸岳と槍ヶ岳

登り、ダケカンバの林に入り大岩を横切って進む。抜戸岳《ぬけどだけ》南尾根を乗越すと傾斜がなくなり、森林限界を超え**杓子平**《しゃくしだいら》に出る。突如として広大なカール地形が現れ、お花畑が広がっている。左手奥にはめざす笠ヶ岳がようやく姿が現し、悠然とそびえ立つ。

道はこの先カールをめぐるように進む。いったんゆるやかに下り、正面にカールが広がる雄大な風景を望みながら、シナノキンバイやハクサンイチゲが咲くお花畑のなかをたどる。やがて道は右手の抜戸岳南尾根に向かって、斜面をジグザグに登っていくようになる。カール上部には夏山シーズンはじめまで雪どけ水でのどを潤せるが、年によっては涸れており、当てにできない。

さらに小尾根をジグザグに登りつめ、主稜線手前で抜戸岳との分岐に出る。抜戸岳山頂へは、ハイマツをひらいた道を進んで往復する。縦走路からわずかにはずれているため、抜戸岳を訪れる人は案外少なく、大空が広がる山頂を堪能できる。

主稜線を越えると**笠新道分岐**で、ここを左に折れ笠ヶ岳に向かう。右の道は双六小屋へ通じる（Ｐ１４８参照）。稜線右側はハイマツにおおわれた斜面で、稜線通しのゆるやかな登りで２７５３ｍの小ピークを越えていく。向かう先には、三角錐の笠ヶ岳頂稜部がまだ高くそびえて見える。

左下に播隆平の広いカールが見え、カール底の小さな池とその奥に緑ノ笠《みどりのかさ》とよばれる小高い丘が望める。やがて少し急な登りとなり２７３７ｍの小ピークを右に巻き、２つに割れた抜戸岩のあいだを通過する。

ゆるやかなアップダウンを繰り返しながらの稜線漫歩を経てふたたび登りの傾斜が増し、笠ヶ岳山荘へ向かい最後の急登となる。石畳に組まれた道を歩き、やがて岩がゴロゴロするテント場の平坦地に出る。さらに階段状の石段をひと登りで笠ヶ岳登山のオアシスともいえる唯一の山小屋、**笠ヶ岳山荘**に到着する。小屋の裏には小笠《こがさ》とよばれる、大岩が積み重なった小ピークがある。

360度の大パノラマ、笠ヶ岳山頂

杓子平上部から抜戸岳へ向けての登り

風化に耐え残った抜戸岩のあいだを抜ける

**2日目**

## 笠ヶ岳山荘から新穂高温泉へ

日の出は小屋前のテラスからも望めるが、せっかくなので山頂で迎えたい。笠ヶ岳山荘から山頂までは、石屑の道をジグザグに登っていく。およそ20分で2898mの**笠ヶ岳**山頂に到着する。板状節理の断片である溶結凝灰岩が折り重なった山頂にはケルンが林立し、その一角に石仏の安置された祠が祀られている。

夏の季節には槍ヶ岳方面から太陽が昇り、シルエットで浮かび上がった槍ヶ岳が印象的だ。西南西には遠く加賀《かが》の名峰・白山《はくさん》のゆったりした山容を望み、黒部五郎岳《くろべごろうだけ》から三俣蓮華岳《みつまたれんげだけ》、双六岳の山並み、劔《つるぎ》・立山《たてやま》連峰をはじめとする北アルプス北部の峰々が朝日を浴び輝いている。

山頂での展望を存分に楽しんだら帰路につこう。稜線を**笠新道分岐**まで進み、お花畑を愛でながら**杓子平**をめぐる。充分時間をかけ、カールの景観を楽しんでいきたい。

杓子平から下部の急な下りは、スリップに注意したい。ストックなども有効に使い、膝に負担をかけないよう慎重に下ること。**笠新道登山口**に下り立てば、あとは林道をたどり**新穂高温泉バス停**に帰り着く。

**プランニング&アドバイス**

前夜泊は新穂高温泉周辺の宿もよいが、笠新道登山口から800mほど先にあるわさび平小屋にすると初日の歩きだしが楽になる。また同じルートの下山を避けるには、双六岳方面の弓折乗越から下って鏡平山荘で1泊。翌日わさび平小屋経由で新穂高温泉に下ると膝の負担も軽い（P148、P136コース14参照）。このコースは森林限界を超えた稜線歩きが長いので、山行前から気象情報に注意し、悪天時の行動は避けたい。また初日は笠ヶ岳山荘まで累積標高差は実に1800m以上ものハードなコースである。登山に不要な荷物はもたず軽量化を工夫しよう。

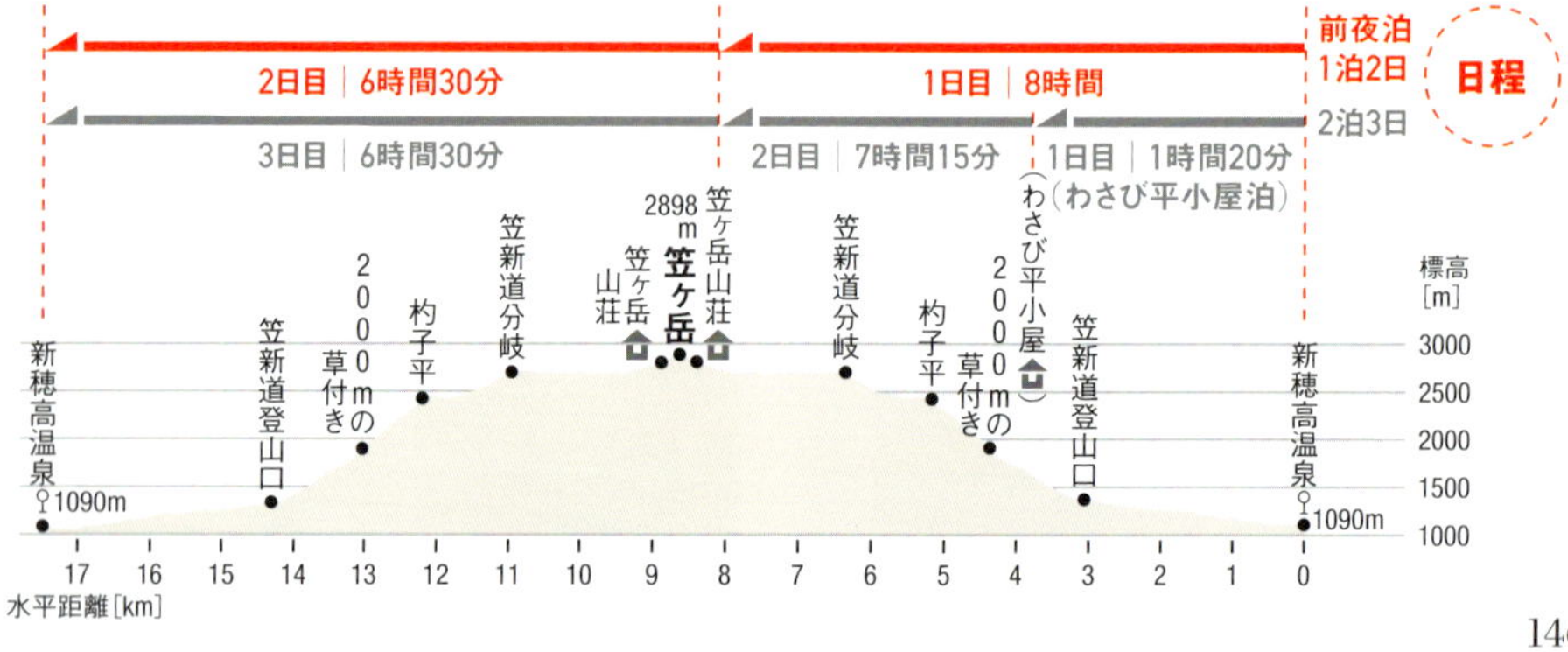

サブコース

# クリヤ谷を下る

**笠ヶ岳山荘↓笠ヶ岳↓雷鳥岩↓最終水場↓錫杖沢出合↓中尾高原口バス停**　**6時間5分**

笠《かさ》ヶ岳《がたけ》への登山道はどのルートもきついが、もっとも厳しいのがクリヤ谷《だに》コース。笠ヶ岳から槍見《やりみ》温泉まで標高差1900mを下るので、歩き応え充分。ただし大雨後の増水時は徒渉が困難になるので、**笠ヶ岳山荘**でルート状況を確認して向かおう。

板状節理でできた石が折り重なった**笠ヶ岳**山頂をあとに、クリヤの頭《かしら》まで続く尾根道を進んでいく。平たい石がガラガラする急勾配の下りで、一気に高度を下げていく。稜線右側のハイマツを切り開いた斜面を進み、荒々しく切れ落ちている四《よん》ノ沢左俣を足もとに見ながら鞍部に下る。稜線右側斜面のハイマツの切り開きの道を登り下りしていくと、**雷鳥《らいちょう》岩**に出る。

この先で樹林帯に入り、クリヤの頭の大岩を右側に回りこむ。尾根道から草付き斜面の下りになり、クリヤ谷源頭部に入っていく。ササを切り開いた滑りやすい道を下り、続くダケカンバ林をつづら折りに下れば、左手に沢が流れる**最終水場**に出る。

右手から沢が現れる第2の水場からは、ようやく広く歩きやすい道となる。針葉樹林からブナ林に移行すると、斜度もゆるやかになる。沢を対岸に渡ると岩小屋があり、ふたたび渡り返すと**錫杖《しゃくじょう》沢出合**に出る。錫杖岳の岩壁を見て沢に沿ってゆるやかに下っていき、穴《あな》滝の上で本流を渡る。沢から離れて樹林のなかをジグザグに下っていくと、ようやく**槍見温泉**に出る。蒲田《がまた》川を渡った橋のたもとが**中尾高原口《なかおこうげんぐち》バス停**だ。

Map 3-2B 笠ヶ岳山荘

Map 3-4B 中尾高原口バス停

| コースグレード | 上級 |
| --- | --- |
| 技術度 ★★★★☆ | 4 |
| 体力度 ★★★☆☆ | 3 |

正面に焼岳や乗鞍岳を望むクリヤ谷への下降

**プランニング&アドバイス**

このコースは難易度が高いこともあり利用者も少ないので、単独行は避けて何人かで臨みたい。熊に遭遇する可能性もあるので、熊鈴の携行はもちろん、つねに監視を怠らないこと。逆コースで登りとして使う場合、コースタイムでも9時間ほどかかる。一般登山道として国内では有数の登りで歩きがいのあるコースだが、山小屋がないので体力に自信のない人にはすすめられない。

サブコース

# 双六岳から笠ヶ岳

**双六小屋↓笠新道分岐↓笠ヶ岳山荘**　5時間25分

奥飛騨《おくひだ》の名峰笠ヶ岳《かさがたけ》は、北アルプスの主稜線から離れた孤高の山だが、唯一ここで紹介する稜線で双六岳《すごろくだけ》と通じている。本コースは双六岳から弓折岳《ゆみおりだけ》、抜戸岳《ぬけどだけ》と続く稜線を歩き、笠ヶ岳へいたる縦走だ。このコースの最大の魅力は槍《やり》・穂高《ほたか》連峰の大パノラマ。蒲田《がまた》川をはさんで槍・穂高の西側に平行するように稜線が延びており、縦走中はつねに槍・穂高の展望が楽しめる。ルート上にはお花畑が点在し、秩父平《ちちぶだいら》カールもあり、変化に富んだ気持ちのいい山歩きが楽しめる。おだやかな山稜歩きのコースだが、下山は笠《かさ》新道を下ることになる。急登として名にし負う笠新道の下山は、膝の負担が大きいので気をつけたい。

**双六小屋**から笠ヶ岳をめざして出発する。**弓折乗越**《ゆみおりのっこし》までは危険箇所もなく、途中花見《はなみ》平《だいら》などのお花畑も点在する気持ちのいい稜線歩きだ（P136コース14参照）。

槍・穂高を望み、ベンチのある弓折乗越で鏡平《かがみだいら》へ下る道と分かれ稜線を進む。ゆるやかな登りで進むと、すぐに指導標がある弓折岳に出る。広く平坦な山頂部は夏のはじめまで雪田が残り、お花畑が広がる。

弓折岳をあとに、正面に見える大《おお》ノマ岳《だけ》との鞍部の大ノマ乗越をめざして下っていく。大きな段差は短いハシゴを使い、急な斜面をジグザグに下っていく。下り着いた**大ノマ乗越**は、足もとからお花畑の斜面が広がり、蒲田川をはさんで槍・穂高連峰の展望も楽しめるポイントだ。

続いて大ノマ岳へ登り返す。稜線の左側

Map 8-3C　双六小屋

Map 3-2B　笠ヶ岳山荘

| コースグレード | 中級 |
| --- | --- |
| 技術度 ★★☆☆☆ | 2 |
| 体力度 ★★★☆☆ | 3 |

秩父平カールから望む槍ヶ岳

弓折乗越付近より弓折岳と笠ヶ岳稜線

は急斜面だが、お花畑となっている。急坂を登りきると縦走路は大ノマ岳山頂を通らず、山頂直下を巻く。下りベースで細かいアップダウンを繰り返して稜線を進む。小ピークを右手に巻き、スラブ状の滑りやすい岩場をバランスに注意して下る。ハイマツが茂る稜線上を進むが、左側は足もとからすっぱり切れた崩壊地で、路肩に気をつけながら行く。やがてハイマツ帯の起伏のなだらかな道となり、**秩父平**に出る。

　カール地形になった秩父平周辺は残雪とお花畑、さらに池塘が展開する雲上の別天地で、左手には秩父岩の黒い岩峰もそびえている。振り返ると双六岳南稜が延び、その奥に薬師岳《やくしだけ》や今まで歩いてきた大ノマ岳、弓折岳稜線が見える。

大ノマ岳を見ながら大ノマ乗越へと下る

　カール底から稜線まで約100mの標高差があり、お花畑を足もとに見ながら、大岩の点在するカールをジグザグに登っていく。石屑の道を歩き、最後に稜線直下のカールバントの岩場を越えていく。

　登り着いた稜線からは、左に秩父岩の岩峰が林立しているのが見える。風衝矮小化したハイマツの道をさらに登っていき、なだらかな稜線のアップダウンを繰り返す。

　しばらく進めば、抜戸岳への分岐に出る。余裕があれば、縦走路の左にある小高い抜戸岳山頂を往復しよう。ハイマツを切りひらいた道で、ゴロゴロした岩の上を歩いていく。山頂には指導標が立つが、縦走路から少し外れているため訪れる人は少ない。

　抜戸岳分岐からまもなく、新穂高《しんほたか》温泉に下る**笠新道分岐**に出る。ここからは抜戸岩を通過して**笠ヶ岳山荘**に向かう（P142コース15参照）。

### プランニング&アドバイス

笠ヶ岳を起点に逆縦走する場合は、双六小屋の方が笠ヶ岳山荘より標高が低いので、体力的には若干楽だ。また急登が連続する笠新道の迂回路として本コースを利用する人も多いが、笠新道のような急な登山道は体力的にはきついものの、登りで利用した方が安全だ。事故の多くは下りで発生しており、急斜面でバランスを崩せば、重大事故にもつながりかねないからだ。

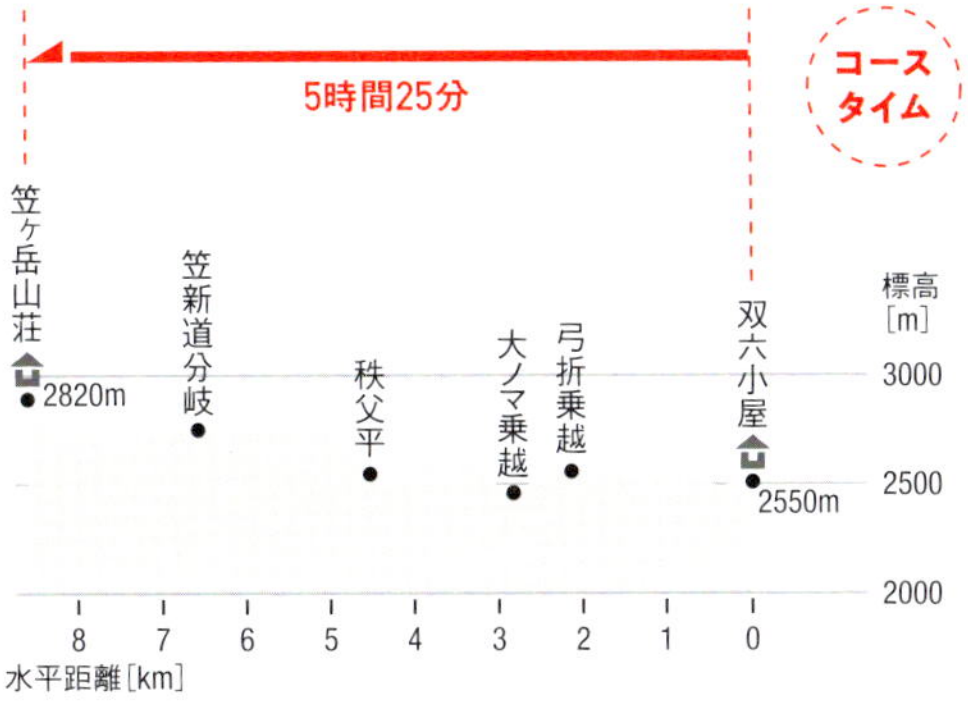

コラム7

# 積雪期の槍・穂高連峰

正月期に営業する燕山荘。イベントの餅つき

夏でも谷筋に雪が残る槍《やり》・穂高《ほたか》では、9月中旬から翌年6月中旬までは雪が降る可能性がある。その期間に登山を計画する際は、つねに最新の天気情報をとり、降雪の可能性にも気をつけなければならない。例年3000mの稜線で初雪が舞うのは9月中旬、根雪になるほどの降雪は10月中ごろである。秋口の急な積雪では登山道を示すペンキ印が消え、ルートがわからなくなってしまう。2006年10月上旬の連休時、各地で登山者が行動不能になり、遭難事故が多発したことを忘れないように。

ここでは、比較的安心して雪山が歩ける時期、ならびにコースを紹介しよう。

以下に紹介するコースは、ピッケル、10本爪以上のアイゼンなどの雪山装備が必携となる。また雪山に挑む場合、無積雪期に歩いたコースを積雪期に歩くのが原則。年により積雪状況も異なり、ルートも変わってくる。「山ではすべてのことが自己責任」という鉄則にしたがい、適時自ら判断を下して、積雪期の登山を安全に楽しんでほしい。

## ■奥穂高岳・北穂高岳

上高地《かみこうち》へのバスが運行を再開し、山小屋も営業を開始するGWから5月下旬までが残雪登山適期となる。6月いっぱい雪山ルートだが、このころは逆に雪が固く締まって上級者向けとなる。谷筋を襲う底雪崩の季節から、安定した残雪の季節を迎えるのがGW。残雪期は、涸沢《からさわ》をベースにした北《きた》穂高岳《ほたかだけ》や奥穂高岳《おくほたかだけ》への往復登山が人気だ。

上高地から横尾《よこお》へは、基本的に夏と同様梓川《あずさがわ》を遡る。横尾から本谷橋《ほんたにばし》まで樹林帯のなかで、雪上のトレースをたどっていく。本谷橋付近から雪におおわれた谷底を歩き、横尾本谷出合で左の涸沢谷に入るので、まっすぐ進まないように気をつける。デブリ（雪崩により堆積した雪塊）を乗り越え、谷をつめると涸沢に到着する。

奥穂高岳へは、ザイテングラート左手の小豆沢《あずきざわ》を直登し、穂高岳山荘が建つ白出《しらだし》のコルに向かう。ガスにおおわれ視界が悪いと、上部で左手の直登ルンゼに入りこんでしまうこともあり、ザイテングラート寄りを意識して歩くようにする。早朝は雪も締まってアイゼンがよくきくが、逆に日中は雪が腐りアイゼンが団子状になるので、こまめに落としながら進む。

穂高岳山荘から岩場を越え、続く雪壁を登っていく。急峻な雪面で、下りでは上向

前穂をバックに北穂沢を登る登山者

きに下るなどしてバランスなどに注意したい。間違《まちが》い尾根を越えれば、奥穂高岳まで歩きやすい道だ。

一方、北穂高岳へは、涸沢小屋の横から北穂沢の急な雪斜面をダイレクトに登っていく。ゴルジュを越えるといったん傾斜がゆるみ、北穂高岳山頂が見えてくる。北穂沢上部は、インゼルとよばれる北穂沢上に突き出た岩の南稜側をたどる（GW時）。ここが最大傾斜面で、北穂高岳北峰直下の松濤《まつなみ》のコルに出たら、右手の山頂に上がる。

いずれのコースも急峻な雪面の登下降で、とくに下りでのスリップには要注意。また新雪が積もったあとは、表層雪崩の危険性が高まるので注意したい。

## ■西穂高岳

西穂《にしほ》山荘が、北アルプス稜線で唯一通年営業している。新穂高《しんほたか》ロープウェイを利用でき、正月を中心に西穂独標《にしほどっぴょう》や西穂高岳《にしほたかだけ》を往復する冬山登山者も多い。登山適期は、年末年始や気候が安定する3月以降となる。

西穂高口駅から西穂山荘までのルート上は、案内板も整備され行動しやすい。西穂山荘から上は森林限界を超えるので、それなりの装備や覚悟が必要だ。西穂独標まででも、上部は岩場なので気をつけたい。その先は名にし負う穂高の岩稜歩きだ。雪自体は風で飛ばされ多くないが、アイゼンを装着した岩場歩行はテクニックが必要だ。山慣れした熟練者と行動し、初心者がいる場合は躊躇せずロープを使おう。

また西穂山荘から上高地に下るルートは、冬期はほとんど歩かれていないので、ルートファインディングの技量が必要だ。

丸山付近からの西穂独標〜西穂高岳方面の眺め。P34の写真とはだいぶ印象が異なる

## ■燕岳

燕岳《つばくろだけ》稜線に立つ燕山荘《えんざんそう》は、GWから11月20日すぎまで営業し、年末年始も営業している。営業期間中の年末年始かGWごろが登山適期である。合戦《かっせん》尾根をたどるため、雪崩のリスクは低く、登山者も多いので、比較的安心して雪山を楽しめる。しかし厳しい北アルプスの稜線であることに変わらず、装備を万全にして挑もう。

春〜秋は中房《なかぶさ》温泉までバスが入るが、年末年始の時期は宮城《みやしろ》のゲートから約12kmの車道歩きとなり、1日目は中房温泉泊。

夏山同様、合戦橋たもとの燕岳登山口から合戦尾根に取り付き、急登を越え合戦小屋に出る。ここから灌木帯に入り、合戦沢《かっせんさわ》ノ頭《のあたま》に登ると森林限界を超え、槍ヶ岳《やりがたけ》や燕岳を望むようになる。合戦尾根上部は尾根づたいの冬山ルートで、燕山荘裏側から槍ヶ岳方面を回りこみ、燕山荘の玄関に出る。山頂の往復は風も強く、防寒具で身を固めて向かう。燕岳山頂からは北鎌《きたかま》尾根の先に雪化粧した槍ヶ岳がそびえ立ち、冬山の醍醐味を存分に体感できることだろう。

# 槍・穂高連峰へのアクセス

## 公共交通機関利用

槍・穂高連峰の各登山口へは、東京方面からはアルピコ交通（松本電鉄）新島々駅、名古屋・大阪方面からはJR高山本線高山駅が主要なターミナルとなる。

新島々駅へは、東京（新宿駅）方面からJR中央本線の特急あずさを利用し松本駅で松本電鉄に乗り換える。松本へは新宿から約2時間40分、松本から新島々へは30分。

高山駅へは、名古屋方面からJR高山本線の特急（ワイドビュー）ひだを利用し、約2時間30分。

豊科駅や穂高駅、信濃大町駅へは、松本駅でJR大糸線に乗り換える。これらの駅へは東京方面（千葉始発）からの特急あずさ3号が停車するが、定期運行はこの便のみ。信濃大町駅へは、長野新幹線長野駅からアルピコ交通バスでアクセスする方法もある。

高速バスも利用価値がある。東京（バスタ新宿）から松本バスターミナル（以下BT）・高山バスセンター（以下BC）・白馬行き（信濃大町駅で降車）、名古屋（名鉄BC）からは松本BT・高山BC行き、大阪（阪急梅田・なんば）からは松本BT・高山BC行きがそれぞれ運行されている。

シーズン中は新宿／大阪・京都から上高地／穂高・信濃大町方面への予約制直行バス「さわやか信州号」（アルピコ交通）が運行される。また、名古屋から上高地へ名鉄バスの直行便も運行される。

鉄道の各駅から登山口へは、アルピコ交通、濃飛バス、タクシー会社運行の乗合バスのほか、タクシーを利用する。路線バスの運行形態は、通年運行のほか、夏期を中心とした特定日運行などがあるので、乗車の際は事前にチェックしておきたい。

### アクセス図 凡例

↑上高地バスターミナル
↓中房温泉への乗合バスが発着するJR大糸線穂高駅

## マイカー利用

槍・穂高連峰への登山拠点となる上高地、新穂高温泉へは、東京方面からは中央自動車道・長野自動車道経由で松本IC、名古屋・大阪方面からは東海北陸自動車道・中部縦貫自動車道経由で高山ICへ向かう。

蝶ヶ岳や燕岳の登山口である豊科・穂高へは、東京、名古屋、大阪方面ともに中央自動車道・長野自動車道経由で安曇野ICへ向かう。

なお、先述の松本ICや安曇野ICの出口が渋滞している場合は、ETC搭載車に限られるが、梓川スマートICで降りるという方法がある。

松本IC、高山ICから上高地、平湯方面へは、国道158号がメインルート。ただし上高地への県道24号は中の湯~上高地間が通年マイカー規制となっているので、松本方面からは沢渡に、高山方面からは平湯の駐車場に車を置き、バスかタクシーに乗り換える（詳細はP156「登山口ガイド」を参照のこと）。笠ヶ岳や西穂高岳などの登山拠点となる新穂高温泉へは、平湯から国道471号、県道475号でアクセスする。

安曇野ICから穂高・大町方面へは、国道147号以外にアルプスパノラマロードや、安曇野スケッチロードを利用するのもよい。

一部のコースでは登山口へのアクセスに林道を利用するが、路面の状態は大概良好で、普通車でも通行に支障はない。

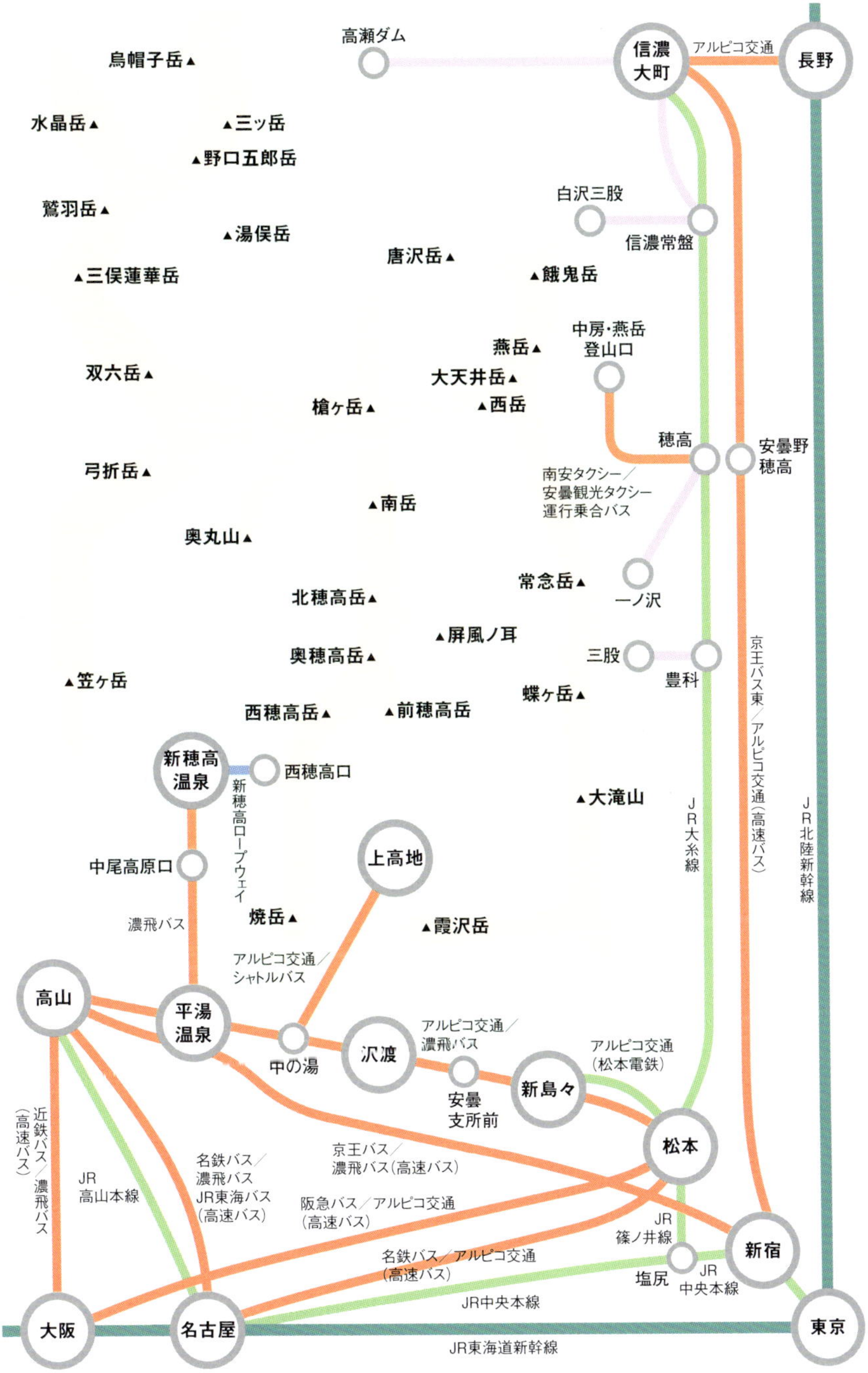

高瀬ダム
信濃大町
アルピコ交通
長野
烏帽子岳
水晶岳
三ッ岳
野口五郎岳
鷲羽岳
湯俣岳
白沢三股
信濃常盤
唐沢岳
餓鬼岳
三俣蓮華岳
中房・燕岳登山口
燕岳
双六岳
大天井岳
槍ヶ岳
西岳
穂高
安曇野穂高
弓折岳
南安タクシー／安曇観光タクシー 運行乗合バス
南岳
奥丸山
常念岳
一ノ沢
北穂高岳
屏風ノ耳
奥穂高岳
三股
豊科
笠ヶ岳
蝶ヶ岳
西穂高岳
前穂高岳
京王バス東／アルピコ交通（高速バス）
新穂高温泉
西穂高口
新穂高ロープウェイ
大滝山
JR大糸線
JR北陸新幹線
上高地
中尾高原口
濃飛バス
焼岳
霞沢岳
アルピコ交通／シャトルバス
高山
平湯温泉
中の湯
沢渡
アルピコ交通／濃飛バス
安曇支所前
新島々
アルピコ交通（松本電鉄）
松本
近鉄バス／濃飛バス（高速バス）
JR高山本線
名鉄バス／濃飛バス JR東海バス（高速バス）
京王バス／濃飛バス（高速バス）
阪急バス／アルピコ交通（高速バス）
JR篠ノ井線
新宿
名鉄バス／アルピコ交通（高速バス）
塩尻
JR中央本線
JR中央本線
大阪
名古屋
東京
JR東海道新幹線

黒部別山・2353
剱御前
立山
真砂岳
・2861
大汝山
3015
黒部ダム
鳴沢岳
2641
爺ヶ岳
2670
丸山
白馬・糸魚川方面
小川村
簗場駅
権現山
1223
天狗山
920
2872
龍王岳
大観峰駅
黒部平駅
赤沢岳
2678
白沢天狗山
小熊山
糸魚川街道
稲尾駅
虚空蔵山
873
鷲岳
2617
2616
鳶山
五色ヶ原
スバリ岳
2752
2821
針ノ木岳
蓮華岳
2799
大町アルペンルート
大町温泉郷
湯けむり屋敷
薬師の湯
信濃木崎駅
長者山
道の駅
大岡特産センター
長野市
大姥山
1006
木挽山
船窪岳
北葛岳
2551
大町ダム
大町市役所
安曇野
霊松寺山
南鷹狩山
1147
不動岳
2601
南沢岳
2626
高瀬ダム
七倉
葛温泉
七倉ダム
スケッチロード
矢櫃山
1623
鍬ノ峰
信濃大町駅
1447
聖山
長野方面
烏帽子岳
2628
唐沢岳
2633
大町市
白沢三股
信濃常盤駅
アルプスパノラマロード
麻績村
麻績村役場
476
赤牛岳
三ッ岳
2845
2647
餓鬼岳
大洞山
1093
安曇沓掛駅
道の駅いくさかの郷
大城
919
水晶岳
(黒岳)
2986
野口五郎岳
2924
松川村役場
信濃松川駅
池田町役場
生坂村役場
筑北村
坂北駅
更埴JCTへ
祖父岳
2825
南真砂岳
2713
湯俣岳
燕岳
2763
馬羅尾山
馬羅尾天狗岩温泉
すずむし荘
池田町
岩殿山
鷲羽岳
2924
湯俣温泉
清水岳
2245
松川村
JR大糸線
細野駅
生坂村
筑北村役場
西条駅
三俣蓮華岳
2841
中房温泉
中房・燕岳登山口
2268
有明山
道の駅
安曇野松川
JR篠ノ井線
1070
硫黄岳
双六岳
2860
2755
樅沢岳
大天井岳
2922
安曇追分駅
長野自動車道
東大天井岳
2814
富士尾山
有明駅
明科駅
槍ヶ岳
3180
赤岩岳
大喰岳
3101
2758
西岳
中岳
3084
横通岳
安曇野市
穂高駅
長峰山
933
常念岳
2857
2440
奥丸山
南岳
中山
2662
前常念岳
一ノ沢登山口
柏矢町駅
安曇野市役所
光城山
傘山
穂高岳
北穂高岳
3106
中崎山
奥穂高岳
3190
三股
蝶ヶ岳
2677
四季の郷
ほりでーゆ〜
蝶ヶ岳温泉
角蔵山
豊科駅
安曇野IC
梓川スマートIC
(梓川SA)
戸谷峰
1629
長塀山
鍋冠山
2194
1162
892
2909
西穂高岳
前穂高岳
3090
大滝山
2616
2615
中萱駅
芥子望主山
西穂高口駅
明神池
一日市場駅
島内駅
上高地温泉
上高地
道の駅
アルプス安曇野
ほりがねの里
黒沢山
2051
梓橋駅
松本市役所
焼岳
2455
六百山
松本IC
松本駅
大正池
徳本峠
金松寺山
1625
644
683
2646
霞沢岳
アルピコ交通
(松本電鉄)
下新駅
小嵩沢山
2387
新村駅
南松本駅
中山
836
中の湯
坂巻温泉
安房峠
松本市
島々
稲核ダム
波田駅
新島々駅
松本空港
宮入山
沢渡
さわんど温泉・
梓湖畔の湯
水殿ダム
竜島温泉・
せせらぎの湯
山形村役場
山形村
村井駅
十石山
2525
白骨温泉
奈川渡ダム
道の駅風穴の里
塩尻北IC
広丘駅
1774
野麦街道
1570
塩尻市
塩尻市役所
塩尻IC
岡谷JCTへ
乗鞍高原
白樺峠
塩尻駅
JR中央本線
乗鞍エコーライン
奈川温泉
1085
鉢盛山
2447
朝日村
みどり湖駅
洗馬駅
鳴雷山
1092
1947
烏帽子岳
名古屋方面
甲府・新宿方面
塩尻峠

# 槍・穂高連峰周辺図

上市町
奥大日岳
2611
2501
大日岳
立山有料道路
美女平駅
立山駅
立山町
来拝山
有峰口駅
岩峅寺駅
上滝駅
上滝線
富山地方鉄道
尖山
559
横江駅
熊野川ダム
極楽坂山
大品山
砂防用軌道
常願寺川
称名滝
弥陀ヶ原
鍬崎山
2090
鳥ヶ尾山
有峰林道小口川線
二子山
736
熊野川
東八尾駅
越中八尾駅
富山方面
183
笹津駅
猿倉山
小佐波御前山
754
神通川
富山市
桧峠
高頭山
1203
二枚滝
675
御鷹山
夫婦山
784
野積川
久婦須川
JR高山本線
神一ダム
熊尾山
東笠山
1687
西笠山
祐延ダム
鉢伏山
有峰ダム
有峰湖
1699
有峰林道小見線
大坂森山
丸山
岩井谷
薬師岳
2926
太郎山
2373
薬師峠
西新山
1110
戸田峰
猪谷駅
209
長棟川
1398
茂住峠
大高山
唐堀山
宮川
ソンボ山
杉原駅
越中西街道
方波川
池ノ山
長棟峠
横岳
高幡山
大多和峠
有峰林道東谷線
寺地山
北ノ俣岳
2662
(上ノ岳)
黒部川
雲ノ平
高原川
跡津川
青木峠
1392
大滝
打保谷川
漆山岳
1393
1794
北ノ俣川
黒部五郎岳
2840
(中ノ俣岳)
南俣山
打保駅
1222
越中東街道
大鼠山
中ノ俣川
二十五山
1153
天蓋山
1527
山吹峠
桑崎山
金木戸川
蕎麦角山
宮沼谷
360
475
大洞山
484
2006
抜戸岳
笠ヶ岳
2898
道の駅宙ドーム・神岡
流葉山
1423
坂上駅
高山
1337
袖峠
観音山
山田川
双六川
1440
中崎山荘・奥飛騨の湯
新穂高温泉
錫杖岳
2168
41
飛騨細江駅
飛騨市
杉崎駅
75
76
蔵柱川
974
629
高鳥屋山
佐下谷
笠谷
471
475
新穂高温泉
1557
1099
安峰山
宮川
大坂峠
大雨見山
1336
国見山
高原川
赤谷
蒲田川
殿川
飛騨市役所
飛騨古川駅
910
白木谷
1486
新平湯温泉
福地温泉
石動の湯
平湯温泉
安房トンネル
越中街道
飛騨国府駅
JR高山本線
トヤ峠
丹生川ダム
89
道の駅
奥飛騨温泉郷上宝
十二ヶ岳
荒城川
911
平湯温泉・ひらゆの森
平湯峠
四十八滝
高山国府バイパス
825
上枝駅
平湯大滝
荘川IC
高山西IC
中部縦貫自動車道
高山IC
89
小八賀川
158
1478
高山市
日影平山
乗鞍スカイライン
5
大八賀川
布引滝
大丹生岳
2698
大丹生池
乗鞍岳
158
小鳥トンネル
73
高山駅
高山市役所
766
462
牛首山
鍋岩
1504
丸黒山
恵比須岳
2831
五ノ池
権現池
松ヶ洞山
1316
六方山
千町ヶ原
3026
剣ヶ峰
高天ヶ原
高洞山
源氏岳
1143
1027
宮川
木曽街道
美女峠
飛騨一ノ宮駅
日ノ観ヶ岳
361
青屋川
岳谷滝
岐阜・名古屋方面
N
0
5km
1:290,000

# 槍・穂高連峰の登山口ガイド

## 上高地《かみこうち》　標高約1500m　穂高岳・槍ヶ岳・焼岳方面

Map 1-1D

上高地は、槍・穂高連峰をはじめ、北アルプス南部の代表的な登山口であり、梓川の清流と穂高連峰の眺め、大正池や田代池など見どころも多い。もっとも混雑するのは例年7月20日〜8月15日の前後。この時期は沢渡・平湯温泉をそれぞれ午前10時前に出発しないと混雑は避けられない。

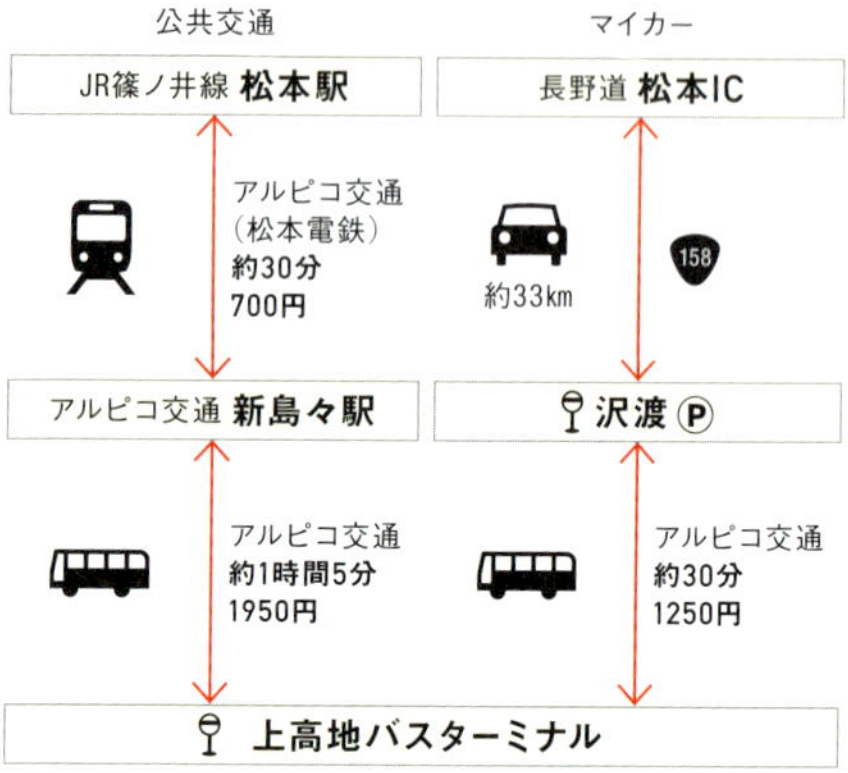


●国道158号の釜トンネル入口から上高地までの上高地公園線はマイカー規制が実施されており、入山には長野県側なら沢渡から、岐阜県側は平湯温泉からバスかタクシーを利用する。

（上）上高地インフォメーションセンターの1階には登山相談所があり、登山届はここで提出する

（下）上高地バスターミナル。食堂・売店・登山相談所など各種施設が整う。到着したらまず下山時のバスの運行状況をチェックし、ターミナルの施設を有効利用してバスの時間を待ちたい

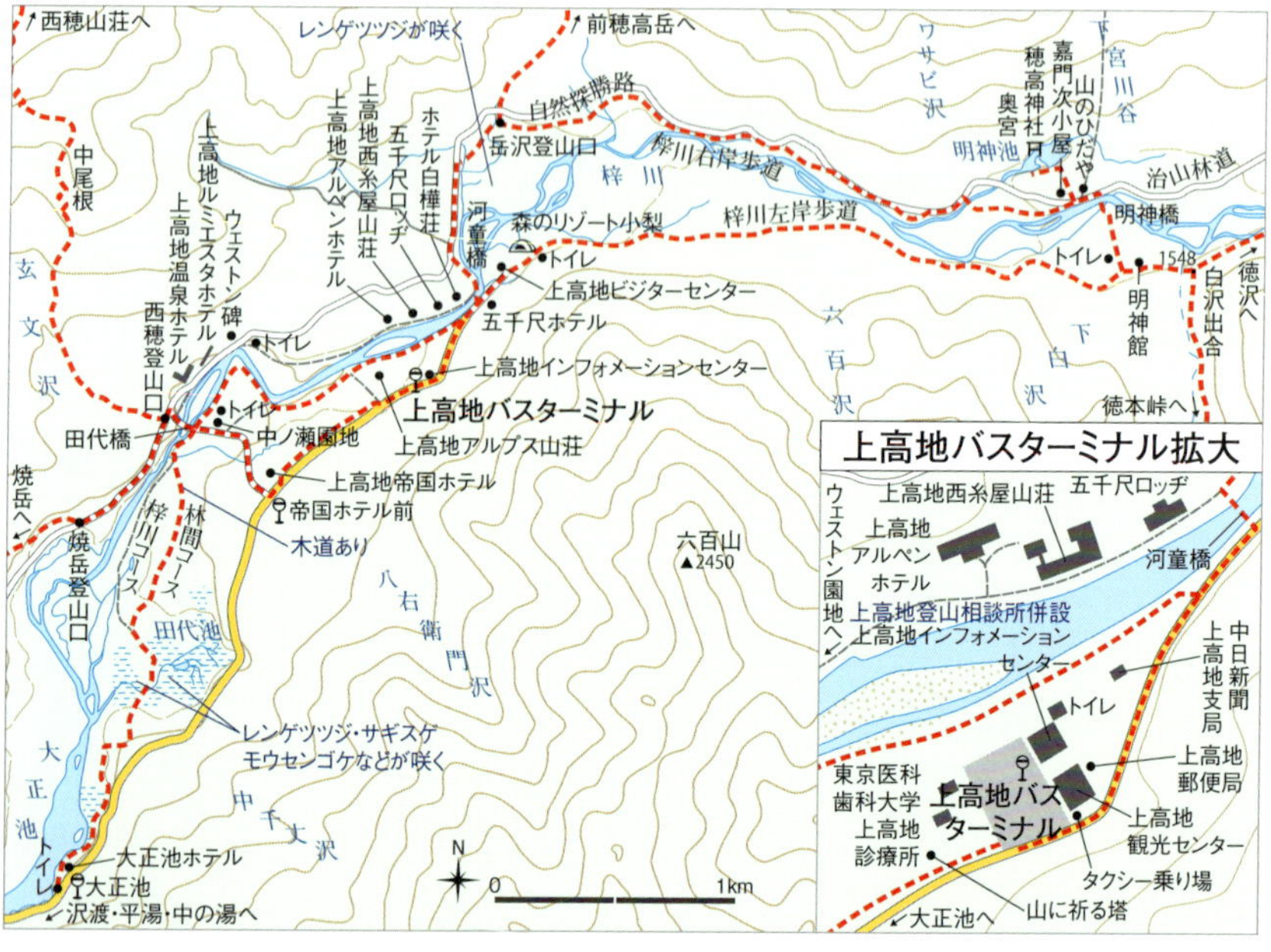


あります。登山計画時には、自治体や交通機関、各施設のホームページなどで最新情報をご確認ください。

## 沢渡《さわんど》 標高約1000m　上高地・穂高岳・槍ヶ岳方面

Map範囲外

通年、マイカー規制が実施されている上高地への長野県側の駐車拠点。臨時駐車場を含めて約2000台の収容能力をもち、ここから路線バスかシャトルバス、タクシーに乗り換えて上高地へ入山する。沢渡から上高地へバス約30分。駐車場は一律1日600円。沢渡から上高地までのタクシー料金は4200円。

↑沢渡ナショナルパークゲート。上高地方面への路線バスが立ち寄るほか、シャトルバスが発車する。タクシーもここから乗車する。市営第3駐車場（約400台）が隣接している。登山届の提出もできる

↑約550台収容する沢渡最大の市営第2駐車場。駐車場に隣接してシャトルバスのさわんど足湯公園前バス停（降車専用、乗車はさわんどバスターミナルから）や商店、足湯もあり、もっとも利用しやすい

公共交通

JR篠ノ井線 **松本駅**

アルピコ交通（松本電鉄）
約30分
700円

アルピコ交通 **新島々駅**

アルピコ交通
約40分
1050円

マイカー

長野道 **松本IC**

約33km
158

**沢渡**

●松本～新島々間のアルピコ交通（松本電鉄）は通年運行で1時間に1～2往復。新島々～沢渡間のアルピコ交通バスはほぼ1時間に1本。沢渡～上高地間はシャトルバスも含めて夏期は10～20分間隔で運行する。

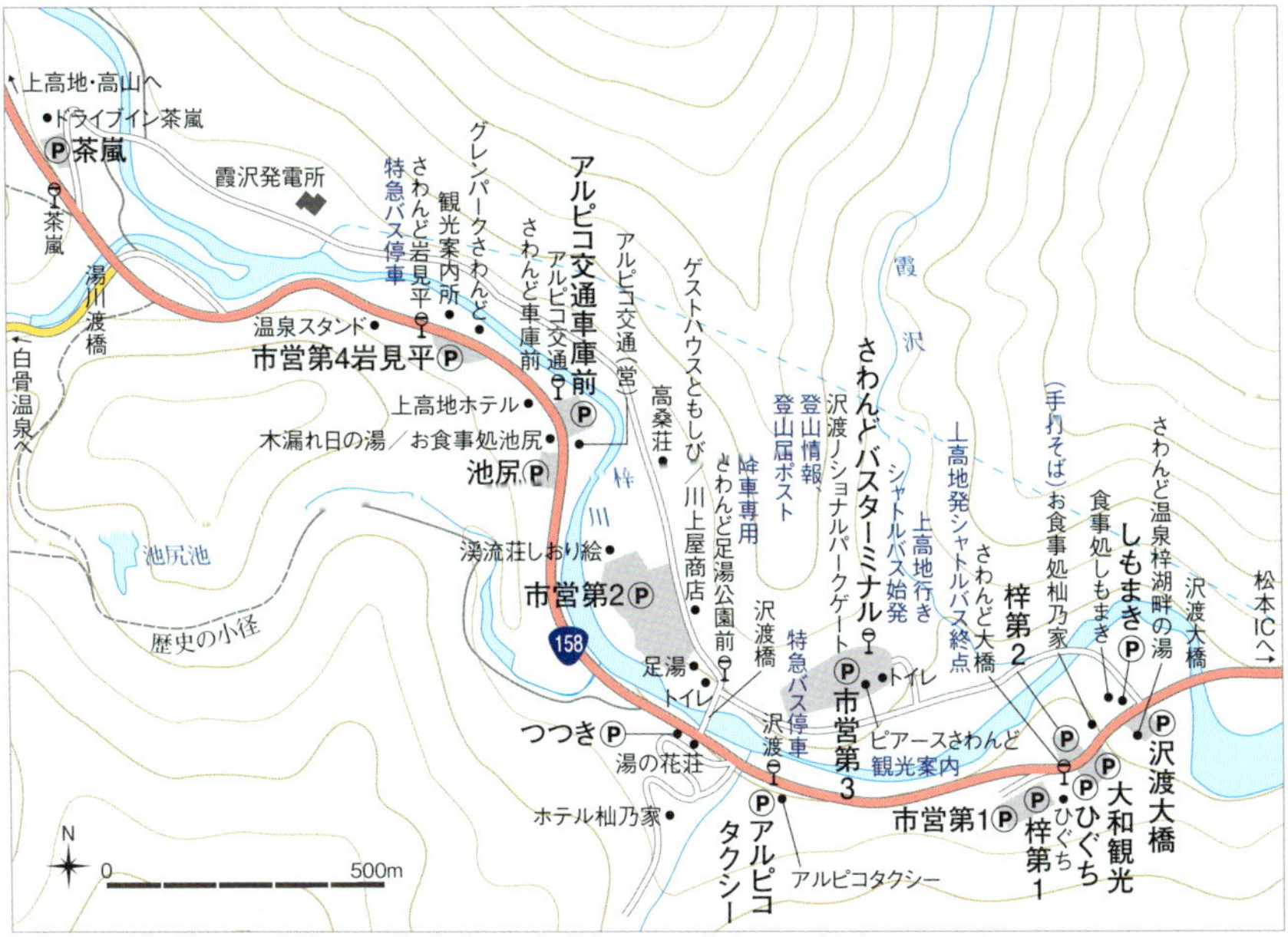




※交通機関や道路、駐車場、宿泊施設などの情報は、本書の発行日時点のものです。発行後に改定・変更になることが

## 中《なか》の湯《ゆ》　標高約1320m　焼岳・上高地方面

Map 1-3C

焼岳登山口にあたる中の湯は、上高地へのマイカー規制の起点である釜トンネル入口に位置。マイカー利用で焼岳に登る場合は、中の湯温泉旅館上部の新中の湯登山口の駐車場へ。

**公共交通**

JR篠ノ井線 **松本駅**
↓ アルピコ交通（松本電鉄）約30分 700円
アルピコ交通 **新島々駅**
↓ アルピコ交通 約50分 1700円
**中の湯**

**マイカー**

長野道 **松本IC**
↓ 158 約44km
**新中の湯コース登山口** Ⓟ

●新島々駅〜上高地間のバスは例年4月中旬〜11月中旬の季節運行で、本数は多い。松本〜高山・新穂高温泉間の特急バスも停車する。

↓洞窟風呂として知られる卜伝の湯（入浴料700円・要予約）。入浴の際は、中の湯バス停そばの中の湯売店で鍵を借りる

←国道158号を安房峠方面に向かう途中にある焼岳・新中の湯ルート登山口。路肩の駐車スペースに15台が停められる（トイレなし）

## 島々《しましま》　標高約730m　徳本峠・上高地方面

Map 2-4D

島々は徳本峠へ通じる島々谷への入口。起点の安曇支所前バス停は、アルピコ交通と松本市営バスが停車する。マイカーは国道から島々谷沿いの林道を約800m進んだ駐車スペース（10台）を利用する。

**公共交通**

アルピコ交通 **新島々駅**
↓ アルピコ交通 松本市営バス 約5分 280円
**安曇支所前**

**マイカー**

長野道 **松本IC**
↓ 158 ほか 約16km
**林道・駐車スペース** Ⓟ

●島々へのバスはアルピコ交通と松本市営バスがあるが、後者は本数が少ないうえ、土・休日は予約が必要

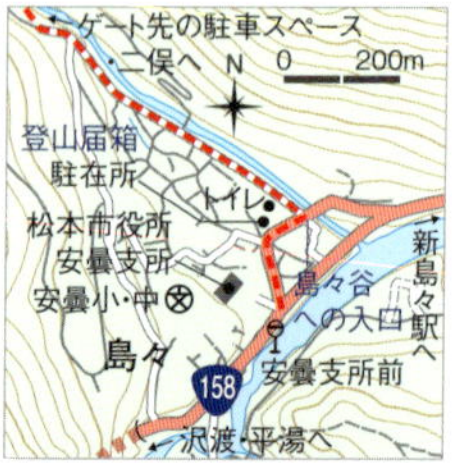

→島々谷への入口。島々谷へは写真の右の道を進む。すぐ近くにトイレがある

## 平湯温泉《ひらゆおんせん》 標高約1250m　上高地・穂高岳・槍ヶ岳方面

Map 1-4B

通年マイカー規制が実施される上高地への岐阜県側の中継点。路線バスを利用する場合、上高地行きのほか、新穂高温泉や乗鞍山頂（畳平）行きなどのバスの発着点ともなる。温泉街に近い山中に公共のあかんだな駐車場があり、マイカーはここに駐車して、上高地行きのシャトルバスかタクシーに乗車する。平湯温泉は、5つの温泉が集まる奥飛騨温泉郷随一の温泉街でもあり、立ち寄り入浴できる温泉施設も多い。

公共交通
JR高山本線 **高山駅**
↕ 濃飛バス　アルピコ交通　**約1時間**　**1570円**
**平湯バスターミナル**

マイカー
中部縦貫道 **高山IC**
↕ 158　約57km
**あかんだな** Ⓟ

→平湯バスターミナルは上高地、新穂高温泉への路線バスの中継点。ターミナルの施設利用者は90分まで駐車無料。1階のバス乗り場奥に無料の足湯がある

↑あかんだな駐車場（850台・1日600円）は平湯温泉の駐車拠点で、3時30分〜19時（シャトルバス運行期間により変動）の開設。平湯温泉へは徒歩約10分

↑あかんだな駐車場には無料休憩所があり、ここから上高地行きバスが運行される。平湯温泉から上高地まではシャトルバスで約35分、1160円

↑平湯民俗館の敷地内にある「平湯の湯」（入浴料は寸志）

# 新《しん》穂《ほ》高《たか》温《おん》泉《せん》 標高約1100m 槍ヶ岳・西穂高岳・双六岳・笠ヶ岳・雲ノ平方面

Map 3-3B

新穂高温泉は、槍・穂高連峰をはじめ、笠ヶ岳、双六岳への一大登山基地。西穂高岳へはロープウェイを利用して最短距離で登れる。蒲田川沿いの大露天風呂など温泉も豊富で、夏山シーズンは多くの登山者と観光客で混雑する。周回コースがとりやすいためマイカー利用者も多く、第1ロープウェイ新穂高温泉駅周辺と、第2ロープウェイしらかば平駅のある鍋平高原に有料（300～600円）と少し離れて無料の駐車場が整備されている。

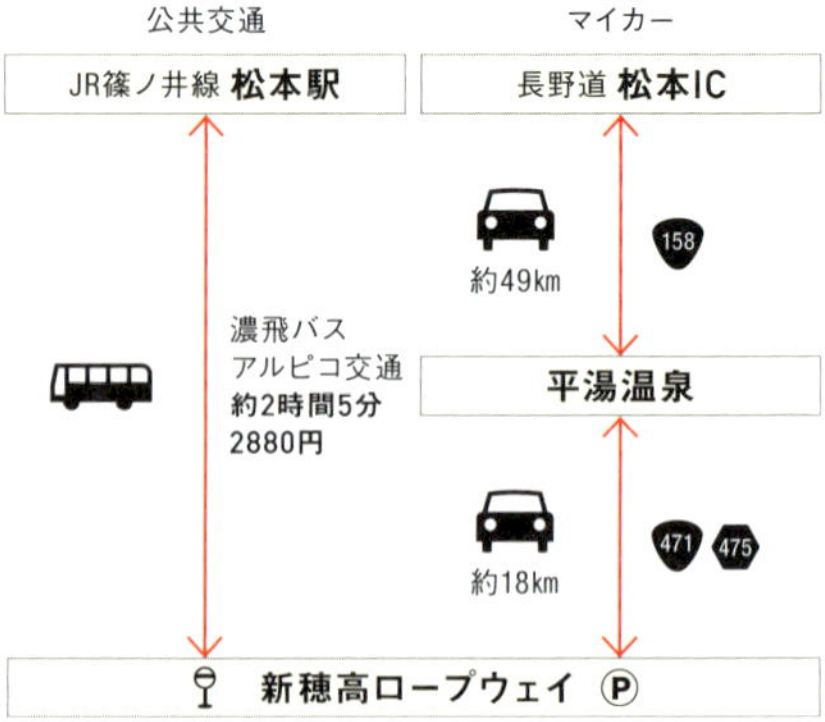


●松本駅～新穂高ロープウェイ間のバスは夏期のみ。運行日以外は平湯温泉で濃飛バスに乗り換える。JR高山本線高山駅～新穂高温泉間の濃飛バスは約1時間45分、2160円

↑登山者専用の新穂高第3駐車場（約200台）。新穂高温泉駅へ徒歩15分かかるが、連泊の登山に利用価値が高い。無料のため最盛期は早朝から満車になることも

↑鍋平高原はしらかば平駅近くに有料駐車場（1日300～600円）、少し離れて無料の登山者用駐車場がある

↑新穂高温泉バス停そばの新穂高センター内に新穂高登山指導センターがあり、登山届の提出や登山情報が入手できる

←通年運行の新穂高ロープウェイ。新穂高温泉駅～西穂高口駅間の標高差1000mを15分で結ぶ

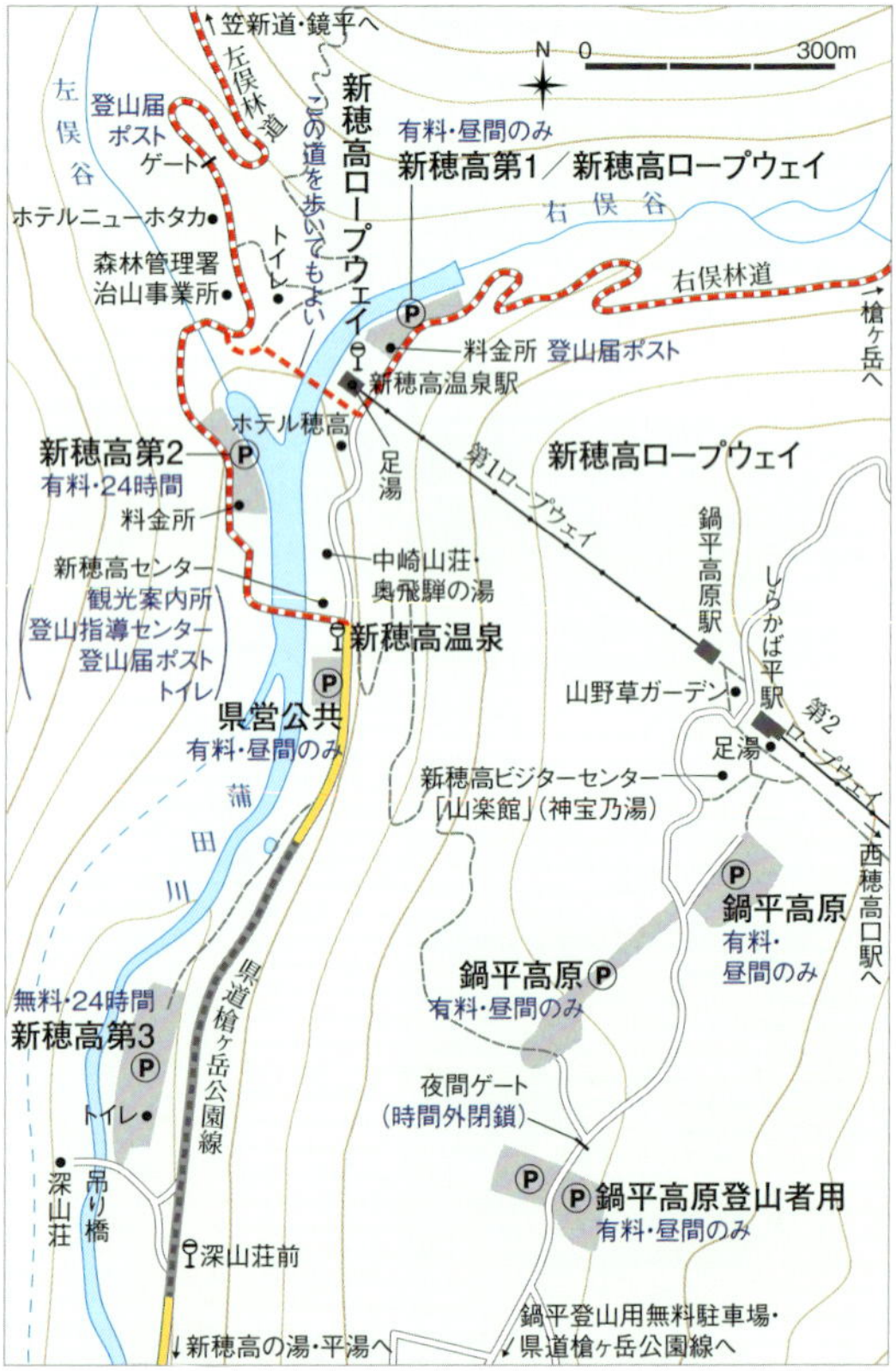

## 一《いち》ノ《の》沢《さわ》／三股《みつまた》　標高約1250m（一ノ沢）／標高約1275m（三股）　常念岳・蝶ヶ岳方面

Map 4-1C

一ノ沢は、日本百名山の常念岳への最短コース。一方の三股は、槍・穂高の絶好の展望台として人気が高い蝶ヶ岳の登山口。三股を起点に、前常念岳を経由して常念岳、蝶ヶ岳を周回するコースも組める。

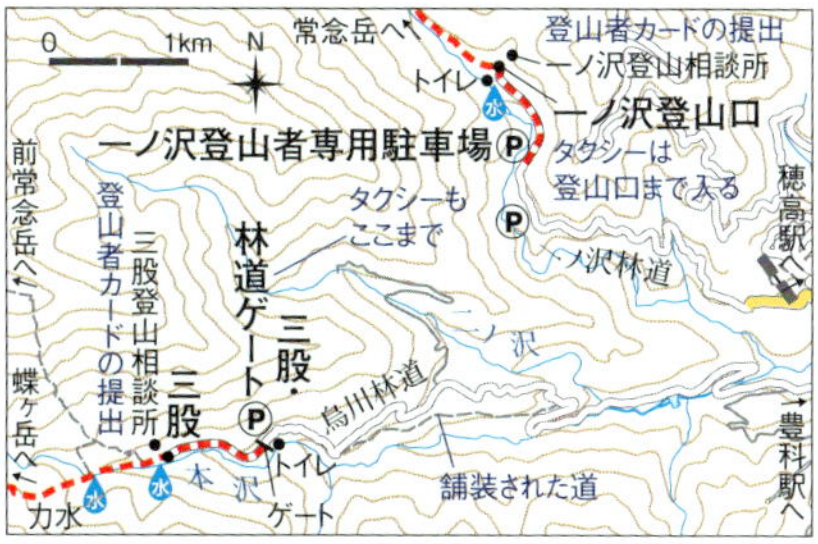


**公共交通**
JR大糸線 **穂高駅**
TAXI　約30分　5100円
**一ノ沢登山口**

**マイカー**
長野道 **安曇野IC**
310 309　一ノ沢林道　約15km
**登山者専用 P**
徒歩　約20分
**一ノ沢登山口**

←一ノ沢登山口の約1km手前に登山者専用駐車場がある。登山口に近い第1と、下部の第2駐車場があり、ともに約30台収容

←一ノ沢登山口。タクシーはここまで。マイカーは混雑時は穂高駅周辺のタクシー会社の駐車場などを利用し、タクシーでここへ向かう

**公共交通**
JR大糸線 **豊科駅**
TAXI　約35分　5900円
**三股・林道ゲート P**

**マイカー**
長野道 **安曇野IC**
495　烏川林道　約18km
**三股・林道ゲート P**

←三股・林道ゲート。三股の約1km手前に広い駐車場があり、場内にトイレや休憩舎が整備されている。登山口の三股へは徒歩15分

## 白《しら》沢《さわ》三股《みつまた》　標高993m　餓鬼岳・燕岳方面

Map 11-3D

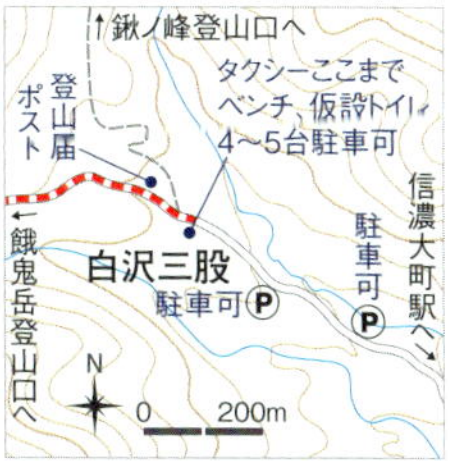


餓鬼岳の登山口である白沢三股は、主に中房温泉から燕岳、餓鬼岳を縦走する下山コースとして利用される。公衆電話はないので、タクシーの予約は山中の燕山荘や餓鬼岳小屋から事前に手配する。

**公共交通**
JR大糸線 **信濃大町駅**
TAXI　約30分　約4500円
**白沢三股 P**

**マイカー**
長野道 **安曇野IC**
147　安曇野スケッチロードほか　約29km
**白沢三股 P**

●JR大糸線信濃常盤駅からタクシー利用の場合は約15分・約3000円。乗車の際は要予約

→登山口手前に約20台置ける路肩の駐車スペース、登山口には登山届ポスト、簡易トイレがある

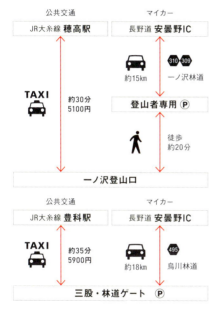

## 中房《なかぶさ》・燕岳《つばくろだけ》登《と》山《ざん》口《ぐち》　標高約1455m　燕岳・餓鬼岳・大天井岳・槍ヶ岳方面

Map 9-2C

中房・燕岳登山口は、燕岳や餓鬼岳、表銀座コースへの登山基地として古くから利用されている。登山口には豊富な源泉が湧く中房温泉が建ち、乗合バスはここまで運行される。マイカー利用者は、約500m下の登山者専用駐車場に車を置いて登山口まで歩くことになる。

公共交通
JR大糸線 **穂高駅**
↓ 乗合バス 約55分 1700円
**中房・燕岳登山口**

マイカー
長野道 **安曇野IC**
↓ 147 25 327 約27km
**登山者専用 P**
↓ 徒歩 約15分
**中房・燕岳登山口**

●乗合バスは例年4月下旬～11月上旬運行。南安タクシー、安曇観光タクシーの2社が運行する。同区間をタクシー利用の場合は約40分・約7500円

→登山者専用駐車場は温泉橋たもとの第1のほか2カ所。常念岳などへの縦走登山の場合、麓の旧しゃくなげ荘などのの駐車場を利用して、乗合バスで中房温泉へ向かう

## 七倉《ななくら》／高瀬《たかせ》ダム　標高約1060m（七倉）約1270m（高瀬ダム）　烏帽子岳・湯俣方面

Map 11-2A

七倉は、烏帽子岳や裏銀座コースの起点。七倉から高瀬ダムまでの東電管理道路は一般車通行止めのため、シーズン中は地元特定のタクシー会社のみゲートから先の高瀬ダムまで行ける。

公共交通
JR大糸線 **信濃大町駅**
↓ TAXI 約30分 約6500円
**七倉**

マイカー
長野道 **安曇野IC**
↓ 147 326 約50km
**七倉** P

**七倉**
↓ TAXI 約15分 約2200円（要予約）
**高瀬ダム**

●高瀬ダムへの地元特定会社のタクシーの主な乗り入れ時間は、6時30分（7月中旬～9月上旬は5時30分～）から19時（9月以降は短縮される）

→高瀬ダムにも公衆電話があり、下山時にはここからタクシーを呼ぶ

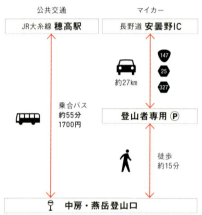

# 槍・穂高連峰の山小屋ガイド

＊山小屋の宿泊は基本的に予約が必要です。
＊掲載の営業期間や宿泊料金などの情報は、本書の発行日時点のものです。発行後に変更になることがあります。予約時に各山小屋・宿泊施設へご確認ください。
＊宿泊料金等の消費税表示（税込み・税別）は、山小屋・宿泊施設によって異なります。予約時に併せてご確認ください。
＊キャンプ指定地の飲料水については各山小屋へお問合せください。指定地以外でのキャンプは禁止されています。

凡例＝①連絡先住所　②収容人数　③営業期間　④宿泊料金（1泊2食、素は素泊まり料金）　⑤キャンプ指定地　⑥ホームページ　⑦備考

## 上高地《かみこうち》西糸屋《にしいとや》山荘《さんそう》

上高地　Map 1-1D

現地 TEL 0263-95-2206

上高地の中心である河童橋から梓川の右岸を120mほど下った右手の標高1500mにある山小屋　①〒390-1516長野県松本市安曇上高地　②200人　③4月下旬～11月上旬　④9000円～22000円　⑤なし　⑥あり　⑦要予約　期間外連絡先 TEL 0263-46-1358（奥原宰）　FAX 0263-95-2208

## 五千尺《ごせんじゃく》ロッヂ

上高地　Map 1-1D

現地 TEL 0263-95-2221

河童橋を渡ってすぐの梓川右岸、標高1500m地点に建つ。上高地の高級ホテルのひとつ五千尺ホテルは同系列　①〒390-1516長野県松本市安曇上高地4468　②134人　③4月中旬～11月中旬　④11500円～　⑤なし　⑥あり　⑦要予約　FAX 0263-95-2511

## 朝焼《あさや》けの宿《やど》 明神館《みょうじんかん》

明神　Map 2-1A

現地 TEL 0263-95-2036

上高地から徒歩約1時間、標高1530mの明神にある　①〒390-1516長野県松本市安曇上高地明神　②150人　③4月下旬～11月上旬　④1万円～17000円　⑤なし　⑥あり　⑦予約希望　期間外連絡先 TEL 0263-33-3353　展望風呂あり　FAX 0263-95-2037

## 嘉門次小屋《かもんじごや》

明神　Map 1-1D

現地 TEL 0263-95-2418（FAX兼）

標高1550m、明神池の入口に建つ山小屋で、明治13（1880）年創業の歴史をもつ　①〒390-1516長野県松本市安曇上高地明神池畔　上條輝夫　②30人　③4月下旬～11月中旬　④8000円　素6000円　⑤なし　⑥あり　⑦要予約　期間外連絡先 TEL 0263-33-8434　※2019年の宿泊は休業

## 旅荘《りょそう》 山《やま》のひだや

明神　Map 1-1D

**現地 TEL0263-95-2211**

明神池畔の標高1540m地点にある和風の山荘。穂高連峰などの本格的な登山だけでなく、上高地散策にも向いている　①〒390-1516長野県松本市安曇4469-1　②55人　③4月下旬～11月上旬　④14040円～　⑤なし　⑥あり　⑦要予約（予約金・キャンセル料あり）　FAX0263-95-2213

## 徳沢《とくさわ》ロッヂ

徳沢　Map 4-4A

**現地 TEL0263-95-2526**（FAX兼）

上高地から約2時間、標高1550mの徳沢に位置。槍・穂高や蝶ヶ岳への登山基地となる　①〒390-1516長野県松本市安曇上高地4470　②70人　③4月下旬～11月上旬　④1万円～18000円　⑤なし　⑥あり　⑦要予約　立ち寄り入浴可（800円、15時~19時30分）

## 氷壁《ひょうへき》の宿《やど》 徳澤園《とくさわえん》

徳沢　Map 4-4A

**現地 TEL0263-95-2508**

徳沢の標高1560m地点に建つ山小屋。井上靖の小説『氷壁』に「徳沢小屋」として登場する　①〒390-1516長野県松本市安曇上高地　上條敏昭　②100人　③4月下旬～11月上旬　④12000円～　⑤200張　利用料1人700円　⑥あり　⑦要予約　FAX0263-39-2041（営業時間外）　現地FAX0263-95-2512

## 横《よこ》尾《お》山荘《さんそう》

横尾　Map 4-3A

**現地 TEL0263-95-2421**

梓川・横尾谷出合本流左岸の標高1620mにあり、涸沢や奥穂高岳、槍ヶ岳、蝶ヶ岳などの主要山岳の登山基地となる　①〒390-1516長野県松本市安曇上高地　②250人　③4月下旬～11月上旬　④1万円　素7000円　⑤100張　利用料1人700円　⑥あり　⑦要予約　期間外連絡先TEL0263-33-2225

## 涸沢《からさわ》ヒュッテ

涸沢　Map 3-3D

**連絡先 TEL03-3211-1023　現地 TEL090-9002-2534**

標高2300m、涸沢カールのモレーン（堆石堤）上に建てられた山小屋　①〒100-0006東京都千代田区有楽町2-10-1東京交通会館B1F　涸沢ヒュッテ　②180人　③4月下旬～11月上旬　④1万円　素7000円　⑤500張　利用料1人1000円　⑥あり　⑦3人以上は要予約　貸しテントあり（有料・要予約）　FAX03-3211-8093

## 涸沢小屋《からさわごや》

涸沢

Map 3-3D

**連絡先** TEL **090-2204-1300**

涸沢カールの北穂高岳・奥穂高岳分岐点（標高2350m）に位置する山小屋。ここから奥穂高岳へは約3時間半の登りとなる　①〒390-1502長野県松本市安曇787-11　涸沢小屋事務所　②100人　③4月下旬～11月初旬　④1万円　素7000円　⑤500張　利用料1人1000円　⑥あり　⑦予約希望　FAX 050-3730-9248

## 穂高岳山荘《ほたかだけさんそう》

白出のコル

Map 3-3D

**連絡先** TEL **0578-82-2150**　**現地** TEL **090-7869-0045**

涸沢岳と奥穂高岳の鞍部、標高2996mの白出のコルに建つ山小屋　①〒506-1111岐阜県飛騨市神岡町東町504　穂高岳山荘事務所　②250人　③4月下旬～11月初旬　④10300円　素6900円　⑤30張　利用料1人1000円（水・トイレ代含む）　⑥あり　⑦期間外は冬期小屋を開放（1000円）　FAX 0578-82-4970　現地 FAX 0577-36-8480

## 北穂高小屋《きたほたかごや》

北穂高岳

Map 3-3D

**現地** TEL **090-1422-8886**

北穂高岳北峰に建つ。標高3100mにある北アルプス最高所の山小屋　①〒390-0303長野県松本市浅間温泉3-25-8　北穂高小屋事務所　②70人　③4月下旬～11月初旬　④10200円　素7000円　⑤20張　利用料1人1000円　⑥あり　⑦要予約　冬期連絡先 TEL 0263-46-0407

## 岳沢小屋《だけさわごや》

岳沢上部

Map 3-4D

**連絡先** TEL **0263-35-7200**　**現地** TEL **090-2546-2100**

上高地から岳沢沿いの道を登ること約2時間半、標高2170m地点に建っている山小屋　①〒390-0813長野県松本市埋橋1-7-2　穂苅康治　②60人　③4月下旬～11月下旬　④10300円　素7300円　⑤60張　利用料1人1000円　⑥あり　⑦要予約　FAX 0263-35-0637

## 西穂山荘《にしほさんそう》

西穂高岳南西

Map 3-4C

**連絡先** TEL **0263-36-7052**（日・祝日は除く）
**現地** TEL **0263-95-2506** TEL **080-6996-2455**

西穂高岳の南西部・標高2367mの森林限界付近に建っている。北アルプスでは珍しい通年営業の山小屋　①〒390-0811長野県松本市中央1-11-25　西穂山荘事務所　②200人　③通年　④10200円　素7200円　⑤30張 利用料1人1000円　⑥あり　⑦予約希望　FAX 0263-32-3211

凡例＝①連絡先住所　②収容人数　③営業期間　④宿泊料金（1泊2食、素は素泊まり料金）　⑤キャンプ指定地　⑥ホームページ　⑦備考

## 穂高平小屋《ほたかだいらごや》

穂高平 Map 3-3C

連絡先 TEL 0578-82-4010　現地 TEL 0578-89-2842

蒲田川右俣谷、標高1320mの穂高平に建つ　①〒506-1161岐阜県飛騨市神岡町船津1239　水上千利　②30人　③7月中旬〜9月末（8月31日以降週末・祝日のみ）　④素4000円　⑤10張　利用料1人500円（管理者在駐時のみ）　⑥あり　⑦食事付き（8000円）は予約時要相談　期間外一部開放　予約 TEL 080-8255-7334　FAX 052-822-4250

## 焼岳小屋《やけだけごや》

新中尾峠 Map 1-2C

連絡先 TEL 0263-94-2307　現地 TEL 090-2753-2560

割谷山・焼岳鞍部の新中尾峠（標高2100m）に位置する山小屋　①〒390-1592長野県松本市安曇1061-1　松本市役所安曇支所山岳観光課　②20人　③6月中旬〜10月下旬　④8000円　素5500円　⑤なし　⑥あり　⑦予約希望　団体のみ要予約　FAX 0263-94-2567　2019年に建て替えの予定

## 中《なか》の湯温泉旅館《ゆおんせんりょかん》

焼岳南面 Map 1-3C

現地 TEL 0263-95-2407

上高地入口の中の湯バス停から徒歩約30分、標高1500mにある旅館。宿の上部から焼岳への登山道が延びている　①〒390-1516長野県松本市安曇上高地中の湯　②120人　③通年　④11000円（冬期1万円）〜2万円　⑤なし　⑥あり　⑦要予約　宿泊者は中の湯バス停より送迎あり　立ち寄り入浴可（700円、12時~17時）　FAX 0263-95-2514

## 徳本峠小屋《とくごうとうげごや》

徳本峠 Map 2-2A

連絡先 TEL 0263-78-2350（FAX 兼）
現地 TEL 090-2767-2545

上高地から約3時間半、穂高連峰を正面に大きく望む標高2135mの徳本峠に建っている山小屋　①〒390-1703長野県松本市梓川上野1020　②24人　③4月下旬~10月下旬　④10500円　素7000円　⑤10張　利用料1人1000円　⑥あり　⑦要予約　予約は現地電話へ

## 槍沢《やりさわ》ロッヂ

槍沢 Map 4-2A

連絡先 TEL 0263-35-7200
現地 TEL 0263-95-2626 TEL 090-3135-0003

赤沢山南方、槍沢左岸の標高1820m地点に建つ山小屋　①〒390-0813長野県松本市埋橋1-7-2　穂苅康治　②150人　③4月下旬〜10月末　④10300円　素7300円　⑤30張　利用料1人1000円　⑥あり　⑦予約希望　団体は要予約　FAX 0263-35-0637

凡例＝①連絡先住所 ②収容人数 ③営業期間 ④宿泊料金（1泊2食、素は素泊まり料金） ⑤キャンプ指定地 ⑥ホームページ ⑦備考

## 槍《やり》ヶ《が》岳《たけ》殺生《せっしょう》ヒュッテ

槍沢上部 Map 3-1D

連絡先 TEL 0263-77-1488

槍ヶ岳山頂南東下の槍沢上部、標高2800mに位置する山小屋。槍ヶ岳の肩へは40分ほど ①〒399-8101長野県安曇野市三郷明盛1687 百瀬孝仁 ②100人 ③6月中旬〜10月中旬 ④9700円 素6300円 ⑤80張 利用料1人1000円 ⑥あり ⑦予約希望 トイレ有料 期間外閉鎖

## 槍《やり》ヶ《が》岳《たけ》山荘《さんそう》

槍ヶ岳直下 Map 3-1D

連絡先 TEL 0263-35-7200 現地 TEL 090-2641-1911

槍ヶ岳山頂まで30分ともっとも近い山小屋。槍ヶ岳山頂直下の標高3060mに建つ ①〒390-0813長野県松本市埋橋1-7-2 穂苅康治 ②400人 ③4月下旬~11月上旬 ④10300円 素7300円 ⑤30張 利用料1人1000円 ⑥あり ⑦団体は要予約 期間外冬期小屋開放（1000円） FAX 0263-35-0637

## ヒュッテ大槍《おおやり》

雷鳥平 Map 3-1D

連絡先 TEL 0263-32-1535 現地 TEL 090-1402-1660

槍ヶ岳の東方1km、東鎌尾根上雷鳥平の標高2850mに位置する山小屋 ①〒390-0874長野県松本市大手2-3-10 燕山荘松本事務所 ②80人 ③6月下旬〜10月上旬 ④10300円 素7000円 ⑤なし ⑥あり ⑦予約希望 FAX 0263-32-0898

## 南岳《みなみだけ》小《ご》屋《や》

南岳南直下 Map 3-2D

連絡先 TEL 0263-35-7200 現地 TEL 090-4524-9448

南岳南直下の標高3000mに建つ。槍・穂高連峰縦走の貴重な山小屋 ①〒390-0813長野県松本市埋橋1-7-2 穂苅康治 ②80人 ③7月上旬〜10月中旬 ④10300円 素7300円 ⑤50張 利用料1人1000円 ⑥あり ⑦予約希望 団体は要予約 期間外冬期小屋開放（1000円） FAX 0263-35-0637

## 槍平《やりだいら》小《ご》屋《や》

蒲田川右俣谷 Map 3-2D

連絡先 TEL 0578-89-2523 現地 TEL 090-8863-3021

槍ヶ岳、南岳、奥丸山への登山の拠点となる山小屋で、蒲田川右俣谷の標高2000m地点にある ①〒506-1421岐阜県高山市奥飛騨温泉郷神坂90 沖田政明 ②80人 ③7月上旬〜体育の日 ④9800円 素7000円 ⑤50張 利用料1人1000円 ⑥あり ⑦予約希望 期間外冬期小屋開放 FAX 0578-89-3303

## 大天井《おてんしょう》ヒュッテ

大天井岳西方

Map 9-4A

連絡先 TEL 0263-35-7200　現地 TEL 090-1401-7884

大天井岳と牛首山の鞍部、標高2650mにあり、表銀座コースの中継点として利用されている　①〒390-0813長野県松本市埋橋1-7-2　穂苅康治　②150人　③7月上旬〜10月中旬　④10300円　素7300円　⑤なし　⑥あり　⑦予約希望　団体は要予約　FAX 0263-35-0637

## 大天荘《だいてんそう》

大天井岳

Map 9-4A

連絡先 TEL 0263-32-1535　現地 TEL 090-8729-0797

大天井岳山頂直下（標高2870m）に建ち、燕岳から槍ヶ岳、常念岳への縦走に利用される　①〒390-0874長野県松本市大手2-3-10　燕山荘松本事務所　②150人　③6月下旬〜11月上旬　④10300円〜　素7000円　⑤50張　利用料1人1000円　⑥あり　⑦予約希望　期間外冬期小屋開放（1000円）　FAX 0263-32-0898

## ヒュッテ西岳《にしだけ》

西岳

Map 4-1A

連絡先 TEL 090-7172-2062

表銀座コースの大天井岳と槍ヶ岳の中間の西岳直下、標高2700m地点にある山小屋　①〒399-8101長野県安曇野市三郷明盛1687　百瀬孝仁　②60人　③7月上旬〜10月上旬　④10300円　素7000円　⑤20張　利用料1人1000円　⑥あり　⑦要予約　トイレ有料

## 七倉山荘《ななくらさんそう》

高瀬ダム下方

Map 11-2B

連絡先 TEL 0261-22-4006　現地 TEL 090-6007-0208

七倉ダム湖畔の車止めがある標高1050mに建っている。烏帽子岳の登山口となる高瀬ダムへは徒歩2時間　①〒398-0001長野県大町市平区高瀬入2118-37　②32人　③4月中旬〜11月下旬　④9720円〜　素6480円　⑤10張　利用料1人1620円（温泉入浴含む）　⑥あり　⑦予約希望　立ち寄り入浴可（650円、6時~19時）　FAX 0261-85-0806

## 烏帽子小屋《えぼしごや》

烏帽子岳南方

Map 10-3D

現地 TEL 090-3149-1198

烏帽子岳・三ツ岳鞍部の標高2550m地点に建ち、裏銀座コースの北の玄関口となる山小屋　①〒398-0002長野県大町市大町892-1　上條文吾　②70人　③7月上旬〜10月上旬　④9500円　素6500円　⑤20張　利用料1人1000円　⑥あり　⑦要予約　期間外連絡先 TEL 0261-22-5104

## 野口五郎小屋《のぐちごろうごや》

野口五郎岳　Map 10-4D

**連絡先** TEL 0261-22-5758（FAX兼）　**現地** TEL 090-3149-1197

裏銀座コースの野口五郎岳北直下標高2870m、二重山稜の舟窪地形のなかに建つ山小屋　①〒398-0002 長野県大町市大町4868-5　上條盛親　②50人　③7月上旬～9月下旬　④9500円　素6000円　⑤なし　⑥あり　⑦予約希望（団体は要予約）

## 水晶小屋《すいしょうごや》

水晶分岐　Map 8-1C

**連絡先** TEL 0263-83-5735　**現地** TEL 090-4672-8108（三俣山荘）

裏銀座コースの水晶分岐、標高2890mにある山小屋。日本百名山の水晶岳へは40分　①〒399-8301 長野県安曇野市穂高有明5718-116　三俣山荘事務所　②40人　③7月下旬～9月下旬　④10200円　素6200円　⑤なし　⑥あり　⑦宿泊希望者は要連絡　団体は1日1組のみ（人数制限あり）　FAX 0263-83-8339

## 三俣山荘《みつまたさんそう》

三俣蓮華岳東方　Map 8-2C

**連絡先** TEL 0263-83-5735　**現地** TEL 090-4672-8108

裏銀座コース、鷲羽岳・三俣蓮華岳鞍部の標高2550mに位置　①〒399-8301 長野県安曇野市穂高有明5718-116　三俣山荘事務所　②70人　③7月上旬～10月中旬　④1万円　素6000円　⑤70張　利用料1人1000円　⑥あり　⑦7月下旬~8月末の団体は1日1組、要予約（25人まで）　FAX 0263-83-8339

## 湯俣温泉晴嵐荘《ゆまたおんせんせいらんそう》

湯俣　Map 9-2A

**連絡先** TEL 090-5535-3667

湯俣川と水俣川の出合から下流に500m・標高1500mに建つ山小屋　①〒381-0084 長野県長野市若槻東条556-8　竹村恒子　②60人　③7月初旬～10月中旬　④1万円　素7000円　⑤20張　利用料1人700円　⑥あり　⑦予約希望　立ち寄り入浴可（500円）　FAX 026-295-5868　2019年の営業は要問合せ

## 蝶ヶ岳《ちょうがたけ》ヒュッテ

蝶ヶ岳肩　Map 4-3B

**連絡先** TEL 0263-58-2210　**現地** TEL 090-1056-3455

三股から約5時間、蝶ヶ岳頂稜南端、長堀山分岐の標高2677mに建っている　①〒399-0036 長野県松本市村井町南1-27-6　㈲蝶ヶ岳ヒュッテ　②200人　③4月下旬～11月上旬　④1万円　素7000円　⑤50張　利用料1人1000円　⑥あり　⑦団体、個室は要予約　期間外開放　FAX 0263-57-5230

凡例＝①連絡先住所　②収容人数　③営業期間　④宿泊料金（1泊2食、素は素泊まり料金）　⑤キャンプ指定地　⑥ホームページ　⑦備考

## 常念小屋《じょうねんごや》

常念乗越 Map 4-1B

**連絡先** TEL 0263-33-9458　**現地** TEL 090-1430-3328

横通岳・常念岳鞍部の常念乗越（標高2450m）に建つ　①〒390-0877長野県松本市沢村1-11-18　常念小屋松本事務所　山田健一郎　②200人　③4月下旬～11月上旬　④1万円　素7000円　⑤40張　利用料1人1000円　⑥あり　⑦団体は要予約　FAX 0263-37-5088

## 大滝山荘《おおたきさんそう》

大滝山北方 Map 4-4B

**連絡先** TEL 0263-58-2210

中村新道・大滝山北側の肩標高2614m地点に建つ山小屋。大滝山山頂へは10分ほどの登りとなる　①〒399-0036長野県松本市村井町南1-27-6　㈲蝶ヶ岳ヒュッテ　②30人　③7月中旬～9月中旬　④9500円　素6500円　⑤5張　利用料1人1000円　⑥あり　⑦要予約　期間外は10名以上の予約で開設可　FAX 0263-57-5230

## 有明荘《ありあけそう》

中房温泉下 Map 9-3C

**連絡先** TEL 0263-84-6511

中房温泉の手前1km、標高1394mの有明温泉にある宿泊施設　①〒399-8301長野県安曇野市穂高有明中房　②73人　③4月下旬～11月下旬　5・6・11月第2火曜と7月第1火曜休（状況により9月休館あり）　④10300円～　⑤なし　⑥あり　⑦要予約　立ち寄り入浴可（620円、10時～17時）　FAX 0263-84-6522

## 中房温泉《なかぶさおんせん》

中房川上流 Map 9-2C

**連絡先** TEL 0263-77-1488

穂高駅からバスで1時間、標高1462mに建つ温泉宿で、燕岳や表銀座コース登山のベースとなる。冬期は休業　①〒399-8306長野県安曇野市穂高有明7226　②300人　③4月下旬～11月下旬　④9850円（税抜）～　⑤あり　利用料1人1000円　⑥あり　⑦要予約　立ち寄り入浴可（700円、9時30分~16時）　FAX 0263-77-4288

## 燕山荘《えんざんそう》

燕岳南方 Map 9-2B

**連絡先** TEL 0263-32-1535　**現地** TEL 090-1420-0008

燕岳への主稜線の標高2680m　①〒390-0874長野県松本市大手2-3-10　燕山荘松本事務所　②650人　③4月下旬～11月下旬、年末年始　④10300円（年末年始変動あり）　素7000円　⑤30張　利用料1人1000円　⑥あり　⑦予約希望　期間外開放（1000円）　FAX 0263-32-0898

## 餓《が》鬼《き》岳《だけ》小《ご》屋《や》

餓鬼岳南直下　Map 11-4B

連絡先 TEL 0261-22-2220（FAX兼）

餓鬼岳山頂の南直下50メートルの標高2600mに位置する。餓鬼岳登山や東沢岳、燕岳への縦走の拠点となる山小屋　①〒398-0004長野県大町市常盤泉5637　伊東瑛子　②80人　③7月上旬〜10月中旬　④9500円　⑤4張　利用料1人700円　⑥なし　⑦予約希望

## わさび平《だいら》小《ご》屋《や》

わさび平　Map 3-2C

連絡先 TEL 0577-34-6268

双六岳へのベースとなる山小屋。蒲田川上流の左俣谷右岸にあるわさび平の標高1400m地点に建つ　①〒506-0052岐阜県高山市下岡本町2911-20　双六小屋事務所　②60人　③7月上旬〜10月中旬　④9000円　素6000円　⑤30張　利用料1人1000円　⑥あり　⑦予約希望　3人以上は要予約　FAX 0577-32-1712

## 鏡平山荘《かがみだいらさんそう》

鏡平　Map 3-1C

連絡先 TEL 0577-34-6268　現地 TEL 090-1566-7559

槍・穂高を投影する池塘群が点在する、鏡平の標高2300m地点に建つ山小屋　①〒506-0052岐阜県高山市下岡本町2911-20　双六小屋事務所　②120人　③7月上旬〜10月中旬　④10300円　素7300円　⑤なし　⑥あり　⑦予約希望　5人以上は要予約　FAX 0577-32-1712

## 双六《すごろく》小《ご》屋《や》

双六池畔　Map 8-3C

連絡先 TEL 0577-34-6268　現地 TEL 090-3480-0434

樅沢岳・双六岳鞍部、双六池畔の標高2550m地点に位置する山小屋　①〒506-0052岐阜県高山市下岡本町2911-20　双六小屋事務所　②200人　③6月上旬〜10月中旬　④10300円　素7300円　⑤60張　利用料1人1000円　⑥あり　⑦予約希望　5人以上は要予約　期間外冬期小屋開放（1000円）　FAX 0577-32-1712

## 笠《かさ》ヶ《が》岳《たけ》山荘《さんそう》

笠ヶ岳北面　Map 3-2B

連絡先 TEL 0578-89-2404（FAX兼）　現地 TEL 090-7020-5666

笠ヶ岳と北側の小ピークである小笠の鞍部、標高2820mに建つ山小屋　①〒506-1423岐阜県高山市奥飛騨温泉郷栃尾21　滋野守　②100人　③6月下旬〜10月中旬　④10300円　素7000円　⑤25張　利用料1人800円　⑥あり　⑦3人以上と10月の宿泊は要予約

凡例＝①連絡先住所　②収容人数　③営業期間　④宿泊料金（1泊2食、素は素泊まり料金）　⑤キャンプ指定地　⑥ホームページ　⑦備考

# 立ち寄り湯ガイド

### 中崎山荘・奥飛騨の湯

℡0578-89-2021

新穂高ロープウェイ第一乗り場付近にある、日帰り入浴と食事処を兼ね備えた施設。大浴場や露天風呂、ミストサウナなどがある。入浴料：800円、営業時間：9時～18時（夏期は～20時）、定休日：不定休。新穂高温泉バス停すぐ。岐阜県高山市奥飛騨温泉郷神坂720

### 蝶ヶ岳温泉・ほりでーゆ～四季の郷

℡0263-73-8500

蝶ヶ岳登山口の三股への途中にある安曇野市営の宿泊施設。日帰り入浴もでき、大浴場、ジャクジー、サウナなどの施設が充実。入浴料：530円、営業時間：10時～21時30分、定休日：無休。豊科駅から車15分。長野県安曇野市堀金烏川11-1

### 竜島温泉・せせらぎの湯

℡0263-94-1126

松本市島々地区の梓川対岸にある日帰り入浴施設。男女別の内湯と露天風呂のほか、食事処や売店、マッサージコーナーもある。入浴料：510円、営業時間：10時～22時、定休日：月曜（祝日の場合は翌日）・年末年始。新島々駅から車5分。長野県松本市波田3452

### 馬羅尾天狗岩温泉・すずむし荘

℡0261-62-8500

安曇野と大町を結ぶ安曇野スケッチライン沿いに建つ松川村営の宿泊・入浴施設。天然ラドン温泉が湧く露天風呂や大浴場がある。入浴料：500円、営業時間：10時（第1～3木曜は16時～）～21時、定休日：第4木曜（祝日は営業）。信濃松川駅から車5分。長野県北安曇郡松川村3363-1082

### 大町温泉郷・湯けむり屋敷薬師の湯

℡0261-23-2834

大町温泉郷の日帰り温泉施設。開放感のある露天風呂のほか、4種類の泉質が嬉しい体験風呂などがある。アルプス温泉博物館を併設。入浴料：700円、営業時間：7時（11月～6月は10時）～21時、定休日：無休。大町温泉郷バス停より徒歩3分。長野県大町市平2811-41

＊入浴料、営業時間、定休日、交通などの情報は、抜粋して掲載しています。変更になることがありますので、利用の際は、各施設にご確認ください。

平湯温泉・ひらゆの森

蝶ヶ岳温泉・ほりでーゆ～四季の郷

### さわんど温泉・梓湖畔の湯

℡0263-93-2380

沢渡大橋駐車場にあり、マイカーで上高地に入る際、下山時に立ち寄るのに便利。中の湯温泉からの引湯で、梓川を見下ろす露天風呂がある。入浴料：720円、営業時間：10時～20時（変動あり）、定休日：月により変動（冬期休業）。さわんど大橋バス停より徒歩2分。長野県松本市安曇4159-14

### 福地温泉・石動（いするぎ）の湯

℡0578-89-2793

「昔ばなしの里」内の共同浴場で、男女別の内湯と露天風呂がある。入浴以外に囲炉裏を囲んで五平餅などの食事も楽しめる。福地化石館を併設。入浴料：300円、営業時間：12時～16時、定休日：水曜休（露天風呂は冬期休業）。福地温泉上バス停より徒歩1分。岐阜県高山市奥飛騨温泉郷福地温泉110

### 平湯温泉・ひらゆの森

℡0578-89-3338

安房トンネルの料金所にほど近く、広いスペースに全16の岩風呂や桧の露天風呂がある贅沢なつくり。入口に無料の足湯があり、宿泊施設も併設。入浴料：500円、営業時間：10時～21時、定休日：無休。平湯温泉バスターミナルより徒歩3分。岐阜県高山市奥飛騨温泉郷平湯763-1

# 行政区界・地形図

1:25,000地形図（メッシュコード）＝❶薬師岳（543754）
❷三俣蓮華岳（543744）　❸笠ヶ岳（543734）　❹焼岳（543724）
❺烏帽子岳（543755）　❻槍ヶ岳（543745）　❼穂高岳（543735）
❽上高地（543725）　❾大町南部（543756）　❿有明（543746）
⓫信濃小倉（543736）　⓬波田（543726）

# 登山計画書の提出

　槍・穂高連峰登山にあたっては、事前に登山計画書（登山届・登山者カード）を作成、提出することが基本。登山計画書を作成することで、歩くコースの特徴やグレードを知り、充分な準備を整えて未然に遭難事故を防ぐ。また、万が一、登山者にアクシデントが生じたとき、迅速な捜索・救助活動にもつながる。

　主要登山口には、用紙とともに登山届ポスト（提出箱）が設けられ、その場で記入・提出することもできるが、準備段階で作成することが望ましい。登山者名と連絡先、緊急連絡先、登山日程とコースなどが一般的な記入要件だ。

　なお槍・穂高連峰では「長野県登山安全条例」および「岐阜県山岳遭難防止条例」に基づき、登山計画書の提出が義務となっている（詳細は長野県・岐阜県のホームページ参照）。提出は登山口の提出箱のほか、日本山岳ガイド協会が運営するオンライン登山届システム「コンパス」など、インターネットからもできる。

# 問合せ先一覧

## 市町村役場

| | | | |
|---|---|---|---|
| 松本市役所 | 〒390-8620 | 長野県松本市丸の内3-7 | TEL0263-34-3000 |
| 安曇野市役所 | 〒399-8281 | 長野県安曇野市豊科6000 | TEL0263-71-2000 |
| 大町市役所 | 〒398-8601 | 長野県大町市大町3887 | TEL0261-22-0420 |
| 高山市役所 | 〒506-8555 | 岐阜県高山市花岡町2-18 | TEL0577-32-3333 |
| 富山市役所 | 〒930-8510 | 富山県富山市新桜町7-38 | TEL076-431-6111 |

## 県庁・県警察本部

| | | | |
|---|---|---|---|
| 長野県庁 | 〒380-8570 | 長野県長野市大字南長野字幅下692-2 | TEL026-232-0111 |
| 岐阜県庁 | 〒500-8570 | 岐阜県岐阜市薮田南2-1-1 | TEL058-272-1111 |
| 富山県庁 | 〒930-8501 | 富山県富山市新総曲輪1-7 | TEL076-431-4111 |
| 長野県警察本部 | 〒380-8510 | 長野県長野市大字南長野字幅下692-2 | TEL026-233-0110 |
| 岐阜県警察本部 | 〒500-8501 | 岐阜県岐阜市薮田南2-1-1 | TEL058-271-2424 |
| 富山県警察本部 | 〒930-8570 | 富山県富山市新総曲輪1-7 | TEL076-441-2211 |

## 主な観光協会

松本市アルプス山岳郷……TEL0263-94-2221
奥飛騨温泉郷観光協会……TEL0578-89-2614
大町市観光協会……TEL0261-22-0190
安曇野市観光協会……TEL0263-82-3133

## 交通機関（バス・ロープウェイ）

アルピコ交通（松本電鉄）……TEL0263-26-7311
アルピコ交通バス……TEL0263-92-2511
濃飛バス……TEL0577-32-1160
新穂高ロープウェイ……TEL0578-89-2252
安曇観光タクシー（中房温泉乗合バス）……TEL0263-82-3113
南安タクシー（中房温泉乗合バス）……TEL0263-72-2855

## 交通機関（タクシー）

**■松本駅**
アルプス交通……TEL0263-58-2021
松本タクシー……TEL0263-33-1141
相互第一交通……TEL0263-26-0005

**■沢渡・上高地**
アルピコタクシー……TEL0263-93-2700
上高地タクシー共同配車管理センター……TEL0263-95-2350

**■穂高駅**
安曇観光タクシー……TEL0263-82-3113
明科第一交通……TEL0263-82-2306

**■豊科駅**
南安タクシー……TEL0263-72-2855

**■信濃大町駅・信濃常磐駅**
信州アルピコタクシー……TEL0261-23-2323
アルプス第一交通……TEL0261-22-2121

**■高山駅**
山都タクシー……TEL0577-32-2323
新興タクシー……TEL0577-32-1700
はとタクシー……TEL0577-32-0246

**■飛騨市神岡**
濃飛タクシー……TEL0578-82-1111

**■平湯温泉**
はとタクシー……TEL0578-89-2616
宝タクシー……TEL0578-89-2631

# 主な山名・地名さくいん

## あ

一ノ沢登山口　いちのさわとざんぐち……119・128
烏帽子岳　えぼしだけ……102
大滝山南峰　おおたきやまなんぽう……123
奥穂高岳　おくほたかだけ……19・29・45
奥丸山　おくまるやま……81・82
大天井岳　おてんしょうだけ……128

## か

餓鬼岳　がきだけ……131・132
笠ヶ岳　かさがたけ……146・147
笠新道登山口　かさしんどうとざんぐち……138・144
霞沢岳　かすみさわだけ……59
上高地バスターミナル　かみこうちばすたーみなる……13・21・25・45・47・51・56・61・66・85・90・99・109・120
涸沢　からさわ……17・20・25・45・90
涸沢岳　からさわだけ……29
唐沢岳　からさわだけ……132
北鎌沢出合　きたかまざわであい……92
北穂高岳　きたほたかだけ……27・90
切通岩　きりどおしいわ……96・128

## さ

杓子平　しゃくしだいら……145
常念岳　じょうねんだけ……118・128
白沢三股　しらさわみつまた……130
新穂高ロープウェイバス停　しんほたかろーぷうぇいばすてい……33・35・42・76・80
水晶岳　すいしょうだけ……105
双六岳　すごろくだけ……107・140
千丈沢乗越　せんじょうざわのっこし……81・109

## た

高瀬ダム　たかせだむ……101・110
竹村新道分岐　たけむらしんどうぶんき　104・111
蝶ヶ岳　ちょうがたけ……116・121・123・128
燕岳　つばくろだけ……95・127・129
天狗池　てんぐいけ……71
徳本峠　とくごうとうげ……57・61・122
徳沢　とくさわ……15・21・85・120

## な

中尾高原口バス停　なかおこうげんぐちばすてい…147
長塀山　ながかべやま……120
中の湯バス停　なかのゆばすてい……50
中房・燕岳登山口　なかぶさ・つばくろだけとざんぐち……95・125・129・131
西穂高口駅　にしほたかぐちえき……35・42
西穂高岳　にしほたかだけ……38・42
野口五郎岳　のぐちごろうだけ……104

## は

東沢岳　ひがしざわだけ……131
屏風ノ耳　びょうぶのみみ……21
二俣　ふたまた……60

## ま

前穂高岳　まえほたかだけ……30
水俣乗越　みずまたのっこし……91・98
水俣乗越分岐　みずまたのっこしぶんき……67・91
三股・林道ゲート　みつまた・りんどうげーと…116
三俣蓮華岳　みつまたれんげだけ……106
明神　みょうじん……14・56

## や・ら・わ

焼岳　やけだけ……49・51
槍ヶ岳　やりがたけ……69・78・85・93・99・109
湯俣岳　ゆまただけ……111
弓折乗越　ゆみおりのっこし……139・148
横尾　よこお……15・25・66・85・109・121
横通岳南方　よこどおしだけみなみかた……128
鷲羽岳　わしばだけ……106

Alpine Guide
# 槍・穂高連峰
北アルプス

ヤマケイ アルペンガイド
槍・穂高連峰 北アルプス

2019年5月1日　初版第1刷発行

著者／渡辺幸雄
発行人／川崎深雪
発行所／株式会社 山と溪谷社
〒101-0051
東京都千代田区神田神保町1丁目105番地
http://www.yamakei.co.jp/

■乱丁・落丁のお問合せ先
山と溪谷社自動応答サービス
℡03-6837-5018
受付時間／10:00〜12:00、
13:00〜17:30（土日、祝日を除く）
■内容に関するお問合せ先
山と溪谷社　℡03-6744-1900（代表）
■書店・取次様からのお問合せ先
山と溪谷社受注センター
℡03-6744-1919　FAX03-6744-1927

印刷・製本／大日本印刷株式会社

装丁・ブックデザイン／吉田直人
編集／吉田祐介
DTP・地図制作／株式会社千秋社


ISBN 978-4-635-01292-8



＊本書に掲載した地図の作成に当たっては、国土地理院長の承認を得て、同院発行の数値地図（国土基本情報）電子国土基本図（地図情報）、数値地図（国土基本情報）電子国土基本図（地名情報）、数値地図（国土基本情報）基盤地図情報（数値標高モデル）及び数値地図（国土基本情報20万）を使用しました。（承認番号 平30情使、第1537号）

＊本書の取材・執筆にあたりましては、槍・穂高連峰の山小屋・宿泊施設、市町村、交通機関、ならびに登山者のみなさんにご協力いただきました。お礼申し上げます。＊本書に掲載したコース断面図の作成とGPSデータの編集にあたりましては、DAN杉本さん作成のフリーウェア「カシミール3D」を利用しました。お礼申し上げます。

渡辺幸雄《わたなべゆきお》　写真・文

1965年埼玉県越谷市生まれ。1987年東京綜合写真専門学校卒。北穂高小屋勤務を経て、フリーカメラマンに。主な撮影山域は、槍・穂高連峰を中心にした北アルプス（全域）や、ネパール・ヒマラヤをはじめとする国内外の山。従来の山岳写真の枠にとらわれないオリジナリティのある作品をめざして活動している。代表的な作品は「定点観測シリーズ」「穂高の雲のシリーズ」「ブロッケン現象」など。

近年はネパールのフォト・トレッキング・ツアー（アルパインツアーサービス㈱主催）などの写真セミナーも開催。共著に『マウンテンヴォイス』（情報センター出版局）、『一山一華』（朝日ソノラマ）、『私の一名山』（河出書房新社）など。ほかに『山と溪谷』『ワンダーフォーゲル』などの山岳雑誌やカメラ雑誌、カレンダー制作等で活躍中。（公社）日本写真家協会会員。

＊参考文献：『「槍・穂高」名峰誕生のミステリー』原山 智・山本 明（山と溪谷社）、『山の自然学』小泉武栄（岩波新書）、『日本列島の下では何が起きているのか』中島淳一（講談社）、『日本列島百万年史』山崎晴雄・久保純子（講談社）、『フォッサマグナ』藤岡換太郎（講談社）、『日本アルプス―登山と探検』W・ウェストン著・岡村精一訳（平凡社）、『目で見る日本登山史』（山と溪谷社）

## 「アルペンガイド登山地図帳」の取り外し方

**本を左右に大きく開く**

＊「アルペンガイド登山地図帳」は背の部分が接着剤で本に留められています。無理に引きはがさず、本を大きく開くようにすると簡単に取り外せます。
＊接着剤がはがれる際に見返しの一部が破れることがあります。あらかじめご了承ください。

# 問合せ先一覧

## 山小屋

| | |
|---|---|
| 上高地西糸屋山荘 | TEL0263-95-2206 |
| 五千尺ロッヂ | TEL0263-95-2221 |
| 朝焼けの宿 明神館 | TEL0263-95-2036 |
| 嘉門次小屋 | TEL0263-95-2418 |
| 旅荘山のひだや | TEL0263-95-2211 |
| 徳沢ロッヂ | TEL0263-95-2526 |
| 氷壁の宿 徳澤園 | TEL0263-95-2508 |
| 横尾山荘 | TEL0263-95-2421 |
| 涸沢ヒュッテ | TEL090-9002-2534 |
| 涸沢小屋 | TEL090-2204-1300 |
| 穂高岳山荘 | TEL090-7869-0045 |
| 北穂高小屋 | TEL090-1422-8886 |
| 岳沢小屋 | TEL090-2546-2100 |
| 西穂山荘 | TEL0263-95-2506 |
| 穂高平小屋 | TEL0578-89-2842 |
| 焼岳小屋 | TEL090-2753-2560 |
| 中の湯温泉旅館 | TEL0263-95-2407 |
| 徳本峠小屋 | TEL090-2767-2545 |
| 槍沢ロッヂ | TEL0263-95-2626 |
| 槍ヶ岳殺生ヒュッテ | TEL0263-77-1488 |
| 槍ヶ岳山荘 | TEL090-2641-1911 |
| ヒュッテ大槍 | TEL090-1402-1660 |
| 南岳小屋 | TEL090-4524-9448 |
| 槍平小屋 | TEL090-8863-3021 |
| 大天井ヒュッテ | TEL090-1401-7884 |
| 大天荘 | TEL090-8729-0797 |
| ヒュッテ西岳 | TEL090-7172-2062 |
| 七倉山荘 | TEL090-6007-0208 |
| 烏帽子小屋 | TEL090-3149-1198 |
| 野口五郎小屋 | TEL090-3149-1197 |
| 水晶小屋(三俣山荘) | TEL090-4672-8108 |
| 三俣山荘 | TEL090-4672-8108 |
| 湯俣温泉晴嵐荘 | TEL090-5535-3667 |
| 蝶ヶ岳ヒュッテ | TEL090-1056-3455 |
| 常念小屋 | TEL090-1430-3328 |
| 大滝山荘 | TEL0263-58-2210 |
| 有明荘 | TEL0263-84-6511 |
| 中房温泉 | TEL0263-77-1488 |
| 燕山荘 | TEL090-1420-0008 |
| 餓鬼岳小屋 | TEL0261-22-2220 |
| わさび平小屋 | TEL0577-34-6268 |
| 鏡平山荘 | TEL090-1566-7559 |
| 双六小屋 | TEL090-3480-0434 |
| 笠ヶ岳山荘 | TEL090-7020-5666 |

## 県庁・県警本部・市町村役場

| | |
|---|---|
| 長野県庁 | TEL026-232-0111 |
| 岐阜県庁 | TEL058-272-1111 |
| 富山県庁 | TEL076-431-4111 |
| 長野県警察本部 | TEL026-233-0110 |
| 岐阜県警察本部 | TEL058-271-2424 |
| 富山県警察本部 | TEL076-441-2211 |
| 松本市役所 | TEL0263-34-3000 |
| 安曇野市役所 | TEL0263-71-2000 |
| 大町市役所 | TEL0261-22-0420 |
| 高山市役所 | TEL0577-32-3333 |
| 富山市役所 | TEL076-431-6111 |

## 交通機関

| | |
|---|---|
| アルピコ交通(松本電鉄) | TEL0263-26-7311 |
| アルピコ交通バス | TEL0263-92-2511 |
| 濃飛バス | TEL0577-32-1160 |
| 新穂高ロープウェイ | TEL0578-89-2252 |
| 安曇観光タクシー(中房温泉乗合バス) | TEL0263-82-3113 |
| 南安タクシー(中房温泉乗合バス) | TEL0263-72-2855 |
| アルプス交通(松本駅) | TEL0263-58-2021 |
| 松本タクシー(松本駅) | TEL0263-33-1141 |
| 相互第一交通(松本駅) | TEL0263-26-0005 |
| アルピコタクシー(沢渡) | TEL0263-93-2700 |
| 上高地タクシー共同配車管理センター | TEL0263-95-2350 |
| 安曇観光タクシー(穂高駅) | TEL0263-82-3113 |
| 明科第一交通(穂高駅) | TEL0263-82-2306 |
| 南安タクシー(豊科駅) | TEL0263-72-2855 |
| 信州アルピコタクシー(信濃大町駅) | TEL0261-23-2323 |
| アルプス第一交通(信濃大町駅) | TEL0261-22-2121 |
| 山都タクシー(高山駅) | TEL0577-32-2323 |
| 新興タクシー(高山駅) | TEL0577-32-1700 |
| はとタクシー(高山駅) | TEL0577-32-0246 |
| 濃飛タクシー(飛騨市神岡) | TEL0578-82-1111 |
| はとタクシー(平湯温泉) | TEL0578-89-2616 |
| 宝タクシー(平湯温泉) | TEL0578-89-2631 |

1:50,000
0 1km
N

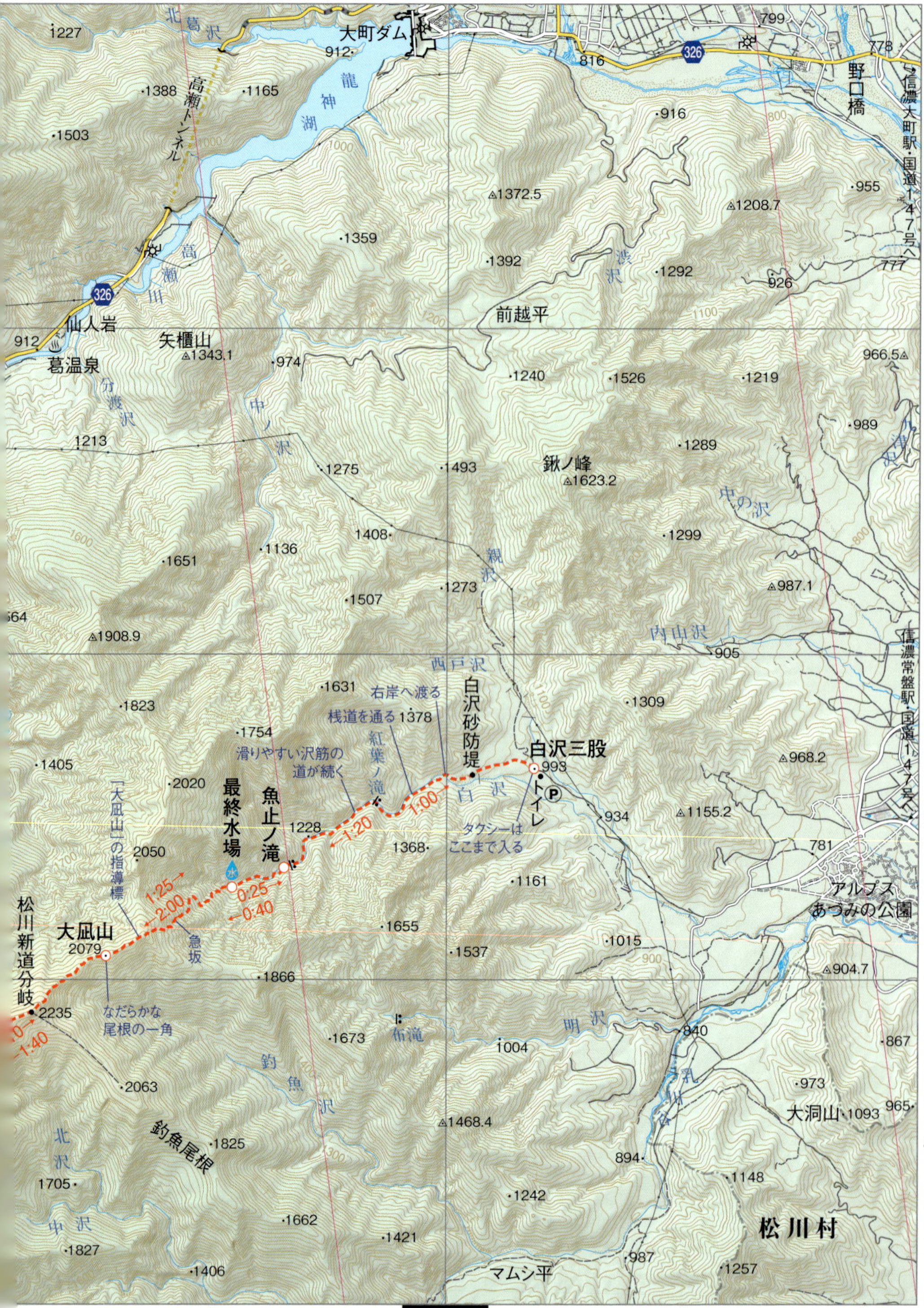


C
D

A
B
1
2
3
4
富山県
富山市
長野県
大町市
蓮華岳へ
2459
船窪岳
2310
2316
船窪乗越
2509
七倉岳
船窪小屋
天狗ノ庭
2453.6
不動沢
2299
2341
2068
2104
鼻突八丁
2178
1542
2170
2601
2595.2
不動岳
2027
1818
2178
1456
1126
2048
1965
1826
鳩峰
1861.6
1749
七倉沢
1748
1698
1708
1384
トイレ
唐沢ノゾキ
七倉隧道
大白沢
七倉山荘
七倉ダム
神ノ沢
1475
1536.7
山の神隧道
2293
1888
東京電力管理道路
1052
ブナ立尾根登山口
増水時通行不可
丸木橋
不動澤橋
不動沢トンネル
源五郎沢トンネル
1716
1082
1262
新高瀬川地下発電所
1464
無名滝
濁沢
1685
1578
一般車通行止め。
地元特定タクシー会社のみ
ダムサイトまで通行可。
七倉～高瀬ダム間徒歩2時間
1366
1646
1107
烏帽子小屋へ
2:30
4:00
権太落とし
ブナ林のなかの急登がえんえんと続く
1286
0:40
1861
1899
1302
野口沢
高瀬ダム
トイレ
唐沢
1384
2007
槍見台
2208.5
三角点
1:00
1:30
1728
高瀬トンネル
1718
幕岩
2019
ヒル沢
高瀬湖
1862
2133
唐沢岳
2632.4
コマクサ
1852
滝ノ沢
2174
2286
2483
展望よい
1:30
1:50
やせ尾根
左手の枝にプレートがかかる
ジグザグの急登
1814
花崗岩稜の一ノ沢側を巻く
餓鬼のコブ
2508
1555
1955
1482
一ノ沢
西餓鬼岳分岐
0:50
0:30
0:25
0:20
展望のよい場所がある
三ッ沢
2217
百曲り
第五発電所
西餓鬼岳
2464
餓鬼岳
2647.2
百曲り入口
1993
1427
餓鬼岳小屋
東沢
二ノ沢
岩峰を巻く
2:30
2:50
1:15
1:05
1:25
西沢
1820
2055.2
1865
1505
桟道、ハシゴ
中沢岳直下
2644
2236
ケンズリ
(中沢岳)
林道終点
高嵐山
2152.3
高嵐沢
ザレた斜面のトラバース
1:45
2:05
小ピーク
2508
1950
1286
ワサビ沢
2322
2155
2101
湯俣へ
1696
東沢岳へ


10
9

1:50,000
0
1km
N
C
D
木挽山
2301.2
2482
2134
2100
1898
2401
2204
中ノ木挽谷
黒部湖
平ノ渡場・黒部ダムへ
1756
1841
オクノ木挽谷
熊ノ沢
奥黒部ヒュッテ
1482
1772
2217.6
2288
1643
2071
2076
2341
船窪岳へ
南沢
2373
廊下沢
下の黒ビンガ
上ノ廊下
黒部川
2601
不動岳
2595.2
2344
南沢岳
2625.5
南沢乗越
1882
読売新道
1891
1866
ロ元ノタル沢
一ノ沢
2032
烏帽子田圃
2508
池塘が点在する
四十八池
山頂へは
クサリのかかる
花崗岩の岩壁を
登っていく
ブナ立尾根登山口・高瀬ダムへ
2210.5
薬師見平
2158.1
1614
烏帽子岳
2486
2628
展望
1875
2356
二ノ沢
ニセ烏帽子岳
2605
0:50
0:40
2:30
4:00
1901
2465
東沢谷
2047
槍見台
ブナ立尾根
2578
2551
1:00
烏帽子小屋
1:30
2208.5
三角点
三ノ沢
ひょうたん池
11
2536
2601
1:00
赤牛岳
2864.4
1814
2616
1:30
2174
2250
三ツ岳本峰は西側を巻く
北峰
2736
2803
2535
1937
2360
2844.6
急登
西峰
三ツ岳
稜線通しの展望コースと
巻き道のお花畑コースに
道が分かれる
長野県
大町市
1:30
2792
2365
温泉沢
2231
最低鞍部
2742
2509
1993
二重山稜。
ペンキ印にしたがって進む
2626
1:40
2650
2818
小屋の周辺は幕営禁止
2375
2284
1942
高嵐山
2152.3
温泉沢ノ頭
野口五郎小屋
2508
2904
石屑の斜面を下る。
石車に注意
野口五郎岳
2924.3
↓水晶岳へ
竹村新道分岐・水晶小屋へ
8
1
2
3
4

A
B
1
2
3
4
1645
1597
1541
スゴ一の谷
スゴ二の谷
2008
五色ヶ原・室堂へ
2591.6
越中沢岳
丸山
1962.8
1661
1704
1964
2007
1866
1801
2091
2431
スゴの頭
スゴ乗越
スゴ乗越小屋
水
2016
1938
2308
2056
1500
1615
2100
2200
1836
スゴ沢
間山
2585.4
2137
中ノタル沢
2462
2157
鳶谷
1700
上の黒ビンガ
2300
1900
2032
2832
岩井谷
2494
北薬師岳
2900
2063
1974
金作谷
2489.7
金作谷カール
2358
五光岩
2233
薬師岳
2926.0
2500
中央カール
富山県
富山市
1692
2000
2400
避難小屋
折立へ
2219
薬師岳山荘
2701
2855
東南稜
赤牛沢
2054
立石
2786
薬師峠
太郎兵衛平
2294
薬師平
1757
立石奇岩
岩苔大滝
2064
夢ノ平
竜晶池
2448
太郎平小屋
2373.0
太郎山
2650.9
2173
岩苔小谷
高天原温泉
右俣
2123
2074
2161
2338
2358
高天原山荘
2270.8
2012
2301
高天原峠
高天原
薬師沢
2414
左俣
大東新道
2576
黒部五郎岳へ
薬師沢小屋へ
薬師沢小屋へ
2012
雲ノ平へ
2439
岩苔乗越へ

1:50,000
0
1km
N
C
11
D
1
2
3
4
南沢
1466
1087
1381
1012
1678
1119
雨引山
1371.0
1300
唐沢山
1575
馬羅尾山
1852.3
1218
871.1
1854
1711
松川村
清水岳
2245
大曲
林道終点
1141
1393
1020
1083
1571
2166
不動ノ滝
取付
1455
1469
1014
950
2
落合
1904
1714
1156
793
2283
白河滝
1291
中房温泉
中房温泉
1615.7
中房・燕岳
登山口
北岳
2268.3
1103
1893
有明山
中岳
1900
1249
1149
有明荘
有明荘前
南岳
2248
924
有明山神社
野辺沢
曲り沢
1780
安曇野市
黒川沢
1577
1062
829
700
中房川
1415
穂高駅・安曇野ICへ
観音峠
1363
1220
1046
1052.1
327
864.4
972
信濃坂
1214
1414
989
1447
1293
糠川
1436
983
冷沢
1055
富士尾山
1296.1
1129
1713
1433
1852
1530
北富士尾沢
西股
1085
1909.5
1734
1755
1512
大峠
2467.1
1169
4

# 9 大天井岳・燕岳・湯俣

A
11
B
高瀬ダムへ
1696
1599
2137
中沢岳・餓鬼岳へ
花崗岩の岩塔を巻く
2:05
1:45
2403
名無避難小屋
ダケカンバ林の急坂を下る
東沢乗越
0:50
0:35
東沢岳
2497
2050
1621
名無沢
1540
稜線下り口
樹林帯の急坂
2429
1
2253
ジグザグに下る
2682.8
2490.3
東餓鬼岳
2:30
2:50
西大ホラ沢出合
2723
1:05
1:30
1:00
1:30
2145
高瀬川
北燕岳へは縦走路を外れ、岩峰を登っていく
ミヤマシシウド
ミヤマアキノキリンソウ
徒渉を繰り返す
2177
1372
北燕岳
1828
沢筋の堰堤を越える
2199
ロープで保護されている
2434
コジ沢
2455
コマクサ
360度の展望。巻き道あり
1:10
1:20
北燕沢出合
1813
1372
1826
0:50
1:05
1740
燕岳
北燕沢
2:20
3:10
湯俣岳へ
セバ沢
2762.9
対岸に沢が流入し、ここから高巻き道を登る
ブナ平
1756
槍見石展望台
湯俣温泉晴嵐荘
2017
2437
花崗岩の岩塔が点在する稜線
コマクサ
0:25
0:30
休憩ポイント。周辺にはブナが1本立っている。
急登
ウド沢
2
休業中
湯俣山荘
2033
九里沢
2704
2021
このあたりが森林限界
1559
中房川
1:00
1:15
1644
地獄噴湯丘
燕山荘
0:45
1:05
1753
2499
V字に割れたような花崗岩の巨塔の間を通過し、東側に回りこむ
合戦尾根
合戦沢ノ頭
2489.0
0:45
1:10
1717
0:30
0:50
1:00
合戦小屋
(売店のみ営業。トイレあり)
カラ谷
1798
2682
荷揚げ用ケーブル
合戦沢
蛙岩
2227
1:10
1:50
0:55
富士見ベンチ
8
2267.3
1484
1748
大下りの頭
2678
第3ベンチ
1842
第2ベンチ
樹林帯の急登
第3ベンチ～富士見ベンチ間は合戦尾根最大の急傾斜
水俣川
中東沢
2546
檜・穂高の眺望。ここから稜線を大きく下る
1766
大下り
稜線の東側はお花畑が発達している
北中川谷
千天出合
長野県
大町市
2013
為右衛門吊岩
南中川谷
3
2015
保護ロープが張られている
コマクサ
1985
2392
1856
クサリ、ハシゴで鞍部に下り立つ
2511
2108
1:00
2699
1:15
1822.7
大天井ヒュッテ
切通岩
2546
1654
牛首の展望台
1699
小林喜作レリーフ
1804
0:45
0:40
大天井岳
牛首山
2526.4
2553
2484
2096
天上沢
0:45
0:25
大天井ヒュッテから往復45分
2921.9
2316
北鎌沢のコルへ
2766
牛首のコル
1:00
0:40
大天荘
中大天井岳
貧乏沢
1774
周辺にたき火跡やケルンがあり目印になる
喜作新道
1616
山頂往復15分
1:20
2024
2326
2832
4
北鎌沢右俣
北鎌沢出合
ビックリ平
2549
2572
2:30
二俣
1:30
1:00
東大天井岳
2308
1795
貧乏沢のコル
松本市
2577
2814
旧二ノ俣小屋跡
檜・穂高の展望抜群
2643
1900
間ノ沢を石づたいに徒渉する
河原歩き
貧乏沢は北鎌尾根へのアプローチ道として利用される。一般登山者は立ち入らないように
南側を巻く。二ノ俣尾根に入らない
1:00
1:10
2186
間ノ沢
2:30
2:40
2727
水俣乗越から
二ノ俣尾根分岐
横通岳南肩・常念小屋へ
A
4
B

1:50,000
0
1km
N
10
C
D
赤牛岳・黒部ダムへ
野口五郎小屋へ
2293
水晶池
水晶岳
(黒岳)
2977.7
2986
山頂直下は
足もとに注意
0:30
0:40
水晶小屋
2303
五郎池
縦走路は山頂を通らず
西側を巻く
1:00
0:50
2484
2734
真砂岳
2862
2050
2325
スイス
庭園
赤岳
やせた
尾根道
2833
1:10
1:00
竹村新道分岐
ガレ場
竹村新道
1:00
1:20
ワリモ北分岐
0:50
0:45
0:40
1:00
2734
東沢乗越
2416
五郎沢
北西側から
山頂を往復
池塘あり
2177
岩苔乗越
ワリモ乗越
2841
2259
2713
南真砂岳
1:30
2:00
2409
湯俣岳
2378.7
2825
祖父岳
槍ヶ岳や裏銀座の展望地
2888
ワリモ岳
2215
2006
裏銀座コースからの
エスケープルート
として利用可能
1989
2:20
3:10
黒部源流の
石碑がある
1:10
1:00
鷲羽池や槍ヶ岳がよく見える
樹林帯のなかで
展望はきかない
槍見石展望台・湯俣へ
徒渉
2924.2
鷲羽岳
2027
2260.9
唐谷
2027
一ノ沢
2349
三俣山荘
1:20
0:50
2813
鷲羽池
ワリモ沢
2188
1951
鷲羽乗越
2536
急な斜面の下り。
浮石に注意
2593
2277
1733
1660
湯俣川
1605
0:40
0:50
長野県
大町市
弥助沢
2344
赤沢
2000
2031
1664
三俣峠
三俣蓮華カール
石がゴロゴロ
している
2116
2241
ミヤマキンポウゲ
縦沢
クルマユリ
2328
2009
2246
お花畑が点在する
トラバース道
巻道コース
モミ沢
硫黄沢
硫黄岳
2553.6
ハクサンボウフウ
2351
2086
2511
1763
1993
中道はカール内を歩く
2519.4
硫黄尾根
2459
中道
1705
双六小屋
赤岳
2416
急峻な沢。
2811
槍ヶ岳の眺望
ゴルジュの大岩を越え、草付きを登っていく
0:40
1:00
1:10
双六池
2755
縦沢岳
縦沢岳東峰
硫黄乗越
千丈沢
ガレ沢
2337
2213
1879
道の両側に
周氷河地形の
構造土が見られる
1:00
1:05
縦沢乗越
ミネウスユキソウ
ウサギギク
コバイケイソウ
2517
北鎌沢のコル
北鎌沢出合から
山頂の南側を巻く
2:30
2:10
山頂部は通らずに
千丈沢側を巻く
天狗前沢
2383
天狗の腰掛
遅くまで
雪田が残る。
周囲は稜線の
お花畑
2622
黒百合ベンチ
硫黄ノ頭
2540
左俣岳
2674.1
2132
2139
天狗沢
2:00
2:30
ロープで
保護された
お花畑
山頂は通らず
岐阜県側を巻く
蛇紋岩の滑りやすい下り
2749
花見平
北鎌尾根は
バリエーションルートにつき、
一般登山者は立ち入らないこと
独標
2899
北鎌沢左俣
0:40
0:30
左俣乗越
西鎌尾根
2422
弓折岳
2588.4
弓折乗越
弓折岳山腹のお花畑を
巻いていく
西鎌尾根の核心部。
クサリがかかり、
足もとのグサグサした
ルンゼを登る
2648
槍の穂先が大きくそびえ立つ
舟窪地形
3:00
北鎌尾根
2592
0:40
1:00
灌木帯の急登
左俣谷
1:00
北鎌平
千丈沢乗越・
槍ヶ岳山荘へ
新穂高温泉へ
鏡平山荘
槍ヶ岳へ
間ノ沢
3
1
2
3
4
9

A
10
B
太郎平小屋へ
高天原へ
薬師沢小屋
1912
大東新道
奥日本庭園
奥スイス庭園
コロナ観測所
2576
雲ノ平
北ノ俣岳(上ノ岳)
2661.3
北ノ俣避難小屋へ
2589
2096
2460
アラスカ庭園
2464.1
アルプス庭園
祖母岳
雲ノ平山荘
ギリシャ庭園
2592
WC
富山県
富山市
祖父庭園
赤木沢
1987
2303
2365
赤木岳
2622
2237
ウマ沢
2213
祖母沢
祖父沢
日本庭園
黒部川
2132
2575
中俣乗越
2578
2057
五郎沢
ワリモ北分岐ー三俣山荘間のショートカット道。鷲羽岳経由に比べ1時間以上短縮できる
2177
2555
2697
2231
黒部川源流
三俣蓮華岳～黒部五郎小舎往復3時間50分
黒部五郎カール
2297
1774
黒部五郎岳(中ノ俣岳)
2839.7
2661
黒部五郎小舎
三俣蓮華岳
2841.2
飛騨市
2671
北アルプス最奥の山のひとつ
2518.8
五郎平
2450
1:25
1:30
山岳展望を満喫できる稜線コース
丸山
2854
九郎右衛門谷
2243
2180
トウヤクリンドウ
1:05
1:25
槍ヶ岳の眺めがよい
2151
2860.3
双六岳
1707
岐阜県
高山市
双六南峰
2819
2645
板戸岳
2232.7
2705
西岳へ
水俣乗越
1932
2373
双六谷
2008
2435.0
秩父平・笠ヶ岳へ
天上沢・北鎌尾根
千丈沢
天上沢
貧乏沢
P2
P3
ガレ沢
P4
P5
小広い休憩地
2540
P6
北鎌沢出合
P7
北鎌沢右俣
北鎌沢のコル
急峻な沢を登っていく
天狗の腰掛
P8
北鎌沢左俣
独標が大きくそびえる小広い休憩地
2740
P9
独標のコル
独標
2899
小岩峰のアップダウンが連続するやせた尾根
P11
P12
P13
P14
五ノ沢
四ノ沢
千丈沢側のバンドを巻き、飛び出た岩を回りこむ。独標への直登ルートもある
千丈沢側を大きく巻き、ガレ場を登るルートと、P15へ直登するルートがある
北鎌尾根上でいちばん安定した広場。ガラガラした岩屑が点在し、槍の穂先が大きくそびえる
P15
北鎌平
槍ヶ岳
3180
東稜
東鎌尾根
千丈沢乗越へ
槍ヶ岳山荘
西鎌尾根
天上沢側に巻き、穂先直下のチムニーを登る。巻かずに右手を直登するルートもある
南岳へ
3

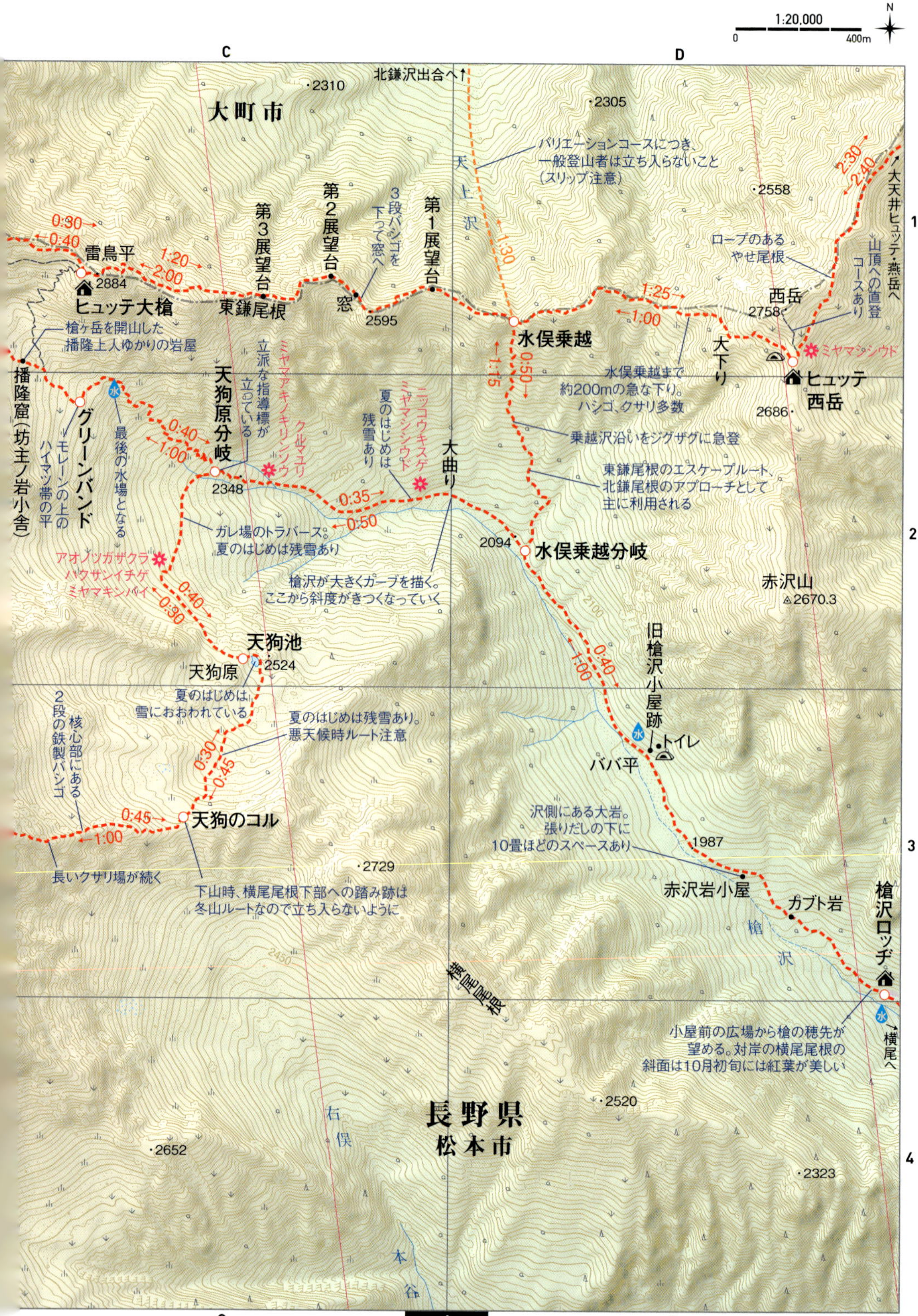

1:20,000
0
400m
N
C
D
大町市
·2310
北鎌沢出合へ↑
·2305
バリエーションコースにつき、
一般登山者は立ち入らないこと
（スリップ注意）
天上沢
·2558
大天井ヒュッテ・燕岳へ
2:30
2:40
0:30
0:40
雷鳥平
1:20
2:00
2884
ヒュッテ大槍
第3展望台
第2展望台
3段バシゴを下って窓へ
第1展望台
東鎌尾根
窓
2595
1:30
水俣乗越
1:25
1:00
ロープのあるやせ尾根
山頂への直登コースあり
西岳
2758
大下り
ヒュッテ西岳
ミヤマシシウド
2686
槍ヶ岳を開山した
播隆上人ゆかりの岩屋
播隆窟（坊主ノ岩小舎）
グリーンバンド
モレーンの上のハイマツ帯の平
最後の水場となる
水
0:40
1:00
天狗原分岐
2348
立派な指導標が立っている
ミヤマアキノキリンソウ
クルマユリ
ニッコウキスゲ
ミヤマシシウド
夏のはじめは残雪あり
大曲り
0:35
0:50
1:15
0:50
水俣乗越まで
約200mの急な下り。
ハシゴ、クサリ多数
乗越沢沿いをジグザグに急登
東鎌尾根のエスケープルート、
北鎌尾根のアプローチとして
主に利用される
ガレ場のトラバース。
夏のはじめは残雪あり
2250
2094
水俣乗越分岐
赤沢山
2670.3
アオノツガザクラ
ハクサンイチゲ
ミヤマキンバイ
0:40
0:30
槍沢が大きくカーブを描く。
ここから斜度がきつくなっていく
2100
天狗池
天狗原
2524
0:40
1:00
旧槍沢小屋跡
夏のはじめは
雪におおわれている
夏のはじめは残雪あり。
悪天候時ルート注意
2段の鉄製バシゴ
核心部にある
0:30
0:45
トイレ
ババ平
天狗のコル
0:45
1:00
沢側にある大岩。
張りだしの下に
10畳ほどのスペースあり
1987
赤沢岩小屋
カブト岩
槍沢ロッヂ
槍沢
長いクサリ場が続く
·2729
下山時、横尾尾根下部への踏み跡は
冬山ルートなので立ち入らないように
2450
横尾尾根
小屋前の広場から槍の穂先が
望める。対岸の横尾尾根の
斜面は10月初旬には紅葉が美しい
横尾へ
·2520
長野県
松本市
右俣
·2652
·2323
本谷
1
2
3
4

# 槍ヶ岳詳細図

A
B
硫黄乗越・双六小屋へ
北鎌平から
ハシゴ、クサリがかかる岩場。
登り下り別ルート
槍ヶ岳の肩
槍ヶ岳
3180
0:30
1:00
2:30
2:10
2734
千丈沢乗越
西鎌尾根
1:30
1:00
急登
急登
砂礫がむき出した
斜面を通過
水鉛谷
飛騨沢と中崎尾根、
西鎌尾根を結ぶコース
ガレ場の斜面をジグザグに登る
槍ヶ岳山荘
飛騨乗越
ガレ場の急斜面をジグザグに登る
殺生平
穂先基部の岩屑を横切る
1:40
シナノキンバイ
ハクサンイチゲ
槍ヶ岳殺生ヒュッテ
1
中崎尾根
飛騨沢
ハクサンフウロ
千丈沢乗越分岐
救急箱あり
ミヤマアキノキリンソウ
2:20
1:25
ガレ場
日本最高所
(3020m)の峠
2:00
1:25
二重山稜
西尾根
大喰岳
3101
2388
登りの
最終水場
山頂は縦走路の
東側にある
なだらかな
尾根道
大喰沢
2610
1:15
2
中ノ沢
水場があるが
当てにできない
残雪による
悪天候時
迷いこみ注意
中岳
3084
岐阜県
高山市
2:20
1:30
奥丸山分岐
神社の祠の脇を通る
山頂手前に2段のハシゴ
0:50
1:05
稜線上を進み
カールへ石段を下る
赤布のついた
竹竿を目印に
河原を歩く
平坦な
気持ちのいい縦走路
2986
0:45
1:15
奥丸山へ
急登の連続
1991
南沢の旧道に入りこまない
カールのガレ場をジグザグに下る
天狗原稜線分岐
3
ガラガラした
石の道を進み
尾根に取り付く
槍平小屋
右俣谷
南沢
2:10
1:35
シナノキンバイ
ハクサンイチゲ
西尾根のコル
鉄バシゴで尾根に取り付く
南岳新道
飛騨側のなだらかな道
0:20
南岳
3032.9
増水時
徒渉困難
2631
急坂の連続。
下山時スリップ注意
2294
1:00
0:40
穂高連峰の展望地
救急箱あり
1:55
1:20
樹林帯の急な道
急な石屑の道
獅子鼻岩
増水時徒渉困難
2段の長い鉄バシゴ。
クサリが連続
4
右手の谷の奥に雄滝や
北穂高岳稜線の
滝谷ドームが見える
2:10
2:00
岩塊の折り重なる稜線。
バランス注意
藤木レリーフ
滝谷出合
大キレット
最低鞍部
滝谷避難小屋
1:30
1:20
大キレットの底部。
比較的歩きやすい稜線
2748
雌滝
1663
奥穂高岳登山口・新穂高温泉へ
A
B

1:20,000
0
400m
N
7
C
D
1
2
3
4
クサリが連続する大キレットの核心部。落石やバランスに注意
・2479
北穂池
本谷
横尾へ
0:50
1:20
本谷橋
横尾谷
北穂高小屋
滝谷展望台
展望のよい山頂はヘリポートとしても利用される
夏のはじめは残雪のトラバース
北峰
松濤のコル
・2814
南峰
3106
北穂分岐
ガレ場上部斜面からの落石に注意
ダケカンバ林の急坂
山側に風穴がある
屏風岩
南稜テラス
クサリ
0:55
1:20
北穂沢
東稜
涸沢
Sガレ
涸沢のモレーンが見えはじめる
南稜
イワツメクサ
トウヤクリンドウ
クサリ、ハシゴすれ違い注意
・2658
1:05
1:40
南稜取付
屏風ノ頭
吊尾根が見える
石段の急登
シナノキンバイ
ハクサンフウロ
ミヤマアキノキリンソウ
初夏は残雪あり
1:10
1:40
モレーンの上に涸沢ヒュッテが見える
屏風ノ耳
2565.6
槍・穂高の展望地
石畳の道
・2149
歩きやすい尾根道
0:30
0:20
0:50
1:10
2553
涸沢小屋
ルンゼ上部からの落石注意
屏風のコル
涸沢山岳総合相談所
涸沢
水
ミヤマシシウド
ミヤマトリカブト
ザイテングラート取付
シナノキンバイ
ハクサンイチゲ
クルマユリ
トイレ
涸沢ヒュッテ
池ノ平
1:20
1:00
涸沢パノラマコース
狭く足場の悪い岩場が続く
北尾根最低鞍部
・2631
2400
1:30
2:20
涸沢カールの展望
慶応尾根の鼻
・2794
・2154
2971
五・六のコル
樹林帯の急坂
稜線通しに道がついているが、積雪期の踏み跡のため入りこまないように
北尾根
1:15
最低コル
0:25
0:30
滑りやすい一枚岩
0:30
0:20
前穂高岳
3090.5
増水時通行困難
奥又白谷河原
中畠新道
中畠新道分岐
奥又白谷
0:55
1:15
岳沢パノラマ
森林限界
0:50
0:35
紀美子平
雷鳥広場
一等三角点がある広い山頂。360度の大パノラマ
・2337
遭難碑ケルン
徳沢へ
カモシカの立場
重太郎新道
2505
急な岩場が連続する。落石注意
クサリ場。急な下りが続く
奥又白池
長野県
松本市
樹林帯の急坂。登り下り別ルート
神沢
茶臼ノ頭
・2535

# 6 穂高岳・涸沢詳細図

A
7
B
1
2
3
4
1663
滝谷出合へ
1:30
右俣谷
1:20
増水時
徒渉困難
チビ谷
雄滝
滝谷
2217
ナメリ滝
南岳小屋へ
やせた岩稜。
バランス注意
長谷川ピーク
2841
クサリで信州側を大トラバース
馬の背状の
ナイフリッジ
A沢のコル
落石注意
1:10
1:30
A沢
飛騨泣き
B沢
（岩峰を飛騨側から巻く）
北穂高岳
奥穂高岳登山口へ
ブドウ谷
涸沢岳からの縦走時、
南峰に迷いこまないよう注意
C沢
ドームは通らず涸沢側を巻く
クサリ
ドーム
狭い足場が続き、高度感ある難所
奥壁バンド
D沢
1:05
0:55
2198
蒲田富士
2742
西尾根
涸沢のコル
（最低鞍部）
亀岩
クサリ、ハシゴの連続
1:05
1:15
飛騨側を巻く
西尾根への稜線に入りこまないように
涸沢槍
3103.3
クサリ、
鉄杭
荷継沢
鉱石沢
岩場のトラバース
クサリがかかる
落石注意
ガレ場の斜面を
ジグザグに下る
涸沢岳
3110
0:20
0:25
ザイテングラート
増水時注意
白出沢
ガレ場の急坂を
ジグザグに下る
0:55
1:20
白出のコル
水
1:20
3:00
2983
小豆沢
穂高岳山荘
1:40
1:10
重太郎橋
1925
0:50
荷継小屋跡
2326
セバ谷出合
2:00
クサリ、ハシゴの
かかる岩場。
落石注意
すれ違い注意
クサリ、ハシゴ。
岩切道
天狗沢
白出大滝
遅くまで雪が残る
0:40
0:50
セバ谷
奥穂高岳
間違い尾根に入りこまない
3190
岩峰は通らず、
飛騨側の岩場を通過
吊尾根
岐阜県
高山市
ジャンダルム
ジャンダルムのピークへは
コブ尾根ノ頭側から往復
3163
ロバの耳
1:50
1:20
360度の大展望
方位盤、祠が祀られた山頂。
南稜ノ頭
涸沢側に踏み跡があるがルートはすべて岳沢側
1:30
上部からの落石に注意
2494
畳岩尾根ノ頭
コブ尾根ノ頭
長野県側を巻く
ナイフエッジに切れた馬ノ背
扇沢
天狗のコル
1:30
0:55
目立たないピーク
コブ尾根
コブ沢
下りは足場が悪く緊張する
天狗ノ頭
（天狗岳）
2909
約200mの大登り
標高差
畳岩尾根
足もとが切れ
高度感あふれる
間天のコル
逆層スラブ状の
岩場、クサリ
2:45
天狗沢
滑りやすいスラブ状の岩場
間ノ岳
2907
2626
2738
ダケカンバ林の急坂を
ジグザグに下る
前穂
不安定な岩場を50mほど大きく下る
2:55
間ノ沢
赤岩岳
ミヤマシシウドトリカブト
西穂高岳
P1
岩が折り重なった岩峰
岳沢小屋
2908.8
360度の大パノラマ
クサリ場の下り。
狭い足場のバンドを
トラバース
2:00
1:30
主稜線からのエスケープルート。
ただし難度が高いので
安易に下降しないこと。
夏のはじめは残雪あり
2216
2:10
1:25
足場の悪い岩場を登る
奥
西穂独標へ
クサリ場
上高地へ
A
B

1:25,000
0
500m
N
C
D
明神南沢
東南稜
•1845
△2263.8
•1997
•1944
•1904
上宮川谷
下宮川谷
ワサビ沢
•1547
徳沢・横尾へ
1
毎年10月8日に
例大祭が行なわれる
穂高神社奥宮
湧水でできた
古池がある
治山運搬路は
歩行者通行禁止
•1519
自然探勝路
•1542
明神池
嘉門次小屋
山のひだや
トイレ
0:15
治山運搬路
1:05
梓川
0:50
1:00
明神橋
1529
白沢出合
1532
トイレ
1548
明神
明神館
1600
ワサビ沢
梓川を一望し、
常念岳が見える
2
アップダウンの少ない
快適な道
下白沢
白沢
1975
•1757
六百沢
•1720
•1907
1kmほど林道を歩く
長野県
松本市
•1584
六百山
△2449.9
白沢
黒沢
•1978
1:35
2:35
•2031
3
•2258
右岸沿いの道
明神見晴・大滝山へ
•2405
1900
•2068
•1987
第1ベンチ
水
第2ベンチ
(最終水場)
水
徳本峠
1:10
1:00
窪地の急登。
木の枝などを手がかりに
して登ってゆく
2514
•2216
樹林帯の急登
徳本峠小屋
4
2351•
•2160
0:40
1:00
急登
0:55
1:20
峠沢
•2316
2261
スタジオ
ジャンクション
1:15
1:40
1
ニッコウキスゲ
ハクサンフウロなど
2:00
2:20
池のある湿地帯。
徳本峠〜霞沢岳の
中間点
ジャンクション
ピーク
力水
水
岩魚留小屋、
安曇支所前バス停へ
穂高連峰の
大パノラマが展開する
2428•
2049•
急登
C
D

# 5 上高地詳細図

A
B
西穂山荘へ
オタカラコウ
マルバダケブキ
ハクサンフウロなど
岳沢小屋へ
1820
岳沢風穴
カモシカ沢
2219
上高地・焼岳分岐
きぬがさの池
2242
0:15
0:10
ミヤマアキノキリンソウ
ハクサンフウロ
1:05
1:40
0:55
0:45
岐阜県
高山市
下山時に迷い沢に
入りこまないよう
ロープをはずれないこと
1912
岳沢登山口
笹平の展望地
2181
急坂
迷い沢
1:35
1:10
宝水
中尾根
1525
岳沢湿原
(6月のレンゲツツジ)
善六沢
上高地アルペンホテル
公園活動ステーション
上高地西糸屋山荘
五千尺ロッジ
ホテル白樺荘
森のリゾート
小梨
池
静寂な雰囲気
2194
2:05
急坂
上高地ルミエスタホテル
上高地温泉ホテル
ウェストン碑
1514
トイレ
河童橋
上高地
ビジター
センター
1:40
1:20
1660
1:15
治山運搬路
新中尾峠へ
玄文沢
西穂登山口
穂高橋
トイレ
五千尺ホテル
トイレ
1864
0:20
トイレ
0:05
1504
上高地
インフォメーション
センター
トイレ
1499
中ノ瀬園地
田代橋
上高地浄化センター
0:20
上高地
バスターミナル
上高地アルプス山荘
1655
上湯沢
0:10
梓川コース
林間コース
上高地帝国ホテル
帝国ホテル前
1550
八右衛門沢
1918
下湯沢
焼岳登山口
1820
峠沢が見えてくる
0:20
新中尾峠・焼岳へ
0:25
石のゴロゴロする
沢を横切る
梓川・
林間コース分岐
田代池
新緑や紅葉、
冬の霧氷など
季節を通じて美しい
1:10
1:40
峠沢
0:40
峠沢
田代湿原
1496
上高地自然研究路
0:20
2009
24
上千丈沢
1562
上堀沢
中千丈沢
1922
大正池
池の中に立ち枯れた木が立つ
大正池ホテル
中堀沢
トイレ
大正池
1738
1501
からまつ橋
東電取水口
大正池を前景にした穂高連峰や
焼き岳がすばらしい
ハイマツ帯の尾根歩き
0:25
0:30
K2
太兵衛平
下堀沢
沢渡・平湯・新島々駅へ
霞沢岳へ
A
B

1:50,000
0
1km
N
C
9
D
王滝（大滝）ベンチ
烏帽子沢出合
2:20→
←1:20
1:00→
←3:20
大きなトチの木に
祠が祀られている
山ノ神
浅川山
一ノ沢登山相談所がある。
タクシーはここまで入る
一ノ沢登山口
トイレ
一ノ沢登山口から駐車場へは
約20分
一ノ沢登山者専用駐車場
一ノ沢林道
三股にマイカーを駐車した場合は
常念岳から前常念岳を経由する
周回コースをとることができる。
常念岳〜三股間は
登り6時間15分、下り4時間15分
安曇野市
三股
←0:15→
トイレ
烏川林道
大平原
須砂渡ダム
穂高駅・安曇野ICへ
豊科駅・安曇野ICへ
1:20
←2:10
力水
樹林の急登
登山相談所がある
三股・林道ゲート
タクシーもここまで
大水沢
小野沢
崩沢
東沢
鍋冠山
八丁ダルミ
冷沢分岐
冷沢
小滝沢
三郷小倉へ
三郷スカイライン
北ノ沢
C
2
D

大町市
北鎌沢出合へ
大天井ヒュッテへ
二ノ俣尾根分岐・大天井岳へ
第1展望台
ヒュッテ大槍へ
急な下り（スリップ注意）
水俣乗越
赤岩岳 2768.7
山頂は通らない
西岳 2758
大下り
ヒュッテ西岳
天狗原分岐へ
水俣乗越分岐 2094
赤沢山 2670.3
旧槍沢小屋跡
ババ平
赤沢岩小屋
カブト岩
槍沢ロッヂ
槍沢
横尾尾根
二ノ俣橋
一ノ俣
河原から離れ急登に変わる
槍沢の奥に槍の穂先が見える
槍見河原
長野県
松本市
二ノ俣尾根
二ノ俣谷
一ノ俣谷
中山 2492.0
常念ノ滝
七段ノ滝
一ノ俣の滝
山田ノ滝
横通岳 2767.0
落石注意
横通岳南肩
保護ロープが張られている
コマクサ
急坂
丸木橋で二ノ沢を渡る
右岸を通る
丸木橋で二ノ沢を渡る
胸突八丁
笠原沢出合
常念乗越
常念小屋
最終水場
福助落とし
丸木橋で一ノ沢を渡る
ガレ場をジグザグに下る
常念岳 2857
前常念岳 2661.8
祠や方位盤のある山頂
標高差400mのきつい登り
最低鞍部
常念岳が大きくそびえる
岩塊の積み重なる道
標準点櫓跡
静寂な池塘がある鞍部
常念沢
ニッコウキスゲ、イブキトラノオ
森林限界を割りこみ急な下りになる
本谷橋
本谷
屏風岩、北穂高岳の眺め
横尾谷
屏風岩
ガレ場上部斜面からの落石に注意
涸沢
Sガレ
屏風ノ頭
屏風ノ耳 2565.4
屏風のコル
涸沢へ
横尾岩小屋跡
うっそうとした樹林帯
ワサビ沢
樹林帯の急な登り
横尾山荘
横尾
トイレ
横尾避難小屋 冬期のみ使用可
槍見台
二重山稜
横尾分岐
蝶槍
蝶ヶ岳三角点 2664.3
まめうち平
瞑想の丘
蝶ヶ岳ヒュッテ
蝶ヶ池
蝶ヶ岳 2677
最後の水場
蝶ヶ岳新道
ベンチ
地塘が点在する
妖精ノ池
最高点
蝶ヶ岳の最高点
羽衣ノ池
慶応尾根の鼻
梓川
黒沢
梓川にえぐられた川岸の迂回路をアップダウンする
「奥又白谷登山口」案内板
奥又白谷河原
奥又白谷
中畠新道
奥又白池
茶臼ノ頭
遭難碑ケルン
新村橋
長塀沢
2000mの平
船窪
長塀山 2564.9
長塀尾根
樹間越しに穂高連峰が見える
奥悪沢
上マタギ沢
大滝山荘
大滝山 2614.5
北峰
南峰
森林限界
鍋冠山・小倉ケ岬
中村新道
ひょうたん池
下又白谷
長七ノ頭
徳沢
徳澤園
徳沢ロッヂ
治山林道
小広い平坦地で休憩に適している
樹林帯の急登が続く
尾根道の急登
悪沢
徳沢
大沢
明神・上高地へ
大滝槍見台へ

1:50,000
0
1km
N
C
D
8
1
4
2
3
硫黄乗越へ
西鎌尾根
弓折乗越へ
鏡平
鏡池
鏡平山荘
熊の踊り場
シシウドが原
大ノマ乗越
ミヤマシシウド
イタドリが原
小池新道
秩父沢
左俣谷
水鉛谷
千丈沢乗越
槍ヶ岳山荘
槍ヶ岳
槍ヶ岳殺生ヒュッテ
ヒュッテ大槍
大町市
第3展望台
第2展望台
水俣乗越へ
東鎌尾根
飛騨乗越
大喰岳
千丈沢乗越分岐
飛騨沢
大喰沢
中ノ沢
播隆窟
グリーンバンド
天狗原分岐
天狗池
水俣乗越分岐へ
中岳
西尾根のコル
天狗のコル
天狗原稜線分岐
奥丸山分岐
奥丸山
下丸山
奥丸山登山口
ニッコウキスゲ
槍・穂高の展望
槍平小屋
南岳新道
南岳
南岳小屋
長野県
松本市
小池新道登山口
左俣林道
利用者少ない。熊出没注意
中崎尾根・わさび平分岐
中崎尾根
急な下り
イヌノクボ
滝谷出合
藤木レリーフ
増水時徒渉困難
滝谷避難小屋
チビ谷
雌滝
雄滝
滝谷
ナメリ滝
大キレット最低鞍部
長谷川ピーク
A沢のコル
わさび平小屋
小屋の前に「わさびの名水」
笠新道登山口
マーキングにしたがって渡る
北穂高小屋
北穂高岳
北峰
南峰
南稜
東稜
涸沢小屋
本谷橋へ
奥穂高岳登山口
蒲田富士
右俣林道
右俣谷
涸沢岳
白出のコル
涸沢
涸沢ヒュッテ
ネボリ谷
白出沢
重太郎橋
岩切道
荷継小屋跡
白出大滝
穂高岳山荘
奥穂高岳
屏風のコルへ
穂高平小屋
ショートカット道。上部に牧場があり周辺の沢は飲用不可
穂高平
柳谷
ジャンダルム
南稜ノ頭
吊尾根
北尾根
五・六のコル
天狗のコル
間ノ岳
コブ沢
天狗沢
扇沢
紀美子平
前穂高岳
小鍋谷
西穂高岳
独標～西穂高岳間は大小13のピークが連続する。ルートは飛騨側にある
岳沢パノラマ
重太郎新道
西穂平
岳沢小屋
小屋見峠
明神岳
ピラミッドピーク
7峰直下にクサリ
下山時西穂平への道に入らないように
千石尾根
新穂高ロープウェイ
ゴロゴロした石の斜面。落石注意
西穂独標
東稜
穂高の山々の眺望。山頂手前にクサリと慰霊碑あり
丸山
前明神沢
西穂高口駅
西穂山荘
東南稜
上高地・焼岳分岐
明神南沢
岳沢
岳沢風穴
池・新中尾峠へ
田代橋へ
河童橋へ

A
8
B
弓折乗越へ
山頂の南側を巻く
スラブ状の岩場
大ノマ岳
2662
稜線の左側は足もとが切れ落ちている
2473
カールバントを越え稜線に出る
2667
秩父平
1:20
1:30
池塘
秩父岩
ハイマツの尾根道
2792
1:00
1:10
山頂の西側を通る
抜戸岳
2812.9
笠新道分岐
奥抜戸沢
岩のあいだを通り抜ける
1:10
1:00
2753
2737
抜戸岩
お花畑の急登
初夏は雪田から流水がある
1:10
1:30
2472
杓子平
1:15
1:50
大岩を越える
2000mの草付き
1:45
2:30
2248
笠新道
ニッコウキスゲ
ササユリ
ブナ林の急登。標高の案内板が目安
2023.3
2124
1848
2182
2093
2373
打込谷
1740
2424.8
小倉谷
2115
2286
1741
2387
2146
2582
1877
2050
2353
笠ヶ岳山荘
0:15
0:20
小笠
播隆平
ハイマツ
六ノ沢
2100
2221
2396
笠ヶ岳
2897.6
展望よい
2654
緑ノ笠
岩が積み重なった急坂
1952
2444
ハイマツ
右俣
2407
2338
2417.5
1:45
2:30
四ノ沢
左俣
1940
小倉沢
2198
2479
稜線西側の足場のわるい巻き道
三ノ沢
2172
2203
2079
2199
穴毛谷
ペンキ印あり
1806
穴毛谷の荒々しい谷を見ながらの林道歩き
1:00
1329
左俣谷
中崎山
1744
1977
雷鳥岩
二ノ沢
岐阜県
高山市
0:55
1:20
クリヤの頭
2440
1982
2066
ダケカンバ林の急坂
1341
お助け風穴
1857
草付きの斜面をジグザグに下る
最終水場
一ノ沢
0:45
1650
新穂高ロープウェイ
1843
2281
1:40
2:30
1169
1219
0:35
0:45
1615
1621
1968
ブナ林を下る
1814
新穂高温泉駅
1365
1718
中崎山荘
鍋平高原駅
錫杖岳
2168
新穂高温泉
笠谷
1595
新穂高ビジターセンター山楽館
1129
1690
1595.1
錫杖沢出合
鍋平
しらかば平駅
1906
錫杖沢
深山荘
錫杖岳の岩壁がそびえ立つ
1:20
穴滝の上部で本流を渡る
1046
2027
クリヤ谷
穴滝
蒲田川
1447
大木場ノ辻
2232.5
1512
鍋平園地
北アルプス展望園地
1516
クリヤ谷は沢筋コースのため、増水時通行不可。また、登山者も少なく、熊出没注意
樹林帯の急坂
1:45
475
1188
1935
0:05
槍見温泉
994
ひがくの湯
北アルプス大橋
1252
外ヶ谷
1844
新穂高の湯
中尾高原口
1555
1669
中尾温泉
平湯・高山駅へ
A
1
B

1:50,000
0
1km
N
C
4
D
1
2
3
安曇野市
1435
1665
冷沢
1479
1659
大滝沢
1644
1660
1968
1257
1956
1512
2073.5
1789
1167
黒沢滝
黒沢ダム
976
870
1712
金比良山
1156.5
1906
1535
2051.3
1391
黒沢山
モッコウ沢
北沢
ワサビ沢
1297
1672
1956
955
1166
885
1545
1337
1638
1983
1566
戻り橋
1384
本神山
1283
1190
1190
1994
トイレあり
二俣
天狗岩
1964.0
1428
行き橋
二俣トンネル
左岸を通る
1590
1880
1742
三木秀綱夫人受難の碑
金松寺山
1625
912
1569
1506
1764.6
1752
1800
1566
1405
1405
895
1373
1341
穴沢山
1290
1580
矢嵩沢
1672
1148
1213.6
小嵩沢
ゲート
1114
1127
1654.5
1073
1075
庄沢
島々谷川
1102
釜ノ沢
1432
大明神山
1642
約7kmの林道歩き。一部道が崩れているので注意
1054
1077.8
1:40
2:00
1476.1
893.6
獣よけのゲートの先に駐車スペースあり
1212
1689
松本IC
アルピコ交通
1487
奥樽沢
本久保
1120
当沢
704
松本駅へ
新島々駅
1939.1
秀綱神社
せせらぎの湯
竜島温泉
野沢
1308
754
973.6
1070
1786
前樽沢
松本市安曇支所
1114
725
716
新渕橋
安曇小・中
安曇支所前
梓川
栗谷俣沢
1637.8
1638
158
875
沢渡・平湯へ
1211

## 2 島々谷・徳本峠・明神

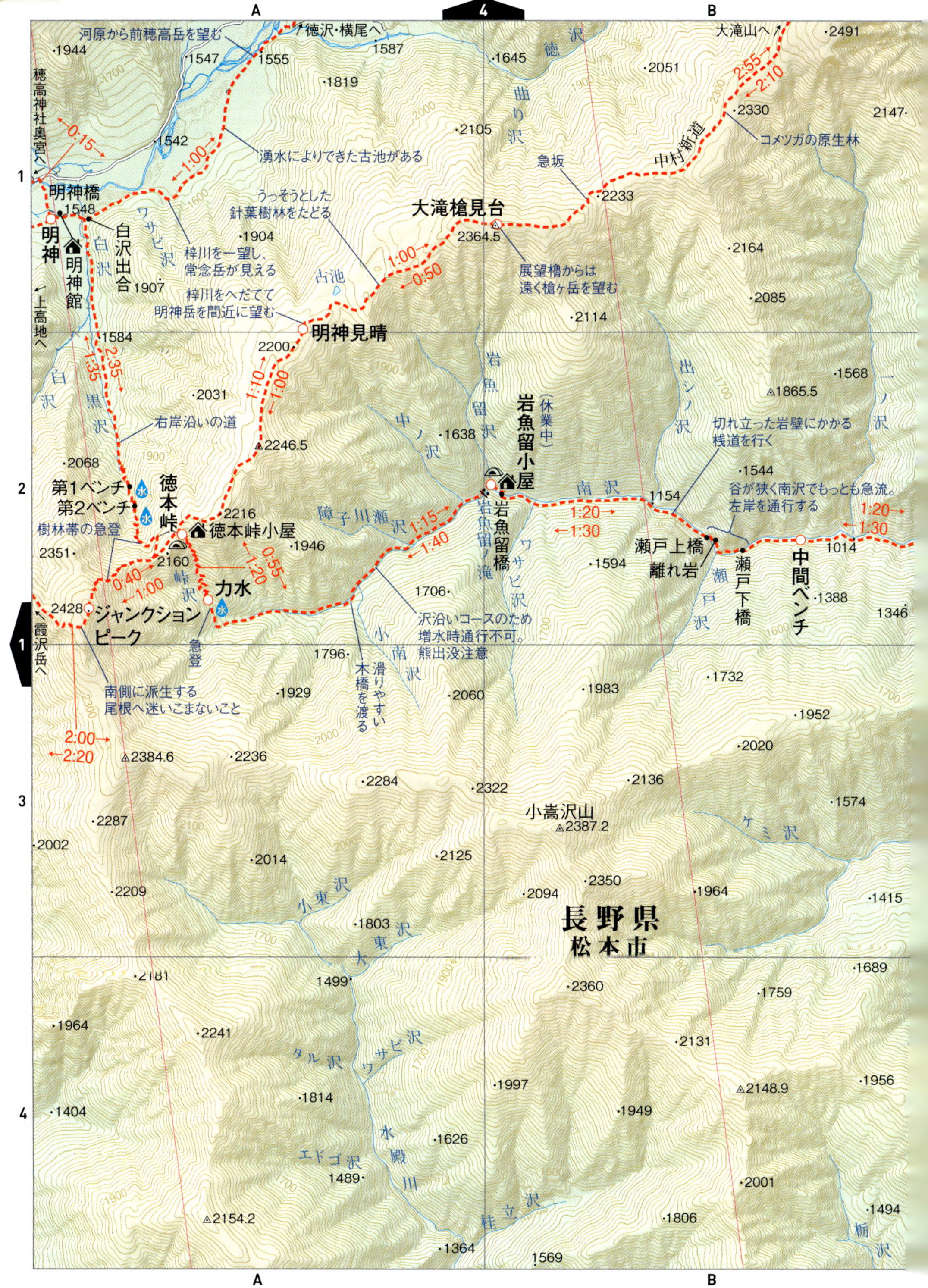

A
4
B
河原から前穂高岳を望む
徳沢・横尾へ
大滝山へ
穂高神社奥宮へ
湧水によりできた古池がある
コメツガの原生林
中村新道
急坂
明神橋
明神
明神館
白沢出合
うっそうとした針葉樹林をたどる
大滝槍見台
梓川を一望し、常念岳が見える
展望櫓からは遠く槍ヶ岳を望む
梓川をへだてて明神岳を間近に望む
古池
明神見晴
上高地へ
白沢
黒沢
右岸沿いの道
岩魚留沢
中ノ沢
岩魚留小屋
(休業中)
出シノ沢
一ノ沢
切れ立った岩壁にかかる桟道を行く
第1ベンチ
第2ベンチ
徳本峠
樹林帯の急登
徳本峠小屋
障子川瀬沢
南沢
谷が狭く南沢でもっとも急流。左岸を通行する
岩魚留橋
岩魚留ノ滝
ワサビ沢
瀬戸上橋
離れ岩
瀬戸下橋
中間ベンチ
瀬戸沢
峠沢
力水
ジャンクションピーク
霞沢岳へ
急登
沢沿いコースのため増水時通行不可。熊出没注意
小南沢
滑りやすい木橋を渡る
南側に派生する尾根へ迷いこまないこと
小嵩沢山
ケミ沢
小東沢
大東沢
長野県
松本市
タル沢
ワサビ沢
水殿川
エドゴ沢
桂立沢
栃沢
1
2
3
4

1:50,000
0
1km
N
C
D
3
上高地・焼岳分岐へ
上高地・焼岳分岐へ
岳沢風穴へ
笹平の展望地
足場の悪いトラバース
きぬがさの池
宝水
中尾根
静寂な雰囲気
池
割谷山
2224.1
雨量観測所
秀綱神社
新中尾峠
焼岳小屋
中尾峠
展望台
焼岳の迫力ある岩肌を間近に見ることができる
3段のアルミハシゴ（冬期ははずされている）
峠沢
焼岳登山口
西穂登山口
温泉ホテル
上高地ルミエスタホテル
上高地
アルペンホテル
上高地西糸屋山荘
五千尺ロッヂ
ホテル白樺荘
ウェストン碑
中ノ瀬園地
岳沢登山口
河童橋
森のリゾート小梨
上高地ビジターセンター
五千尺ホテル
上高地インフォメーションセンター
上高地バスターミナル
上高地アルプス山荘
田代橋
帝国ホテル前
上高地帝国ホテル
自然探勝路
嘉門次小屋
穂高神社奥宮
明神池
山のひだや
明神橋
明神
トイレ
徳沢へ
アップダウンの少ない快適な道
岳沢湿原
六百山
2449.9
六百沢
下白沢
白沢
八右衛門沢
田代池
田代湿原
自然研究路
大正池ホテル
大正池
東電取水口
太兵衛平
からまつ橋
上堀沢
中堀沢
下堀沢
滑りやすい斜面
りんどう平
ベンチがある休憩ポイント
新中の湯ルート
急坂
卜伝の湯
中の湯
中の湯温泉旅館
新中の湯登山口
安房山
2219.6
上高地トンネル
新釜トンネル
梓川
池のある湿地帯。徳本峠～霞沢岳の中間点
窪地の急登。木の枝などを手がかりにして登ってゆく
穂高連峰の大パノラマが展開する
K1
K2
ニッコウキスゲ
ハクサンフウロなど
霞沢側が切れ落ちている
霞沢岳
2645.6
穂高連峰や焼岳などの眺めがよい
徳本峠へ
産屋沢
長野県
松本市
1942.0
下大ダシ沢
ハコン谷
霞沢
丸岩沢
セイハチ沢
上割沢
ヒラワ沢
坂巻温泉
清水隧道
1936.6
倉洞沢
ソデイラクボ
イラクボ
障子ヶ瀬
雲間ノ滝
山吹隧道
沢渡・新島々駅へ
1:35
1:10
3:45
2:20
0:55
0:45
1:05
0:50
1:40
1:20
0:15
0:20
0:05
0:10
0:25
0:40
1:10
1:40
0:50
1:10
1:00
1:20
0:25
0:30
2:00
2:20
1:15
1:40
0:30
0:45
24
158
1
2
3
4

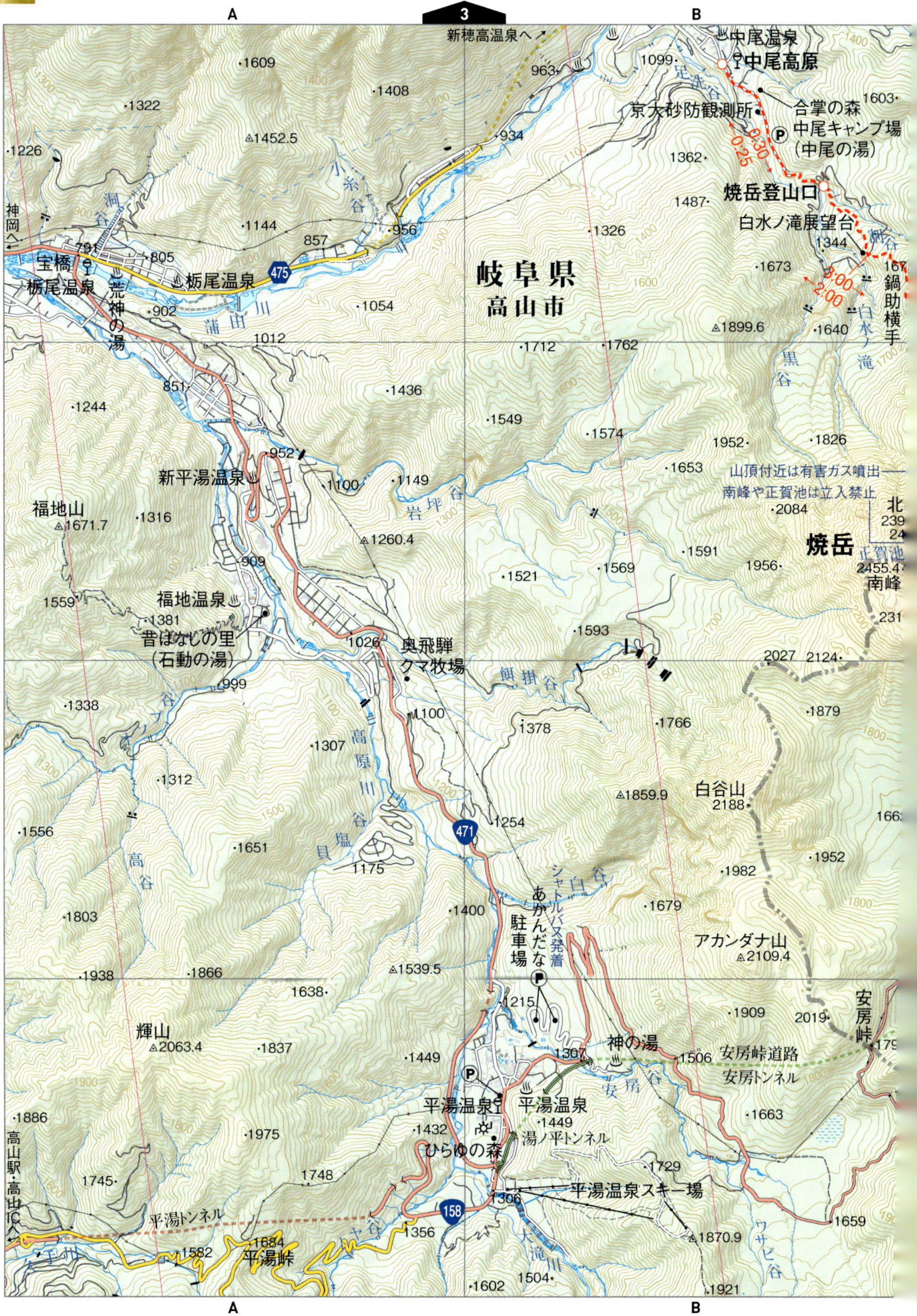
A
3
B
新穂高温泉へ
中尾温泉
中尾高原
1099
963
足洗谷
合掌の森
京大砂防観測所
中尾キャンプ場
(中尾の湯)
1603
0:30
0:25
1609
1408
1322
1452.5
934
1226
1362
焼岳登山口
1487
1
神岡へ
洞谷
小糸谷
1144
956
白水ノ滝展望台
1326
1344
791
805
857
1673
宝橋
栃尾温泉
荒神の湯
栃尾温泉
475
岐阜県
高山市
3:00
2:00
鍋助横手
902
1054
蒲田川
1899.6
1640
白水ノ滝
1012
1712
1762
黒谷
851
1436
1244
1549
1574
1952
1826
952
新平湯温泉
1100
1149
1653
山頂付近は有害ガス噴出
南峰や正賀池は立入禁止
2
福地山
1671.7
1316
岩坪谷
2084
北
焼岳
1260.4
909
1591
1956
正賀池
2455.4
南峰
福地温泉
1521
1569
1559
1381
昔ばなしの里
(石動の湯)
1026
奥飛騨クマ牧場
1593
2027
2124
999
餌掛谷
1338
オソブ谷
1100
1378
1766
1879
1307
高原川
1312
白谷山
2188
1859.9
3
1556
塩貝谷
471
1254
1651
1175
高谷
シャトルバス発着
白谷
1952
1982
あかんだな駐車場
1400
1679
1803
アカンダナ山
2109.4
1938
1866
1539.5
1638
1215
1909
2019
安房峠
輝山
2063.4
1837
1449
神の湯
1307
1506
安房峠道路
安房トンネル
安房谷
平湯温泉
平湯温泉
1449
1663
1886
4
高山駅・高山IC へ
1975
1432
ひらゆの森
湯ノ平トンネル
1745
1748
1729
平湯温泉スキー場
1306
平湯トンネル
158
1659
1684
1582
平湯峠
1356
ヤケ谷
1870.9
大滝川
ワサビ谷
1504
1602
1921
A
B

## 主な地図記号

※そのほかの地図記号は、国土地理院発行
2万5000分ノ1地形図に準拠しています

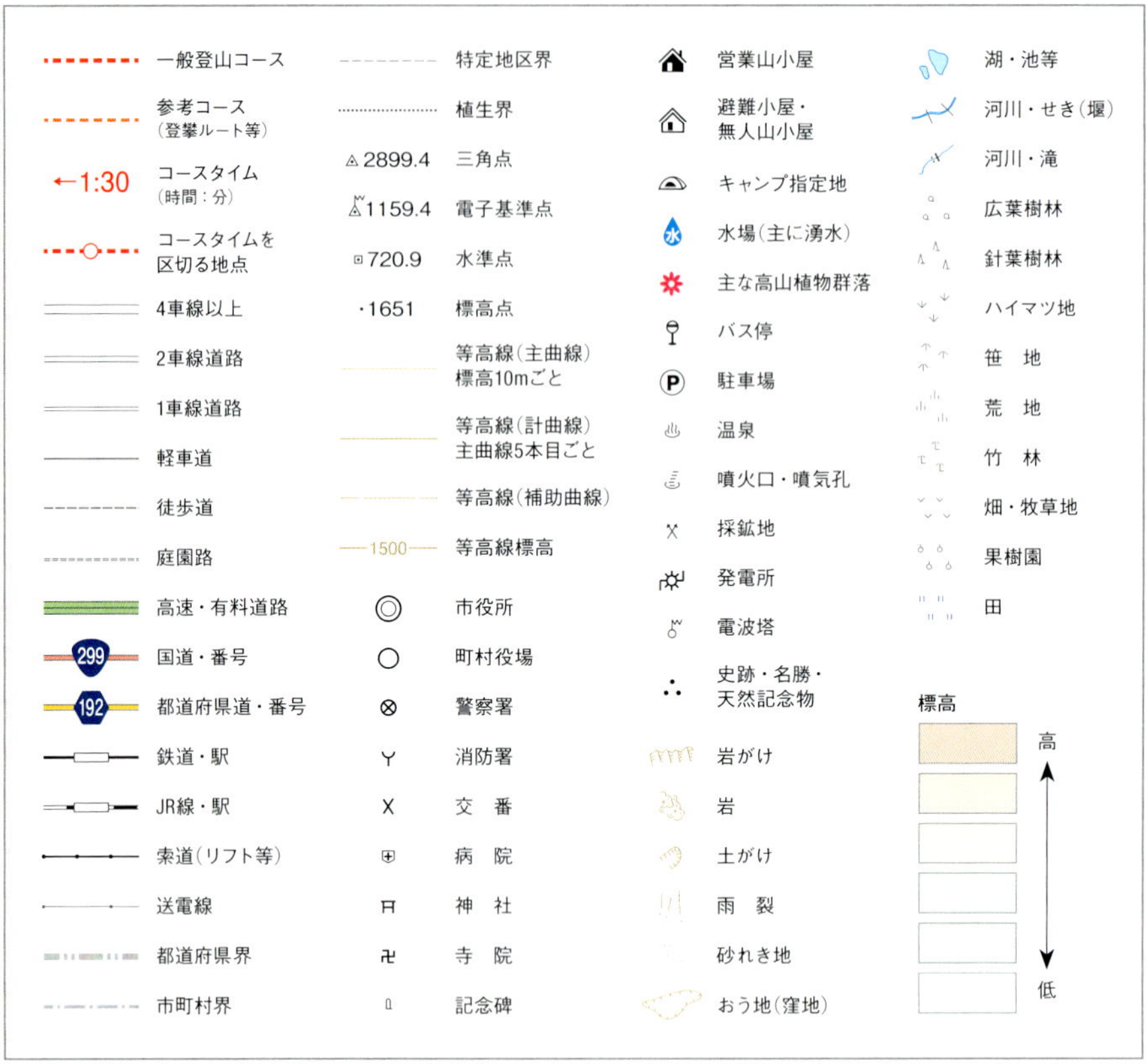

一般登山コース
参考コース（登攀ルート等）
←1:30
コースタイム（時間：分）
コースタイムを区切る地点
4車線以上
2車線道路
1車線道路
軽車道
徒歩道
庭園路
高速・有料道路
299
国道・番号
192
都道府県道・番号
鉄道・駅
JR線・駅
索道（リフト等）
送電線
都道府県界
市町村界
特定地区界
植生界
2899.4
三角点
1159.4
電子基準点
720.9
水準点
·1651
標高点
等高線（主曲線）標高10mごと
等高線（計曲線）主曲線5本目ごと
等高線（補助曲線）
1500
等高線標高
市役所
町村役場
警察署
消防署
交　番
病　院
神　社
寺　院
記念碑
営業山小屋
避難小屋・無人山小屋
キャンプ指定地
水場（主に湧水）
主な高山植物群落
バス停
駐車場
温泉
噴火口・噴気孔
採鉱地
発電所
電波塔
史跡・名勝・天然記念物
岩がけ
岩
土がけ
雨　裂
砂れき地
おう地（窪地）
湖・池等
河川・せき（堰）
河川・滝
広葉樹林
針葉樹林
ハイマツ地
笹　地
荒　地
竹　林
畑・牧草地
果樹園
田
標高
高
低

## コースマップ

国土地理院発行の2万5000分ノ1地形図に相当する数値地図（国土基本情報）をもとに調製したコースマップです。

赤破線で示したコースのうち、地形図に記載のない部分、あるいは変動が生じている部分については、GPSで測位した情報を利用しています。ただし10〜20m程度の誤差が生じている場合があります。

また、登山コースは自然災害などにより、今後も変動する可能性があります。登山にあたっては本書のコースマップと最新の地形図（電子国土Web・地理院地図、電子地形図25000など）の併用を推奨します。

コースマップには、コンパス（方位磁石）を活用する際に手助けとなる磁北線を記入しています。本書のコースマップは、上を北（真北）にして製作していますが、コンパスのさす北（磁北）は、真北に対して西へ7度前後（槍・穂高連峰周辺）のズレが生じています。真北と磁北のズレのことを磁針偏差（西偏）といい、登山でコンパスを活用する際は、磁針偏差に留意する必要があります。

磁針偏差は、国土地理院・地磁気測量の2015.0年値（2015年1月1日0時[UT]における磁場の値）を参照しています。

槍・穂高連峰登山にあたっては、コースマップとともにコンパスを携行し、方角や進路の確認に役立ててください。

# Contents

## コースマップ目次



## コースさくいん

# 槍・穂高連峰全図

立山
3015
室堂
黒部ダム
赤沢岳
扇沢
鷲岳
2617
五色ヶ原
針ノ木岳
2821
蓮華岳
2799
黒部湖
白馬方面
海ノ口駅
木崎湖
稲尾駅
信濃木崎駅
大町温泉
北大町駅
越中沢岳
2591
船窪岳
2459
北葛岳
2551
大町市
信濃大町駅
南大町駅
富山県
黒部川
七倉
葛温泉
折立
烏帽子岳
2628
高瀬ダム
白沢三股
薬師岳
2926
赤牛岳
2864
三ッ岳
2845
唐沢岳
2632
大糸線
信濃常盤駅
安曇沓掛駅
2647
餓鬼岳
高天原
水晶岳
2986
野口五郎岳
2924
高瀬川
8
9
10
11
3
4
7
2661
北ノ俣岳
雲ノ平
信濃松川駅
松川村
池田町
燕岳
2763
北細野駅
2924
鷲羽岳
中房温泉
有明山
2268
細野駅
2840
黒部五郎岳
2841
三俣蓮華岳
湯俣温泉
燕岳登山口
中房
千丈沢
天上沢
大天井岳
2922
安曇追分駅
2860
双六岳
樅沢岳
2755
金木戸川
長野方面
有明駅
明科駅
左俣谷
槍ヶ岳
3180
横通岳
2767
更埴JCTへ
西岳
槍沢
抜戸岳
2813
奥丸山
常念岳
穂高駅
19

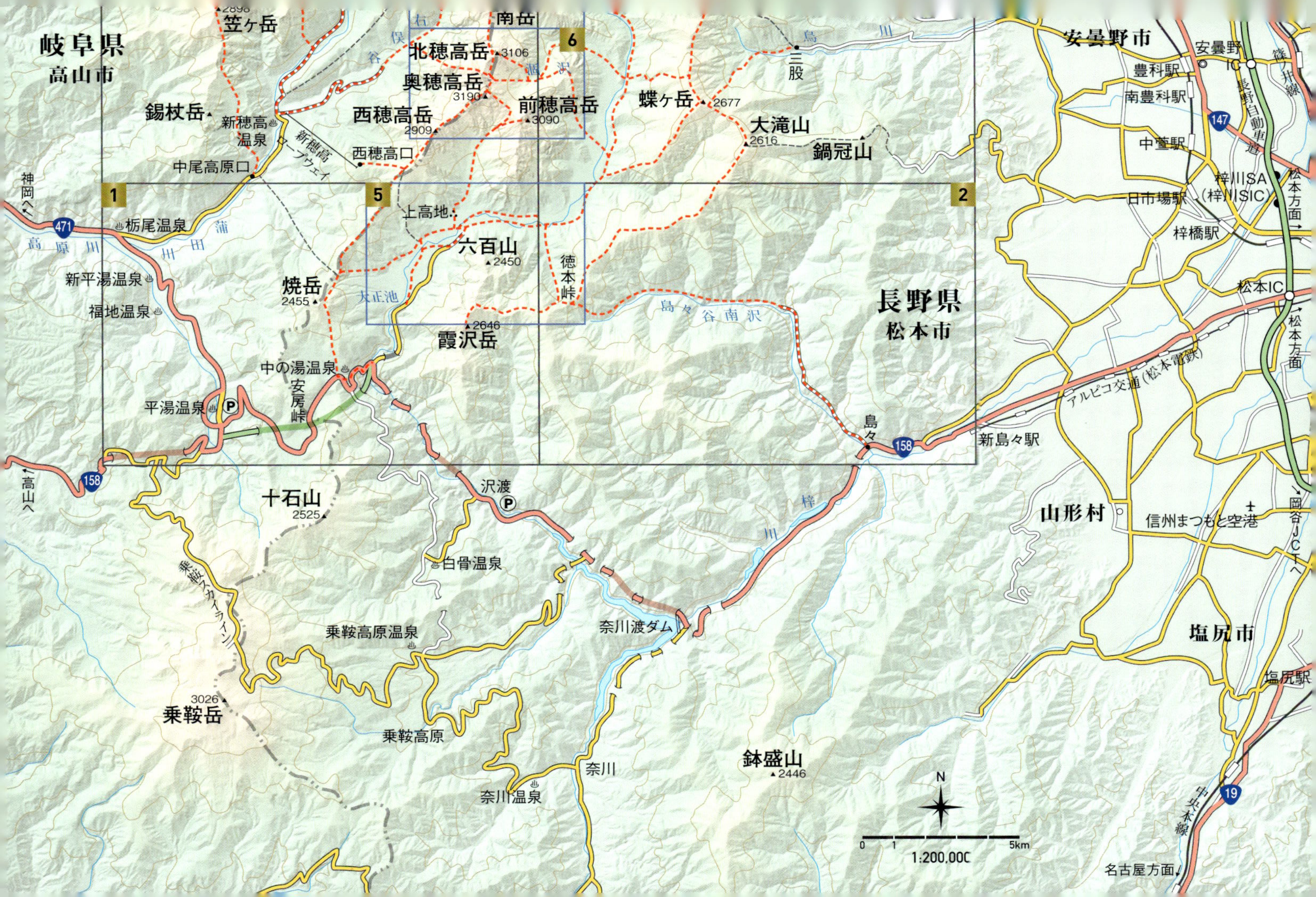

岐阜県
高山市
笠ヶ岳
2898
錫杖岳
新穂高温泉
新穂高ロープウェイ
中尾高原口
西穂高口
北穂高岳
3106
奥穂高岳
3190
西穂高岳
2909
前穂高岳
3090
南岳
蝶ヶ岳
2677
三股
大滝山
2616
鍋冠山
安曇野市
安曇野IC
豊科駅
南豊科駅
中萱駅
長野自動車道
梓川SA
(梓川SIC)
一日市場駅
梓橋駅
松本方面
松本IC
神岡へ
栃尾温泉
高原川
蒲田川
新平湯温泉
福地温泉
焼岳
2455
上高地
六百山
2450
徳本峠
大正池
霞沢岳
2646
島々谷南沢
長野県
松本市
中の湯温泉
安房峠
平湯温泉
島々
新島々駅
アルピコ交通(松本電鉄)
高山へ
十石山
2525
沢渡
白骨温泉
梓川
山形村
信州まつもと空港
岡谷JCTへ
乗鞍スカイライン
乗鞍高原温泉
奈川渡ダム
塩尻市
塩尻駅
3026
乗鞍岳
乗鞍高原
奈川
奈川温泉
鉢盛山
2446
中央本線
名古屋方面
篠ノ井線
N
0
1
5km
1:200,000

取り外せる！ 持ち歩ける！

アルペンガイド

**登山地図帳**

北アルプス

# 槍・穂高連峰

Alpine Guide